履带车辆驾驶训练数据挖掘

刘义乐　刘峻岩　张进秋　著

国防工業出版社

·北京·

内 容 简 介

本书基于车辆自主驾驶技术体系和海量实车训练数据，用常见的驾驶行为模型和数据挖掘技术来识别、分析和解释履带车辆驾驶动作，研究了动作识别、训练评估和驾驶技能机器学习三类关键技术，为实现履带车辆驾驶训练过程的数字化描述、自动化评估和智能化指导提供了分析方法和基准数值。

本书可作为履带车辆驾驶训练教学人员和信息系统开发人员的重要参考资料，也可作为车辆驾驶教学的辅助教材。

图书在版编目（CIP）数据

履带车辆驾驶训练数据挖掘／刘义乐，刘峻岩，张进秋著．—北京：国防工业出版社，2021.3

ISBN 978-7-118-12324-1

Ⅰ.①履…　Ⅱ.①刘…　②刘…　③张…　Ⅲ.①数据处理—履带车—驾驶员—训练　Ⅳ.①U469.6-39

中国版本图书馆 CIP 数据核字（2021）第 044455 号

※

国防工业出版社 出版发行

（北京市海淀区紫竹院南路 23 号　邮政编码 100048）

三河市众誉天成印务有限公司印刷

新华书店经售

*

开本 710×1000　1/16　**印张** 16½　**字数** 301 千字

2021 年 3 月第 1 版第 1 次印刷　**印数** 1—1500 册　**定价** 98.00 元

（本书如有印装错误，我社负责调换）

国防书店：（010）88540777　　书店传真：（010）88540776

发行业务：（010）88540717　　发行传真：（010）88540762

前　言

履带车辆驾驶训练是一种典型的高强度实战化技能训练，强调实践出真知，汗水出经验，驾驶员日复一日地操纵着沉重的车辆来获得驾驶技能，训练模式多年来一成不变。然而训练装备却在不断更新，驾驶模拟器、依托退役装备改装的教练车辆、少量新型特种车辆都可用来从事驾驶训练。装备信息化程度在不断提高，各种驾驶训练数据的获取变得更为容易，海量数据存储在训练装备及各个层级服务器中。利用这些训练数据，挖掘其中的训练价值，指导改进训练模式，是履带车辆驾驶训练从机械化走向信息化和智能化的关键突破点。本书中的履带车辆，主要指坦克。

人工智能和车辆自主驾驶技术的发展从科学化、数字化、模型化的角度重新定义了车辆驾驶行为，SAE J3016 自动驾驶分级标准中认为：从无任何自动化程度的人类驾驶行为到完全自动化的车辆自主驾驶行为，都可以用包括感知、决策和控制等驾驶功能模块，以及各类自主驾驶模型的统一自主驾驶技术体系来描述。车辆自主驾驶技术的成熟过程，是一个逐步向人类优秀驾驶员学习，把驾驶技术体系中各模块功能由人类操作逐步让渡给车辆传感器、智能化决策软件和自动化执行系统的过程；同样的视角下观察学员驾驶训练，也可以看作是一个学员不断向优秀驾驶员（教练员）学习，逐步从教练员手中争夺各层次驾驶功能控制权的过程。在这一过程中，可以采用各种自主驾驶体系模型来描述、解释、分析和评判学员的驾驶训练。自主驾驶技术体系的引入为各类训练装备中存储的海量数据找到了恰当的数据分析平台，为实现坦克驾驶训练过程的数字化描述、自动化评估和智能化指导提供了新的方法。

本书致力于在车辆自主驾驶技术体系中，用常见的驾驶行为模型和各种数据挖掘技术来分析和解释各种履带车辆驾驶动作，重点讨论了驾驶动作识别、训练效果评估和驾驶技能机器学习等三个方面的技术问题，力图能够从一段给定的实车训练数据中自动解析出驾驶员做了哪些动作、效果怎样、所包含的技能点在哪里等学员和教练员所关心的核心问题。

驾驶动作识别是本书研究的重点，也是后续效果评估和技能学习的基础。本书分层次构建了基于字符编码的驾驶动作词典，引入了基于分词技术的驾驶动作模式发现和词典模板动态更新机制，通过特征识别、模板匹配的方式实现各层次驾驶动作识别。为了提高识别效率，提出了驾驶动作长字符串的聚类分割方法和驾驶动作编码的相似性计算方法，解决了海量训练数据输入过长和实际驾驶动作多变情况下的识别效率和识别准确度问题。

训练效果评估是本书最直接也是最贴近部队需求的应用。本书基于驾驶动作识别结果和驾驶教范考核要求，重点讨论了基础驾驶动作考核、应用驾驶训练科目考核的数据处理流程、各评分点自动计算过程，以及其中所用到的各种评估技术。为了获得对轨迹数据的统一描述，引入了卡尔曼滤波方法，实现了车载全球定位系统（Global Positioning System，GPS）定位数据和车速数据的融合，提高了车辆定位精度，满足了应用驾驶考核评分需求。

驾驶技能机器学习重点围绕换挡和转向两类技能开展研究。在大量实车换挡操作数据的支持下，引入了两参数换挡控制律描述换挡时机，采用支持向量机训练换挡决策模型，实现了换挡时机的智能提示；基于 Dubins 曲线来规划限制路通过路径，通过曲率对比、车速和转向动作序列间的神经网络映射，实现了不同限制路和障碍物关键动作（转向）时机的把握。海量训练数据和成熟的机器学习模型，为坦克驾驶智能教练系统开发奠定了基础。

本书有四个显著特点，即真实的驾驶训练数据、经典的驾驶行为模型、成熟的数据挖掘算法、直观的图表展示。本书引用的所有样本数据，突破了传统实验室数据或者仿真数据的人为设定条件和小样本的局限性，均来自大量实车实训科目，不仅能够用于广泛验证当前各种驾驶行为模型和数据处理算法的适用性和准确性，而且其分析统计结果能够真实反映坦克驾驶技能水平，为各种自主驾驶模型参数设定提供参考依据。

本书所涉及的各类自主驾驶行为模型，均着眼于驾驶训练教学需求，用于解释各种人工驾驶行为，因此选用时重点考虑了各类经典模型的通俗性，而没有过分考虑模型的精准度、效率和改进等问题。书中所描述的各种驾驶动作时序编码、模板匹配、换挡转向时机的机器学习等模型，都密切结合履带车辆驾驶训练专业知识和教范要求进行描述，通过大量实车实训数据和图表来进行解释和验证，易于被广大学员和教练员理解。各类自主驾驶行为模型的引入为驾驶训练过程分析提供了科学化、模型化的新视角，成为坦克驾驶行为知识化、智能化表达中不可或缺的一部分。

本书针对各类驾驶行为模型，均匹配了成熟的算法程序，用于海量训练数据的处理和结果展示，部分成熟算法的公开源码或编译流程镶嵌在不同章节中，必要的调整修改之处都在对应流程或分析时进行了说明。为便于全面描述各类驾驶行为及其车辆响应，训练数据的采集频率、数据维度都设置较高，10 分钟的训练过程可能会产生上万组数据，海量数据中所包含的各种动作规律、驾驶技能、模型关系都尽可能地通过各种图表进行直观展示，并对每一幅图表都尽可能地进行了详细说明，便于驾驶员理解。

从自主驾驶技术体系的角度来观察、解释、分析各种履带车辆驾驶训练行为，是一个全新的视角，各章节内容主要基于驾驶训练考核的实际需求和现有的数据基础，引入各类驾驶行为模型，没有涉及对自主驾驶技术体系的全面介绍；坦克作为一种军用重型履带车辆，其面临的行驶环境、训练科目、驾驶动作特点和操作控制效果都与汽车驾驶有很大差别。因此各种驾驶行为分析过程中，多数模型均在汽车驾驶领域相关模型的基础上进行了调整修改，数据处理结果可能与常见的汽车驾驶分析结果也不太一致。因此本书与一般车辆自主驾驶技术的书和研究报告的研究结论可能会呈现一定的差异性。

信息化智能化时代，数据就是价值，数据就是财富。本书作为一本基于实车训练海量数据，用各类驾驶行为模型描述分析履带车辆驾驶训练的著作，其中所引用的大量驾驶规则、动作要领、动作编码表示方法和相关数据处理模型，可为驾驶训练效果评估软件系统开发提供专业化的知识表达；大量操作数据、动作规律、统计结果可以为履带车辆驾驶技能自动考核和智能化辅助训练提供数值参考；希望通过本书的研究成果，抛砖引玉，把坦克驾驶训练由当前的依靠机械化装备和教练员经验转向依靠信息化技术和智能化系统，把训练考核由教练员主观判定转入大数据挖掘视角下的量化分析，全面推进履带车辆驾驶训练由机械化向信息化和智能化转型。

由于装备结构原理的差异和时代发展，本书所论述的大部分驾驶行为模型、操作规则、动作要领和数据分析结果主要针对采用机械传动的履带车辆，对于采用流力传动的新装备驾驶训练考核，具有一定的指导性和参考价值。另外，本书重点在自主驾驶的技术体系下解释、分析、评价平时训练条件下的履带车辆驾驶行为，对各类模型中涉及的一些概念、公式、算法的理解，以及应用时的解释不一定准确或者完备，不足之处敬请谅解，请读者批评指正。

作　者
2020 年 10 月

目　　录

第1章　绪　　论

驾驶训练是培养乘员驾驶技能、发挥车辆技术性能的重要手段，是装甲兵专业技术训练的重要组成部分，通过驾驶训练，能够使驾驶员在各种条件下熟练操控车辆，正确利用地形，迅速平稳地通过各种限制路和障碍物，充分发挥车辆的快速机动性能。传统的驾驶训练信奉“实践出真知”的经验做法，靠消耗车辆摩托小时来培养技能，靠教练肉眼观察学员动作评价训练效果，训练时间长、训练成本高，对教练员的经验依赖程度高，缺少数据化的记录和量化分析结果。信息化时代，车载传感器技术、大容量存储技术的发展，使得各种驾驶训练数据的获取变得更为容易。驾驶模拟器、教练坦克、少量新型坦克都可用来从事驾驶训练。这些装备中大都设计了记录驾驶员动作的“黑匣子”，海量训练数据存储在装备内部以及各个层级服务器中。利用这些训练数据，挖掘其中的训练价值，指导改进训练模式，是坦克驾驶训练从机械化走向信息化和智能化的关键突破点。

1.1　驾驶数据挖掘需求分析

1.1.1　驾驶数据组成及特点

驾驶训练数据是指由车辆内部安装的各类传感器及其采集存储装置按给定频率所获取的各驾驶操作件动作数据和车辆工况数据，包括油门踏板、离合器踏板、制动器踏板、转向操纵杆、挡位手柄等操作件的位移变化数据和发动机转速、车速等车辆工况数据，以及车载 GPS 所获取的定位数据等。各操作件位移数据依靠位移传感器获取。车速和发动机转速靠转速传感器获取。这些数据按照采集时间序列存储，以 txt、excel 等多种形式输出，用于各种驾驶动作分析和数据挖掘。

驾驶训练过程中所采集的各种动作和车辆工况数据，具有时序性、周期性和系统相关性等特点。

(1)时序性。指所采集的各类数据与时间密切相关,是一种典型的时间序列。这里定义时间序列为一串按时间先后顺序有序排列的观测值。观测值可以是数值或者向量,记为 $S = s_1, s_2, \cdots, s_n$;组成 S 的观测值称为 S 的序列点,s_n 表示 S 的第 n 个序列点,n 是 s_n 的索引号;组成 S 的序列点的个数称为 S 的长度,记为 $S_{\text{len}} = n$,一般简称时序数据为序列。与其他数据形式相比较,时序数据有时间先后,每个记录都有时间维,按时间顺序进行排列;有连贯性,是变量在某一时间段内连续(或采样)的记录集,能够反映序列基本特征,一般有规律性可寻。时序数据不仅仅是对历史事件的记录,展现事物变化的方式,并且随着时间推移和时序数据的大规模增长,其背后蕴含的价值信息,对于我们揭示事物发展变化的内部规律、发现不同的事物之间的相互作用关系、正确认识事物和科学决策具有更为重要的意义。

(2)周期性。指所采集的驾驶动作数据会按照一定的周期重复。尽管车辆驾驶过程中所遇到的车况、路况变化多样,但都是由起车、换挡、转向、加速、减速、制动等基本驾驶动作组成,这些基本动作按照不同的组合方式重复出现,构成各种训练条件下的驾驶动作集合。以图 1-1 所采集的换挡动作数据为例,每次换挡动作都包括了踩离合、松离合、踩油门、松油门和挡位变化,其中离合器动作、油门动作和挡位动作都是按照换挡周期反复出现。驾驶动作数据的周期性特点,使得我们在后续动作分析过程中,只要定义好基本动作单元及其组合规律,就能够描述所有驾驶动作。

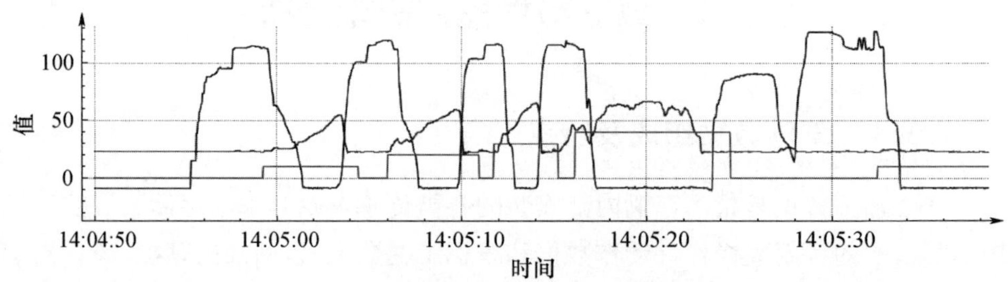

图 1-1　换挡动作数据的周期性

(3)系统相关性。指所采集的各类驾驶动作数据之间有一定的关联性。图 1-2 所示的换挡数据和车速数据,随着挡位增高,车速会逐渐增高。图 1-3 所示的操纵杆动作数据和车辆行驶轨迹,每一次操纵杆动作,在车辆行驶轨迹中都会体现出对应的转向效果。驾驶动作数据之间的系统关联性体现在车辆驾驶是一个典型的人—车—环境密切交互的控制系统,各类驾驶动作数据、车辆工况数据以及轨迹数据都是同一个车辆系统在不同状态下不同数据维度的反映，这些数据背后是以“黑箱”形式藏在车辆自身内部的一个个车辆动力学、运动学及其控制模型，各类数据之间的关系都应该符合车辆驾驶的控制逻辑，符合车辆动力学、运动学模型。当然，这些“黑箱”之中的各种车辆驾驶模型和系统关系，将是本书后续数据挖掘的重点研究内容。

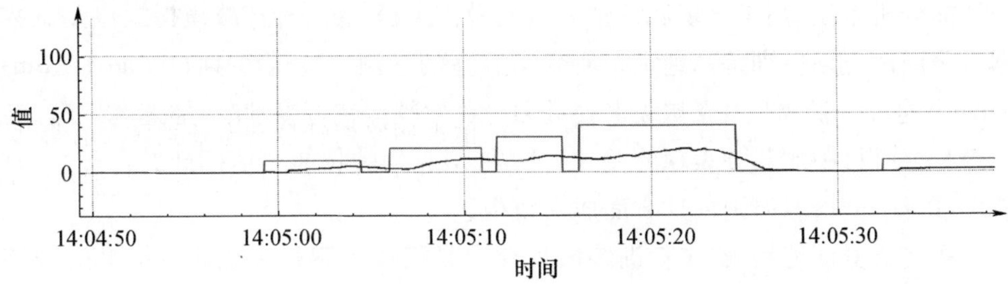

图 1-2　换挡数据和车速数据的相关性

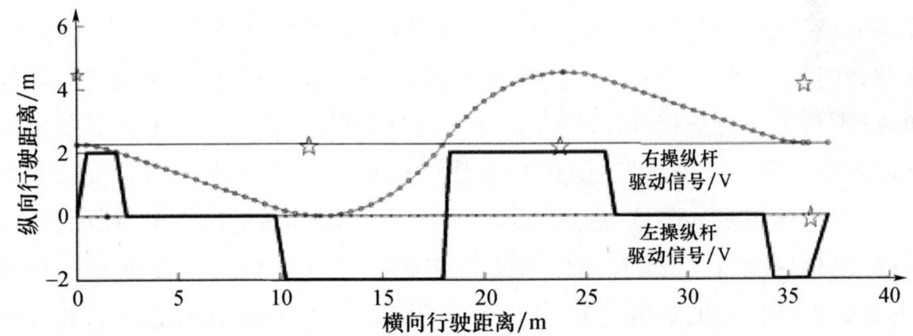

图 1-3　行驶轨迹数据和转向动作的相关性

1.1.2　驾驶数据挖掘应用现状

目前国内外的驾驶训练数据挖掘，主要用于车辆自主驾驶领域，可分为两个方面。一个是面向车辆控制行为，通过对驾驶员操作数据挖掘和行为分析，用于验证各种智能驾驶模型的可用性和准确性。例如，汽车自动驾驶中的跟车模型、自适应巡航模型、启发式驾驶模型等，都是通过建立决策模型来反映驾驶员动作和车辆行驶速度之间的关系。

另一个则是对驾驶操作数据进行分析，用于识别驾驶员操作动作或状态，汽车领域主要集中于采集驾驶员监控图像或者动作信息，识别疲劳驾驶状态或者不安全的驾驶动作等。上述成果主要集中于汽车领域，其研究思路对坦克驾驶数据挖掘有一定的借鉴意义。但是，坦克驾驶操作，有很多不同于汽车的特点：一是路况复杂，操作件较多，导致需要分析的基础数据维度高、序列长、自动识别起来困难较大；二是坦克行为与战斗背景相关，每次训练的任务剖面较为严格，操作数据有较为稳定的规律，收敛性强，便于验证。

在军用车辆驾驶行为分析领域，美军在 20 世纪 70 年代开发了 M1A2 的驾驶技能分析系统，用于再现和评估乘员的操作过程，为各种作战模拟提供基础数据。美国诺克斯堡训练基地训练研究实验室的苏珊 · L. 伯勒斯(Susan L. Burroughs)通过分析 M1 坦克初级驾驶员和专业驾驶员在宽度判断、加速和停车、转向等 8 个科目中的驾驶表现的差异，对 M1 坦克驾驶技能评估标准的合理性、有效性进行了分析。但国内这方面成果较少。

在飞行员训练领域，飞行训练质量评估是指按照飞行训练质量标准对训练效果做出分析评价的过程，是进行飞行训练质量调控的基础。传统的评估方法是由教练员人工评分，教练员根据学员在训练过程的表现对学员打分，作为学员的训练成绩。但针对数目繁多的飞行训练科目，人工评分消耗了极大的人力、物力资源，并且会经常出现由于人为因素而造成的评估偏差，也无法对错误动作进行回放，不利于飞行员操作水平的提升。飞行参数记录系统是飞机上最重要的电子记录设备之一，它能把飞机停止工作或失事坠毁前半小时的有关技术参数记录下来，包括飞机的高度、速度、航向、爬升率、下降率、加速情况、耗油量、起落架收放、格林尼治时间，还有飞机系统工作状况和发动机工作参数等飞行参数等，需要时把所记录的参数重新放出来，供飞行实验、事故分析之用。随着科学技术的不断发展，其功能已不仅仅是用于飞行事故调查，还可利用该系统丰富翔实的数据，通过译码、解算，对飞行过程进行回放、分析，从而判定飞机和机载设备的工作状态、评估飞行训练的质量。目前各国都在积极研究开发飞行过程回放与飞行训练质量评估系统，使飞行训练质量的评估手段发生质的变化，评估效果更加客观和科学。

1.2 驾驶数据挖掘关键技术

1.2.1 坦克驾驶训练现状

驾驶训练过程中，对驾驶员的要求是：掌握换挡、转向、制动、油门控制、对正方向和判定距离等驾驶技能，能够在各种条件下熟练驾驶车辆，充分发挥车辆快速机动性能,并设计大量的训练科目和考核标准来检验驾驶员是否达到了这一要求。

传统的驾驶训练,教练员跟车作业,通过观察驾驶员动作分析其存在的缺陷,利用手势和指挥杆提示驾驶员的动作时机,如图 1-4 所示。驾驶员只能通过一遍又一遍的重复训练来巩固肌肉记忆技能,通过教练员提示发现缺陷进而改进。考核时,成绩主要基于考官目视观察和秒表计时等原始技术手段,需要在各个训练场地布置大量专业监考人员。这种训练、教练和考核方式,不仅浪费人力物力,而且存在观察死角,导致训练过程数据不能记录复现、错误动作不能及时发现、盲区内成绩依靠主观判断等诸多问题。近几年场地建设中,有些训练场地布置了部分监控摄像头,但视频数据也主要依靠人工检索判定,工作量大,容易遗漏错误动作。

图 1-4 教练员对驾驶员动作时机的提示方式

驾驶动作数据挖掘就是利用统计分析、人工智能和计算机科学等学科方法实现对海量数据分析,进而挖掘出重要且有价值的信息和知识的关键技术,为决策分析提供更为科学合理的理论依据。加装有各种信息采集装置的教练坦克和训练器材投入使用后,则可以全过程记录训练过程数据,形成海量数据库,坦克驾驶训练数据挖掘的目的,就是识别驾驶员训练过程中完成的各种驾驶动作、评估其训练效果,实现驾驶技能、经验和操作习惯的数字化描述,并逐步向人工智能领域发展,向高水平驾驶员自主学习驾驶技巧,向新训驾驶员主动传承训练经验等。

1.2.2 车辆驾驶行为模型

人工智能和车辆自主驾驶技术的发展从科学化、数字化、模型化的角度重新定义了车辆驾驶行为,SAE J3016 自动驾驶分级标准中认为:从无任何自动化程度的人类驾驶行为(LV0)到完全自动化的车辆自主驾驶行为(LV5),都可以用包括感知、决策和控制等驾驶功能模块以及各类自主驾驶模型的统一的自主驾驶技术体系来描述。车辆自主驾驶技术的成熟过程,是一个逐步向人类优秀驾驶员学习,把驾驶技术体系中各模块功能逐步让渡给车辆传感器、智能化决策软件和自动化执行系统的过程;同样的视角来观察学员驾驶训练,同样也可以看作是一个学员不断向优秀驾驶员(教练员)学习,逐步从教练手中争取各层次驾驶功能控制权的过程。在这一过程中,同样可以采用各种自主驾驶体系模型来描述、解释、分析和评判学员的驾驶训练。自主驾驶技术体系的引入为各类训练装备中存储的海量数据找到了恰当的数据分析平台,为实现坦克驾驶训练过程的数字化描述、自动化评估和智能化指导提供了新的方法。

目前用于描述驾驶行为的层次模型很多,较为通用的是把驾驶员或者智能系统、车辆、道路环境三者看作一个典型控制系统,按照环境感知、决策规划、操作控制三个层次来描述车辆(自主)驾驶行为,图 1-5 为丰田汽车自主驾驶技术体系。其中:感知行为一般通过各类传感器、定位设备和通信技术来识别本车位置和外界条件;决策规划功能一般包括整体任务决策、轨迹规划和异常情况处理等;操作控制用于实现轨迹跟踪功能,一般包括转向控制、驱动控制、制动控制、安全控制等。

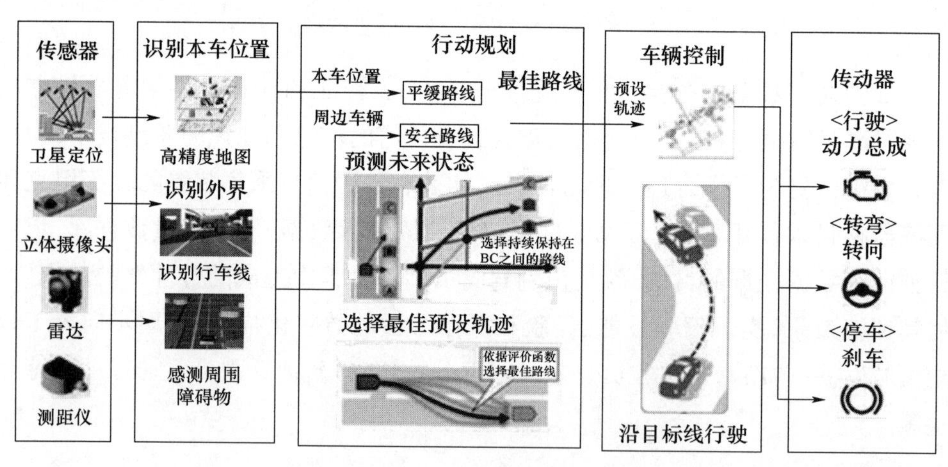

图 1-5　丰田汽车自主驾驶技术体系

驾驶行为中,环境感知作为系统输入,是驾驶行为决策的基础。一般需要感知输入的信息包括周围道路情况、行人、障碍情况以及车辆自身的速度、方位、发动机工况等。驾驶员主要通过眼睛以及耳朵前庭的平衡来感知上述信息。自主驾驶系统则主要通过GPS导航设备、摄像头、雷达等设备来感知车辆在道路环境中的位置、速度以及方位等信息，通过车载传感器和仪表系统来反映车辆自身工况；对于战斗车辆和战场环境而言，驾驶员需要感知的信息除了路况以外，还包括战场情况（烟幕掩护、火力追击、兵种协同等）和车长指令（短停、快速追击等）。

决策规划是驾驶行为的核心，主要任务是根据输入的各种信息，完成车辆任务规划和轨迹规划，有的模型还包含输入信息的数据融合。一般在决策规划前，都需要首先对多传感器数据进行分析对比信息融合，得到相对统一的本车位置和外界环境描述；如前面所述车速和GPS数据融合，目的就是为了得到相对统一的车辆位置描述；然后根据驾驶需求进行任务决策和轨迹规划，在能避开各种障碍物的前提下，通过一些特定的约束条件，规划出两点间多条可选安全路径，并在这些路径中选取一条最优的路径作为车辆行驶轨迹。一般的路径规划可区分为全局规划和局部规划。全局规划需要借助于地图信息，按照任务需求，选择最优的路径；局部规划则是在全局规划的基础上，针对局部环境信息变化情况，动态规划最优路线。上述决策规划行为，既可以通过驾驶员人工决策思考判断，也可以通过自主驾驶车辆中的各种决策模型和算法来执行。

操作控制层将来自行为规划层的规划轨迹转化为车辆驾驶过程中的起动、换挡、加减速、制动、转向等驾驶行为，并通过控制油门、制动、操纵杆、方向盘、挡位等执行机构来完成相应动作，是整个自主驾驶系统的最底层。驾驶员既可以人工完成这些操作，也可以在自主驾驶中借助各种控制信号和相应的机电液执行机构来完成操作。操作控制层以毫秒级时间间隔周期性地执行上述行为，控制车辆沿着上一个规划周期内的规划结果运动。

1.2.3　驾驶数据挖掘思路

在较为成熟的自主驾驶技术体系下观察人类驾驶行为，两者有很多相通之处，如针对同一个行驶环境和通过要求，车辆驾驶过程中所表现出来的各操作件动作顺序、轨迹应该基本一致，车速及发动机转速的分布应该基本相同。这些数据恰恰已经存储在车载装置中。从另一个角度而言，当收到车载装置中存储的各类驾驶动作数据时，我们并不知道也不必知道这些数据是来自于自动驾驶车辆还是人工驾驶车辆，而只需要通过数据挖掘技术给出对该段训练数据内所包含的人工或者自主驾驶技能的水平评价，此时大量关于自主驾驶技能评价的方法均可引入人工驾驶技能评价中。当然,评价时需要首先搞清楚驾驶员做了哪些动作,这些动作是否与预期的驾驶任务需求以及动作规划结果相符;车辆的行驶轨迹是否与预期的规划轨迹相符。基于以上考虑,人工驾驶训练数据挖掘的主要研究内容如下:从给出的驾驶训练数据中,自动识别和分割驾驶员的各类驾驶动作,处理车辆行驶轨迹,然后按照考核要求完成驾驶过程的自动考核;在拥有海量训练数据的前提下,挖掘其中所包含的驾驶技能,实现驾驶训练的智能化辅导。

1.2.4 常见数据挖掘技术

近十几年来,信息技术的广泛应用形成了海量数据,迫切需要将这些数据转换成有用的信息和知识,数据挖掘就是用来挖掘海量数据中所包含知识的关键技术,也称为知识发现(Knowledge Discovery in Database,KDD),即从大规模的数据中抽取非平凡的、隐含的、未知的、有潜在使用价值的信息的过程。作为一门交叉学科,数据挖掘集成了许多学科中的成熟工具和技术,包括数据库技术、统计学、机器学习、模式识别、人工智能等。

数据挖掘的任务是从数据集中发现模式,模式有很多种,按功能可分为描述性挖掘和预测性挖掘两大类。描述性挖掘主要刻画数据的一般特性;预测性挖掘主要在当前数据基础上进行推断预测。实际应用中根据挖掘模式不同,常用的挖掘技术包括分类、聚类、关联、序列等。时间序列数据挖掘技术在各个领域中得到了广泛的应用,根据实际要求和应用背景不同,对数据挖掘算法和模型的研究在不断深入。

分类数据挖掘是先分析一个训练数据集,找到一个描述并区分数据类的模型,然后使用这个模型对类标记未知的对象类进行分类。分类的方法很多,如决策树法、贝叶斯法、神经网络法、近邻学习或基于事例的学习等方法。聚类就是将数据对象分组成为多个类或簇,在同一个簇中的对象之间具有较高的相似度,而不同簇中的对象差别较大。聚类分析已经广泛应用在模式识别、数据分析、图像处理以及市场研究等领域。

关联分析能寻找到数据库频繁出现的项集模式知识,常用的两种技术为关联规则和序列模式。关联规则可以描述一次购物中所购买物品之间的关联关系,而序列模式则是可以描述同一顾客在多次购物所购买物品之间可能存在的关联关系,前者可用于分析客户在超市买牙刷的同时又买牙膏的可能性;后者则可以用来分析购买计算机的顾客会在三个月内买杀毒软件的可能性。

时序分析是通过分析大型时序数据库找到一定的规则和有趣的特征，包括搜索相似序列或子序列和挖掘序列模式、周期模式等。关联分析与序列分析的目的都是发现大量数据中项集之间的各种相关联系，不同的是关联分析一般用于发现同一时间段内的各种联系，而序列分析则用于发现在时间上具有先后关系的项集间的各种联系。关联分析与序列分析的典型应用包括购物篮分析、网络入侵检测等。

1.3 本书内容安排

本书围绕坦克驾驶训练数据的挖掘过程，致力于用现有车辆自主驾驶相关技术，来识别、解释、分析和评判各种坦克驾驶动作和技能，重点讨论驾驶动作识别、驾驶技能考核和驾驶技能机器学习三个方面的技术问题。研究成果支持从一段给定的实车训练数据中自动解析出其中所包含的驾驶动作、训练效果、技能规律等训练考核核心关注点。全书共10章。

第1章绪论，介绍了驾驶数据挖掘需求分析及关键技术。

第2章背景知识和动作词典，主要论述了驾驶训练背景知识和驾驶动作词典构建两方面内容。背景知识介绍了常见的驾驶训练操作件、训练要求和训练科目、训练数据的来源和特点，在此基础上，对驾驶动作进行了定义和层次划分，采用字符编码的方法，构建了驾驶单一动作词典和协同动作词典，为动作识别和后续分析提供基础模板和技术框架。

第3章单一动作模式识别，论述了模式识别的概念、主要方法和一般流程，基于所采集的各操作件位移曲线，以位移和速度作为识别特征，完成了离合、挡位、油门、制动、转向等操作件的单一动作识别；论述了数据分割的概念，采用滑动窗口和字符表示方法，实现了各操作件位移曲线向单一驾驶动作编码的转换，并标注出各驾驶动作的起始时间，为协同动作模式匹配提供了输入。

第4章协同动作模式匹配与模式发现，论述了常见的字符串模式匹配算法原理，按照驾驶动作要领构建了标准化的协同动作模板库；基于计算机文本分词技术，实现了非标准化驾驶协同动作模式发现和协同动作模板库的动态更新；采用各种模板匹配方法实现了已入库驾驶动作和驾驶员实际动作之间的模板匹配，匹配结果可用于考核驾驶员基础驾驶动作水平，统计各类协同动作时间等特征。

第 5 章协同动作数据分割，从海量训练数据分割出每一组有意义的动作样本，依据同一组协同动作所包含各单一动作间的时间间隔通常小于不同组别协同动作间时间间隔的常识，采用层次聚类、划分聚类方法，实现了各类组合动作和协同动作的数据分割，为提高动作识别算法的效率、统计车辆工况变化提供了方法支撑。

第 6 章驾驶动作相似性评估，针对部分驾驶员动作不规范，动作速度、幅度、顺序与模板库中标准动作有差别的情况，采用动态时间弯曲距离计算动作幅度或者（因速度差异导致）采样数量点不一致的两条动作曲线之间的距离；采用编辑距离计算两组顺序不一致的协同动作之间的距离，以衡量不同驾驶动作之间的差距和相似性，通过相似性计算可以适当扩大驾驶动作模板匹配的范围，更加精确地反映驾驶动作水平之间的差距。

第 7 章行驶轨迹数据融合，针对当前车载 GPS 精度不足以支撑驾驶动作考评的现状，介绍了车辆运动学中基于主动轮车速常用的航迹推算法；针对 GPS 轨迹和航迹推算结果对轨迹表述不一致的现状，引入了卡尔曼滤波方法，实现两种行驶轨迹的数据融合，既提高了行驶轨迹的测量精度，而且避免了长时间大量数据计算轨迹的累计误差。

第 8 章换挡技能机器学习。换挡时机的识别与判断是车辆驾驶技能的重要组成部分之一。在车辆自动驾驶领域，多参数换挡控制规律的研究已经比较成熟。引入两参数换挡决策，统计了大量换挡动作前的最大油门和最大车速参数，运用支持向量机模型对大量样本数据进行了换挡时机训练，绘制了升挡曲线；分析了车辆速度和车辆减速度对于制动降挡规律的使用性，用于推算制动减挡过程中分离离合器时机和最终降挡挡位，完成了降挡技能的机器学习；换挡技能机器学习的结果可用于新学员驾驶训练中换挡时机提示，实现驾驶教练的电子化智能化。

第 9 章路径规划与转向动作预测，基于车辆自主驾驶中的路径规划和动作规划技术来分析指定路径行驶过程中的人工驾驶转向时机，并通过人工驾驶训练数据进行验证。基于 Dubins 曲线，建立了坦克通过各种限制路的绕行路径，计算了车辆在限制路内的转向时机，量化分析了实车驾驶中不同转向时机和出入口航向角度等驾驶习惯对车辆绕行路径的影响，实现了履带车辆驾驶训练从人工经验向数学描述的理论提升，相关成果对提高限制路驾驶训练水平具有重要意义。

第 10 章数据挖掘成果应用，结合驾驶教范中所规定的训练考核科目，分析了动作识别、轨迹融合和驾驶(换挡、转向)技能机器学习等数据挖掘技术在驾驶训练中的具体应用,包括各类驾驶动作时间参数统计、基础驾驶动作时间和准确度考核、限制路轨迹控制准确度考核以及坦克驾驶智能教练技术支持等,为本书各类技术推广提供了更实用的环境和更广泛的应用范围。

第 2 章　背景知识和动作词典

驾驶训练是培养驾驶员技能、发挥车辆技术性能的重要手段，是装甲兵专业技术训练的重要组成部分。通过训练，可使驾驶员能够在各种条件下熟练驾驶车辆，正确利用地形，迅速平稳地通过各种限制路和障碍物，充分发挥车辆的快速机动性能。训练中设计了大量课目和标准来培训和检验驾驶员是否达到了上述要求。然而，相对于汽车驾驶训练，坦克驾驶存在着车内乘员作业空间小、无教练员席位、驾驶操作不可见等系列问题。为了解决这些问题，当前，一些新型履带车辆大都设计了监控乘员操作行为的“黑匣子”，很多专用于驾驶训练的老旧装备在改装中也加载了类似设备，为解决驾驶训练过程可视化问题提供了技术支持。这些装备在使用过程中，积累了大量训练数据。驾驶训练数据挖掘的目的，就是识别各种驾驶动作和训练科目、评估训练效果，同时筛选出一些高质量的数据，为驾驶技能学习提供数据样本。

2.1　驾驶训练操作件

坦克驾驶舱内供驾驶员使用的各种操作件是驾驶员和车辆的人机接口，也是各种训练数据产生的接口，是坦克驾驶动作分析评价的基础。列举出各种常见驾驶操作件的结构形式、工作机理和操作要求，对获取高质量的驾驶动作数据十分重要。坦克驾驶操作件和一般车辆驾驶操作件大致相同，主要包括油门踏板、离合器踏板、制动踏板、挡位盘和转向机构等。这些操作件的操作数据，主要通过与操作件相关联的角位移传感器或者线位移传感器获取。

2.1.1　油门踏板

油门踏板和踏板轴安装在驾驶舱操纵部分底部支座上，与发动机喷油泵内的加油齿杆关联，形状如图 2 – 1 所示。加油或者减油时，油门踏板围绕踏板轴做转动，踩踏深度决定了发动机内部的供油量。车辆使用过程中，还可通过油门固定发动机最低稳定转速。为了采集油门踏板动作数据,通常采用在踏板轴上加装角位移传感器的方法,实时获取踏板轴的角位移数据。

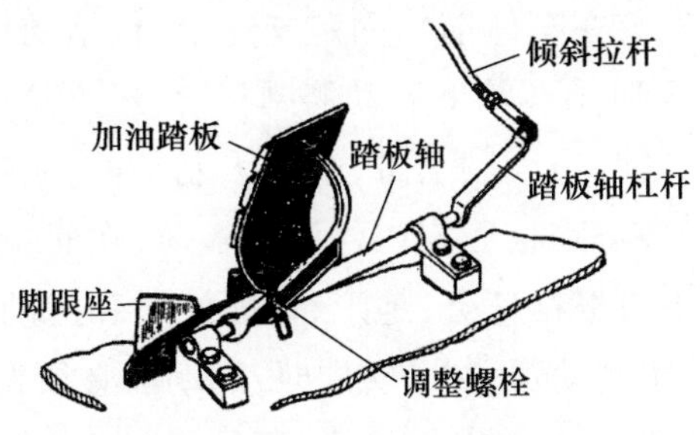

图2-1 油门踏板结构

2.1.2 离合器踏板

离合器位于齿轮传动箱和变速箱之间,多以摩擦片结合或分离的形式,传递或切断发动机和变速箱之间的动力。离合器踏板是离合器操纵件,如图2-2所示,安装在空心轴上,与车辆后部离合器连接,踏下踏板时,空心轴转动,经系列拉杆和传动机构,实现离合器分离。主离合器踏板的动作数据,既可以通过安装在空心轴上的角位移传感器获取,也可以通过在某一拉杆上加装直线位移传感器获取。

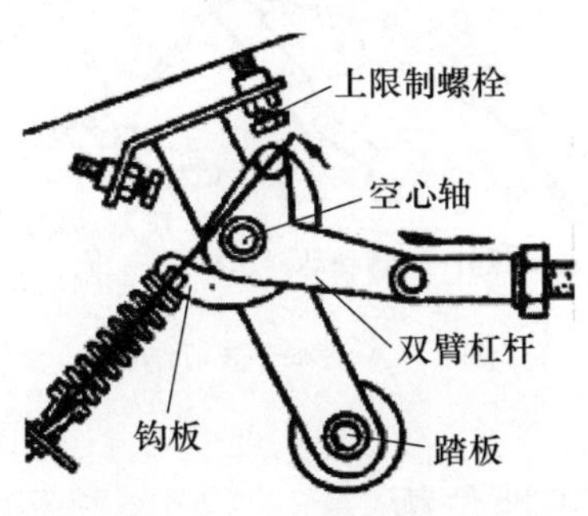

图2-2 离合器踏板结构

使用主离合器时,要求踏主离合器踏板要快,而且要一踏到底;松回时,前三分之二要迅速,不要增加供油量,以减少摩擦片的磨损和缩短起车过程;后三分之一要平稳,防止过猛,并逐渐增加供油量,以达到既平稳起车又尽量减小摩擦片磨损的目的。主离合器结合后,主离合器踏板应在最后位置,以保证离合器结合可靠,避免过热烧坏。

2.1.3 制动踏板

脚制动踏板同样安装在车体前部固定支座上，包括踏板、踏板轴、固定齿条和纵拉杆等，如图 2－3 所示。踏下制动器踏板时，经纵拉杆等操作件及其相应的连接装置，可同时拉紧两边大制动带，箍紧大制动鼓，实现车辆制动。如需长时间制动，可用固定齿条将踏板固定。松回踏板时，在回位弹簧的作用下，使各机件恢复原位。驾驶中应根据任务、地形、地面性质和运动速度，正确地选用制动方法，避免过多地使用制动器；制动转向时，制动前必须先减小供油量，降低车速，并避免在较高的排挡上进行制动转向。不使用制动器时，制动带与制动鼓应处于完全分离的状态，避免长时间处于半制动状态。制动踏板的动作数据同样可通过踏板轴上安装的角位移传感器或者纵拉杆的直线位移传感器获取。

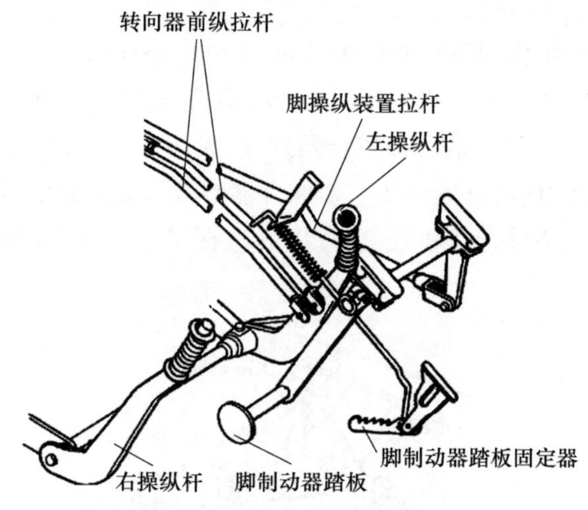

图 2－3 制动踏板结构

2.1.4 换挡手柄和挡位板

挡位和变速机构的主要作用是在发动机的扭矩和转速不变时，改变车辆的牵引力和运动速度，使车辆具备倒驶及切断动力的能力。换挡操作一般通过改变变速杆位置来实现。机械式换挡操作机构，如图 2－4 所示。空挡时变速杆处于中间位置。挂挡时握下闭锁器握把，闭锁器开锁。变速杆在挡位板的横槽内移动，带动相应的换挡纵拉杆，最终变速箱挂上某一排挡。使用中，要求变速箱及其操纵装置操纵轻便、挡位正确、闭锁可靠。换挡操作数据通常通过在挡位板上安装光电传感器获取,可直接采集换挡面板处对应的挡位数值,如0、1、2、3、4、5、6(倒挡)的形式。

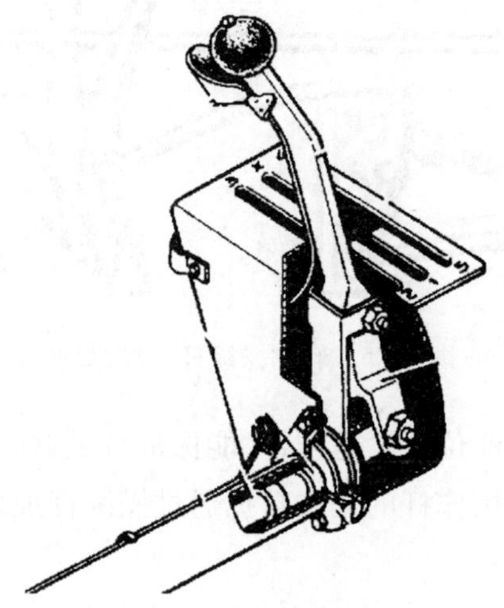

图2-4　挡位变速杆结构

2.1.5　转向操纵杆

履带车辆转向机构可根据转向过程中功率流的传递方式分为单功率流转向机构和双功率流转向机构;目前一代二代装甲车辆,多采用以二级行星转向器为代表的单功率流转向机构,由闭锁离合器、行星转向器和制动器组成。转向时,可通过分离转向离合器、靠摩擦元件的滑磨来实现分离转向,也可通过制动某一级行星传动机构,实现两个规定的转向半径。

车辆使用过程中,驾驶员通过推拉两侧的操纵杆至不同位置来实现行星转向器的不同转向半径,如图2-5所示。操纵杆在最前位置时(原始位置),行星转向器处于直接传动状态,车辆不会转向;操纵杆在原始位置和第一位置之间时,闭锁离合器处于滑磨状态,实现分离转向;操纵杆在第一位置时,行星转向器以固定传动比减速传递动力,实现第一位置转向;操纵杆在第二位置时,行星转向器被制动,实现制动转向。

由于转向过程中摩擦元件的剧烈滑磨会带来发热,因此推、拉操纵杆时要求:先快后稳,以减轻压板对摩擦片的冲击和摩擦片、制动器的磨损,减小太阳齿轮改变方向时的惯性力,延长机件使用寿命;两根操纵杆拉至第一位置时,坦克的行驶距离不要超过150m,以防烧坏摩擦片和行星齿轮轴承;坦克直线行驶时,

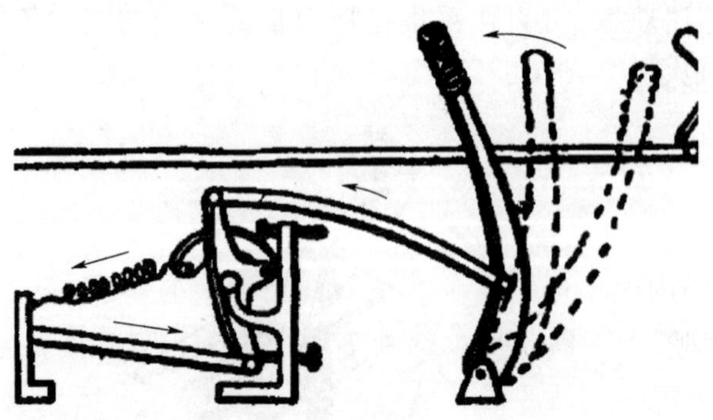

图 2－5　转向操纵杆工作原理

两根操纵杆均应放在最前位置。这样，才能保证有足够闭锁离合器结合紧密、动力传递可靠。两侧转向操作杆的动作数据通过操纵杆加装的直线位移传感器或者角位移传感器获取。

2.2　驾驶训练科目

坦克驾驶训练，通常按照练习和科目进行。根据训练器材和训练要求，可分为基础驾驶、应用驾驶两个内容模块。基础驾驶训练主要包括起步、停车、换挡、转向、对正方向等基础训练科目，以模拟器和驾驶椅训练为主；应用驾驶训练主要包括各种障碍物和限制路，以实车驾驶训练为主。

2.2.1　基础驾驶训练科目

基础驾驶训练科目共包括基础驾驶动作练习、坡上驾驶动作练习、通过限制路和障碍物驾驶动作练习、对正方向和判定距离练习、夜间观察练习、低速挡驾驶练习、换挡和转向驾驶练习、各种速度驾驶练习等。其中前 4 个练习主要依托模拟器和驾驶椅进行，重点在于训练动作的准确性和熟练度。后 4 个练习依托实车进行，在于培养学员的基础驾驶技能。通过基础驾驶训练，要求驾驶员能够掌握换挡、转向、制动、油门控制、对正方向和判定距离等驾驶技能，在各种条件下熟练驾驶车辆，充分发挥车辆快速机动性能。

换挡是一类代表性的基础驾驶训练科目，各种训练教材中均规定了换挡动作要领。以低挡换高挡为例，对于变速箱内有同步器的坦克，其要领为：加油冲车；踏下主离合器踏板，同时松开加油踏板；将变速杆摘到空挡并挂上高一级排挡;迅速平稳地松回主离合器踏板,同时加油。从上述要领可以看出,基础驾驶训练,重点考核油门、制动、离合、挡位等操作件之间的协同配合。

2.2.2　应用驾驶训练科目

应用驾驶训练科目共包括逐个通过限制路和障碍物驾驶、连续通过限制路和障碍物驾驶、场内模拟道路驾驶、道路驾驶、自救与牵引、进出车库驾驶、上下模拟装载平台驾驶、上下铁路平车驾驶等科目。应用驾驶训练主要通过实车驾驶训练完成,其中限制路和障碍物驾驶是重点训练内容。常见转向限制路包括“S”形限制路、弯道限制路、下坡桩间限制路、双直角转向限制路、车辙桥、涉水场、土岭、反坦克壕、崖壁等。常见的坦克驾驶训练科目及场地设置要求如图2-6所示。

图2-6　涉水场、土岭和反坦克壕设置要求

各种杆式限制路是应用驾驶的代表性科目。按照驾驶教范规定,设置各种杆式限制路的目的是训练驾驶员能达到准确对正方向、正确判断坦克转向时机和转向角度、培养驾驶人员观察判断前后左右情况的能力。坦克转向可分为分离转向、第一位置转向、制动转向三类动作。训练教材中同样规定了各种转向动作的操作要领。以分离转向为例,分离转向一般用在进行大半径小角度转向时,操作要领是:迅速将转向一边的操纵杆拉到闭锁离合器(转向离合器)分离位置,同时加油;转到所需方向时,迅速将操纵杆推倒最前位置。分离转向时,新训驾驶员最容易产生的错误动作包括:①转向时不加油。此时两条履带速度差小,转向效果不明显。②转向时减油。此时,高速履带因受发动机制动速度降低,而低速履带由于闭锁离合器被分离,不受发动机制动,在车体带动下运动速度降低较慢,这样坦克不但不能达到预定的转向目的,还有可能向反方向转向而造成事故。③来回不断地拉、松操纵杆,使坦克断续转向,这样不但不能迅速转向,反而容易造成机件的磨损。从转向基础驾驶动作要领和常见的错误动作可以看出,转向训练重点考核操纵杆和油门之间的协同

配合,同时也考察驾驶员对车辆位置和方向的判断能力。

2.3 驾驶训练数据

坦克驾驶训练的众多科目虽然有着各自的考评标准,但基本都是基于动作熟练度、动作准确度、运动轨迹、运动速度等指标进行考评。因此驾驶动作数据挖掘的目的,应重点针对上述考核方式和考核指标设计相应的数据采集方式和计算方法。

2.3.1 驾驶动作数据采集

本书所指的驾驶动作数据,主要指驾驶训练过程中所产生的油门离合制动等操作件的运动数据以及发动机转速、车速等车辆状态数据,以及车载 GPS 所获取的轨迹数据。各装备的操作件位移数据依靠位移传感器获取。车速和发动机转速主要靠转速传感器获取,此外还有其他运行状态监测的温度、压力数据,各装备常见操作数据及传感器类型,如表 2-1 所列。

表 2-1 驾驶动作传感器类型及其安装位置

序号	名称	数量	安装部位
1	挡位传感器(光电传感器)	1	挡位盘
2	左转向操纵传感器(线位移传感器)	1	转向拉杆处
3	右转向操纵传感器(角位移传感器)	1	操纵杆支撑轴处
4	油门传感器(角位移传感器)	1	油门踏板转轴处
5	主离合传感器(角位移传感器)	1	离合器踏板转轴处
6	脚制动装置传感器(角位移传感器)	1	制动踏板转轴处
7	发动机转速传感器(转速传感器)	1	发动机输出轴端
8	左右主动轮转速传感器	2	主动轮齿圈处
9	其他温度、压力数据	5	各测量点

2.3.2 车辆轨迹数据采集

基于 GPS 获取移动车辆的运行速度、运动轨迹是当前最常用的方法。以市面上流行的 RTK 差分 GPS 系统而言,其采样频率为 10Hz/s,定位精度为 20cm/km。通过车载差分定位系统,获取的数据格式如表 2-2 所列,其存储信息中,分别包含了时间信息、角度信息、经纬度信息和速度信息等。

表 2-2　差分 GPS 系统数据存储格式

字段	名称	说明	格式	举例
1	Header	FPD 协议头	$ GPFPD	$ GPFPD
2	GPSWeek	自 1980 年 1 月 6 日至当前的星期数(格林尼治时间)	wwww	1451
3	GPSTime	自本周日 0：00：00 至当前的秒数(格林尼治时间)	ssssss. sss	368123. 300
4	Heading	偏航角(0 ~ 359. 99°)	hhh. hh	102. 40
5	Pitch	俯仰角(-90° ~ 90°)	+/- pp. pp	1. 01
6	Roll	横滚角(-180° ~ 180°)	+/- rrr. rr	-0. 80
7	Lattitude	纬度(-90° ~ 90°)	+/- ll. lllllll	34. 1966004
8	Longitude	经度(-180° ~ 180°)	+/- lll. lllllll	108. 8551924
9	Altitude	高度/m	+/- aaaaa. aa	80. 60
10	Ve	东向速度/(m/s)	+/- eee. eee	4. 717
11	Vn	北向速度/(m/s)	+/- nnn. nnn	10. 206
12	Vu	天向速度/(m/s)	+/- uuu. uuu	-0. 020
13	Baseline	基线长度/m	bb. bbb	13. 898

2. 3. 3　驾驶训练数据存储和回放

通过动作传感器和 GPS 系统获取的驾驶动作数据和位置数据均可按照一定的采样频率存储在车载终端中,并以 txt 文档的形式对外输出,用于离线分析和评价。驾驶动作数据由各部件动作位移信息的离散数据流有序排列而成,分别包括采集序号、左右操纵杆位移、油门踏板位移、制动踏板位移、离合器踏板位移、左右主动轮速度、发动机转速、变速杆挡位、GPS 经纬度坐标等。各列数据同步采集,便于后续分析。可通过各种数据读取软件回放驾驶动作曲线。当只显示变速杆、油门和离合三个选项时,可生成一组换挡动作曲线,用于观察某一时间内驾驶员某一动作的准确性,如图 2-7 所示。

2. 3. 4　驾驶训练数据平滑处理

理想情况下,所监测的各操作件位移可准确反映该操作件的运动情况,驾驶员有操作动作时,操作件位移改变;反之,位移不变。但是具体到履带车辆的驾驶操作,由于行驶环境中车辆振动、电磁干扰等因素,所采集的操作数据有高频微小的波动状态,如图 2-8 所示为带毛刺的离合器踏板位移曲线。

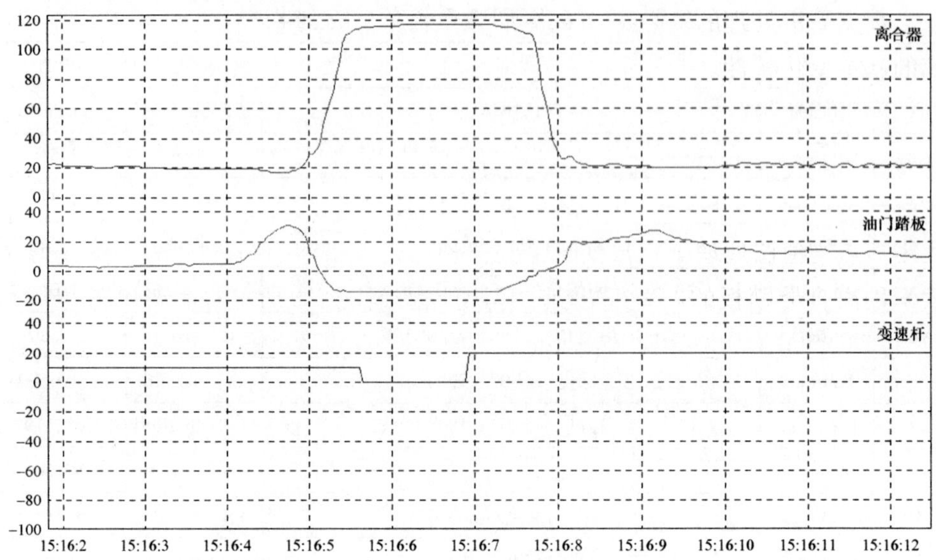

图 2 - 7　某时间段离合、油门踏板和变速杆的组合曲线

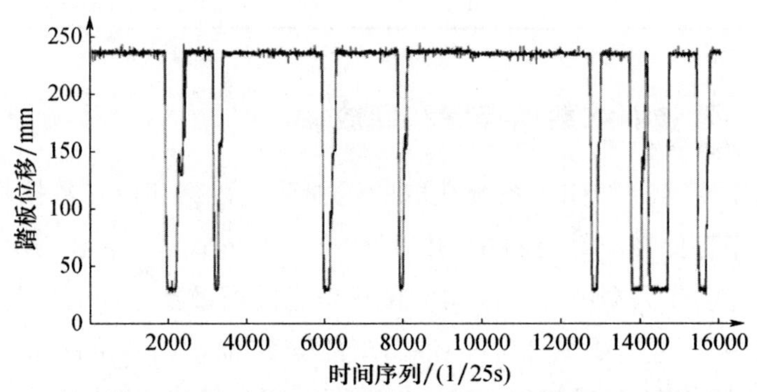

图 2 - 8　带毛刺的离合器踏板位移曲线

即使在不踩离合器的情况下,该曲线也有频繁的微小振动和毛刺。此时,需要首先对这些数据进行一定的平滑处理,以真实反映操作件的运动状态。经过对操作件位移波动数据的分析,一般可采用多点平均法去除操作件运动过程中的高频干扰。多点算术平均法的原理是对一个按时间序列排序的数据矩阵采用连续多点求平均值去杂处理的一种计算方法,即每一个数值采用前后 $n/2$ 个点或者后面 n 个点的平均值表示。本书采用五点算术平均法滑动处理,对于时序数列 J: $j_1 = i_1, j_2 = i_2, j_3 = i_3, j_4 = i_4, j_5 = (i_1 + i_2 + i_3 + i_4 + i_5)/5, \cdots, j_{n-4} = (i_{n-4} + i_{n-3} + i_{n-2} + i_{n-1} + i_n)/5, j_{n-3} = i_{n-3}, j_{n-2} = i_{n-2}, j_{n-1} = i_{n-1}, j_n = i_n$。

数据平滑处理的基本原则是在消去数据中干扰成分的同时,要保持原有曲线的基本变化特性。常见的数据平滑处理方法主要有平均法、样条函数法和五点二次平均法等。对于离合器操作数据而言,采用多点滑动平均法去除杂点时,既要考虑去掉没有意义的干扰杂点,也不能平滑后改变曲线的真实形状,要客观考虑干扰点和驾驶动作突变点之间的关系。以离合器踏板位移数据处理为例,运用多点均值法处理干扰数据时,既要滤掉离合器踏板不运动时的干扰,便于后续识别离合器踏板的"静止"状态,又不能混淆离合器真实的运动状态,把真实的"运动"点平均为"静止"点,因此需要对多点平均法的平均点数做一个权衡。不同点数平滑算法的离合器位移曲线如图2-9所示。

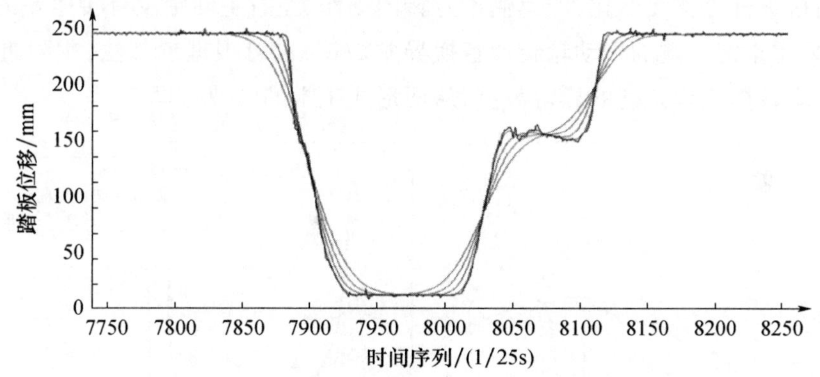

图2-9　不同点数平滑算法的离合器位移曲线

从图2-9中可以看出:平均的点数越多,曲线越平滑,但真正运动与静止区分点越容易混淆,尤其是对于快速踩踏或者松开离合的位移数据,在极短时间内,所采集的变化的数据点可能只有几组,如果采用大量两端数据平均,就可能淹没其真正的动作转折点。当然,平均点数越少,真正运动点特征越突出,但不容易把一些振动幅度大的干扰波动点滤掉,甚至会出现把静止点判断为运动点的情况。因此平滑算法和后续特征点识别规则是相互影响的,一般采用3点、4点或者5点平均效果较好。

2.3.5　驾驶训练数据异常处理

数据异常处理是数据采集和分析中值得关注的重要问题,常见的异常数据处理方法:丢弃法,直接丢弃包含有异常数据的整个数据序列,即认为该数据集无效;均值法,使用全局变量或属性的平均值来代替所有的异常数据;近邻法,使用欧式距离或相关分析找出距离含异常数据样本最近的 K 个样本,将这 K 个样本的值加权平均来估计该样本的异常数据进行替代；预测法，利用已有的数据作为训练样本来建立预测模型，预测填补该处的数据。

坦克驾驶实车数据处理过程中，除了位移传感器的高频波动外，测试车辆发动机转速和主动轮转速的霍尔传感器偶尔会因振动、换挡等因素，出现突变值，给后续识别造成困难（图 2－10）。从常识看，毫秒级的短时间内，任何一个转速都不可能有此巨变。

对于此类数据，需要首先设定“异常”的阈值判定范围，判断出哪些或者哪一段数据异常。图 2－10 中依据正常的转速变化范围，筛选转速突变值，设置数据波动阈值，将超出阈值之外的突变数据定义为异常。对于这些异常数据，在判断左右操纵杆位移无变化，即车辆没有转向动作、左右主动轮没有转速差的前提下，可采用正常一侧的主动轮转速替换异常数据，也可根据近邻法，用附近 K 个正常样本数据拟合该处的异常数据，从而形成正常的转速数据。

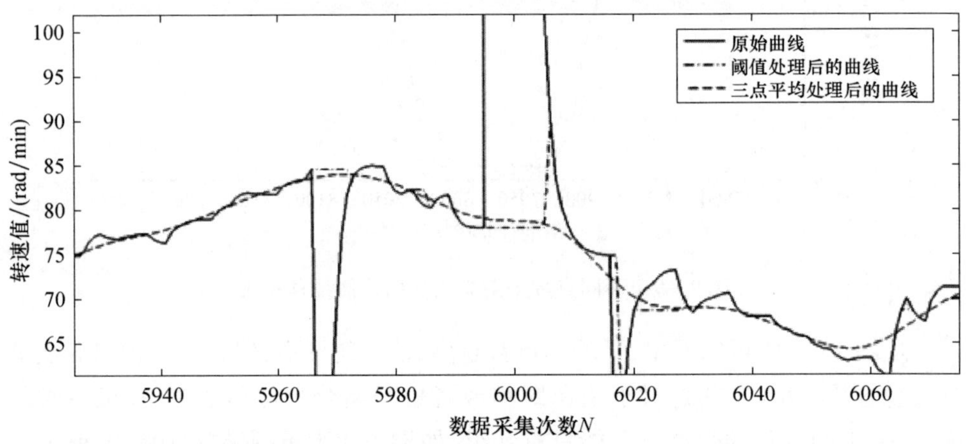

图 2－10　主动轮异常数据的插值处理

2.4　驾驶动作层次化分类

驾驶训练的核心是科目，所有科目都表现为系列驾驶动作集合。口语中的驾驶动作可以区分为不同层次和类别，只有准确定义和区分所有驾驶动作，才能完成后续的动作识别和效果评价，因此需要建立各种驾驶动作的数据词典（标准动作模板）。为便于统一描述，本书中所指的驾驶动作既包括了各操作件的运动，也包括这些操作件的静止状态，是对操作件状态的全面描述。换句话说，保持操作件在某种静止状态也是一种驾驶动作。为了实现各驾驶动作行为特征的定量描述,本书借鉴模式识别和数据词典的相关概念,把需要分析评价的各种驾驶动作称为动作模式,如油门的加减、制动、停车、踩离合、换挡等,并建立各种驾驶动作的标准词典。

日常所说的驾驶动作,包含着多层次的含义,如踩油门是一个动作,2 挡换 3 挡也是一个动作,一般规定的 2 挡换 3 挡动作要领包括踩离合、摘 2 挡、换 3 挡、松离合等多个操作件动作,为了更加清晰地界定各类动作含义,本书把驾驶动作按照操作习惯、数据采集存储通道、所涉及操作件的数量、动作复杂程度及其各动作相互间关系,分为 5 个层次,分别命名为原始数据层、单一动作层、组合动作层、协同动作层和练习科目层,如图 2 - 11 所示。各层次数据之间的关系依次递进,上层动作均由下层动作组合而成。

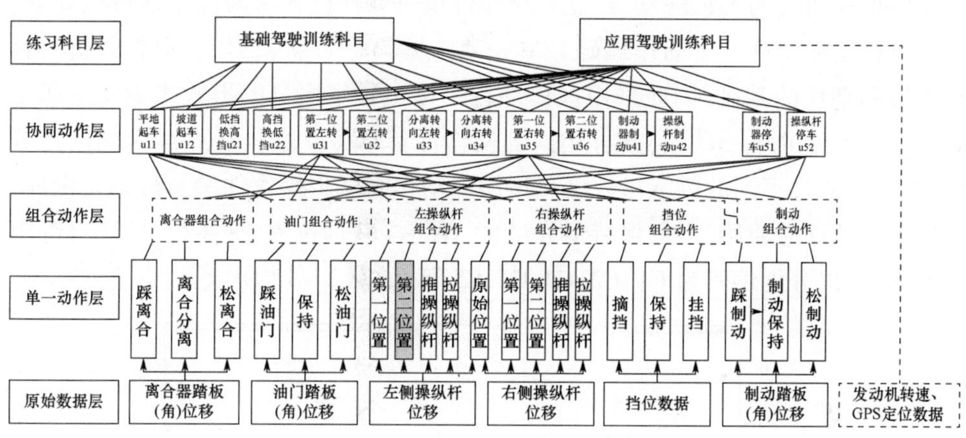

图 2 - 11　驾驶动作层次关系

2.4.1　原始数据层

原始数据是指安装在各操作件上的位移传感器所获取的操作件位移数据,主要包括离合器踏板位移数据、油门踏板位移数据、左右操纵杆位移数据、挡位数据、制动踏板位移数据以及 GPS 定位数据、发动机转速和两侧主动轮转速等,通常用数字形式记录,用曲线的形式进行显示。本书所依赖的原始数据,均来自坦克驾驶教练车,数据采集频率为 25Hz/s,且均已经过平滑、滤噪、异常数据处理,为有效数据。后续数据显示中,所有以时间为横轴的单位,如无特殊说明,均定为 1/25s。

2.4.2 单一动作层

单一动作是指由于驾驶员操作而引起的单一操作件运动状态的一次改变。这种改变来自驾驶员动作输入而导致的操作件位移数据的特征改变。以常见的离合器位移曲线为例,如图 2-12 所示。当离合器处在原始位置时,可以称为一个单一动作,名称为:保持原始位置,即图中所标示的 C1 部分,其特征为离合器位移数据长时间处在最大值附近;同样,当踩下离合器时,也可以命名为一个单一动作,名为踩离合,即图中所标示的 C4 部分,其特征为离合器位移数据处在不断减小的过程中。

给各个单一动作命名时,既要符合驾驶操作习惯,也要有明显的数据分析特征。经过对各种驾驶动作要领梳理,结合操作件位移数据采集的实际情况和对操作件位移曲线的大致观察,建立各操作件单一动作模式。为便于计算机处理,对每个单一动作进行了动作编码。单一动作编码是后续表示、识别和分析组合动作协同动作的基础,因此采用操作件首字母 + 数字序号的形式来表示。属于同一个操作件的单一动作,具有相同的操作件首字母。这样在后续协同动作分析中,可以通过不同的首字母来区分该协同动作有多少操作件参与协同。例如,对于离合器保持原始位置、保持最大位置、保持半联动位置、踩离合、松离合等单一动作,可以分别编码为 C1、C2、C3、C4、C5 等,如图 2-12 所示。

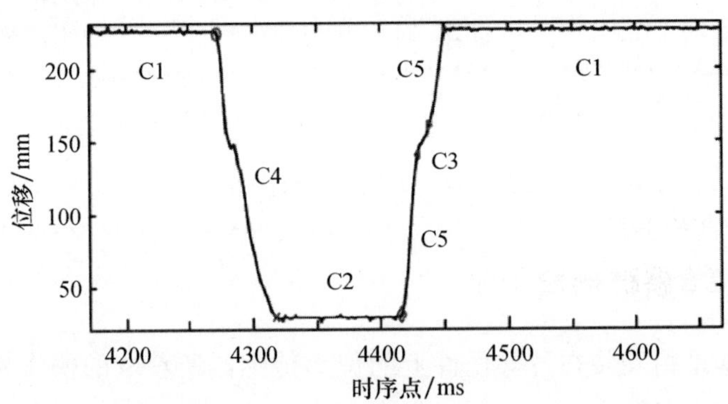

图 2-12 离合器动作曲线和单一动作

2.4.3 组合动作层

组合动作是指每个操作件常见系列单一动作的时序组合,其特征是:针对同一个操作件,系列单一动作逐次出现,时序相对固定,且呈一定的周期性变化,体现出一定的规律性。例如，针对图 2－12 的离合器动作，常见的组合动作是，从原始位置踩离合、保持在分离位置一段时间，然后松离合至原始位置；几乎所有的离合器都是按照这个序列来进行操作，因此该动作序列构成主离合的一种组合动作。另一种常见的离合器组合动作为两脚离合器操作，即在离合器保持分离位置过程中，会增加一次踩、松离合器的动作过程。与单一动作编码相对应，我们用单一动作编码序列来表示组合动作。图 2－12 所示的一组离合器单一动作可以命名为一个离合器组合动作，其编码序列可以表示为 C1C4C2C5C3C5。驾驶训练过程中，挡位、油门、制动、转向器等操作件都有各自稳定的组合动作模式。

2.4.4　协同动作层

驾驶操作中除了各单一操作件有相对固定的组合动作模式外，一些典型驾驶动作往往还包括不同操作件多个单一动作之间的协同。例如，基础驾驶中的起车、换挡、转向、制动、停车等，往往需要油门、离合、制动、挡位和转向操作杆的协同配合，这些需要多个操作件按照一定时序组合的驾驶动作为协同动作。多操作件协同动作和单操作件组合动作之间最大的区别就是涉及操作件的数量不同。考虑到驾驶目的、训练科目设置和驾驶要领要求的不同，主要分为直线行驶协同动作和转向协同动作两大类。直线行驶协同动作中，以各种形式的换挡动作作为典型代表，所涉及操作件主要包括挡位、油门、制动和离合器不同动作状态的协同；转向协同动作主要包括分离转向、第一位置转向和制动转向两类，主要涉及操纵杆和油门的协同，部分情景下还要考虑挡位和制动的配合。

以坦克驾驶中的低挡换高挡动作为例，其步骤包括：①加油冲车；②踏下主离合器踏板；③松开加油踏板；④将变速杆摘到空挡；⑤挂上高一级排挡；⑥迅速平稳松回主离合器踏板；⑦加油。把上述动作按照各操作件的位移以及动作状态变化按时间顺序进行排列，并标示出单一动作编码及其起始时刻后，绘制如图 2－13 的时序图，可知：该协同动作由 3 个操作件 16 个单一动作按顺序组成，其动作编码按照时间顺序可以大致表示为 A1C1A2A3A4C2C3D0D2C4C5C1A2A3。

2.4.5　练习科目层

练习科目是正常训练和考评的基础，是驾驶动作分析和数据挖掘技术走向实用性的接口，满足各种练习科目规定的训练和考核要求是推动驾驶动作分析技术发展的源动力。练习科目指专业技术训练教范中规定的某一科目的练习内

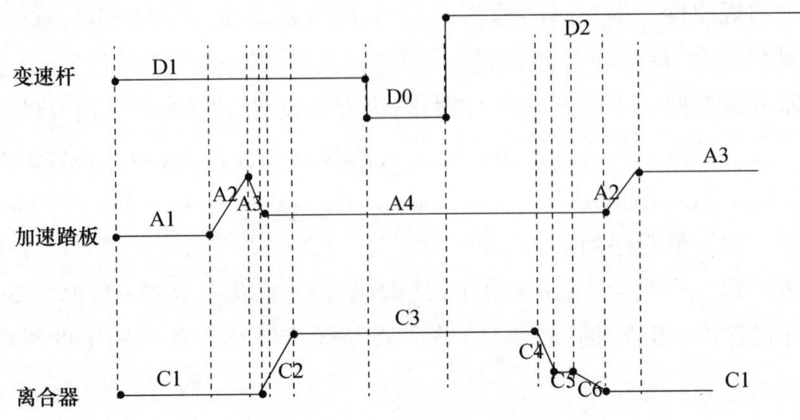

图 2－13　操纵件操作时序图

容，通常是各种协同动作的再一次组合。例如，基础驾驶训练练习一，其规定的训练内容为：发动，1 挡起车；制动转向，换 2 挡，换 1 挡，反复 10 次；停车，熄火，即练习中规定的动作均已在协同动作中进行了定义，就驾驶员操作而言，练习只不过是不同协同动作按顺序组合。练习科目体现为基于协同动作编码的各种组合，数据处理方法与协同动作处理方法相同，因此只在后续涉及具体科目时进行分析，不再单独进行系统介绍。

2.5　单一动作词典

2.5.1　数据词典概述

数据词典是对模式和特征结构化的描述，用于统一各模式名称和特征的数据描述、属性规范和体系结构，为基础的数据采集和录入提供规范，并保证收录在词典内的各种模式具有完整性和一致性。数据词典的核心是数据项，常用的汉语词典中一个典型数据项的要素通常包括汉语名称、英文名称、词条解释、特征描述、分类等，还包括对应数据的电子化定义，如各数据项的代码、精度要求、计量单位、数据类型、取值约束等。

对于各种动作词典，根据对象不同，没有统一的结构要求。交互式电子手册技术标准中，给出了一些装备使用和维护保养操作动作的数据词典模板，明确提出其构成要素一般包括要素中文名、要素英文名、要素组织结构、要素释义、要素父元素、要素子元素等。对于多层次多步骤的操作动作，通常以父元素的层次定义,并把该动作所包含的各层次步骤表示在组织结构中,直至分解到最底层的动作单元,如图 2 - 14 所示。

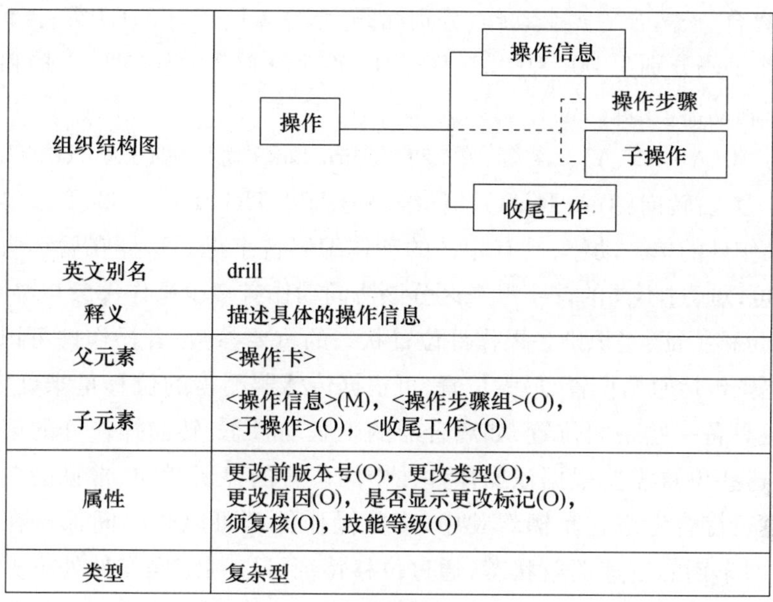

组织结构图	操作；操作信息；操作步骤；子操作；收尾工作
英文别名	drill
释义	描述具体的操作信息
父元素	<操作卡>
子元素	<操作信息>(M), <操作步骤组>(O), <子操作>(O), <收尾工作>(O)
属性	更改前版本号(O), 更改类型(O), 更改原因(O), 是否显示更改标记(O), 须复核(O), 技能等级(O)
类型	复杂型

图 2 - 14 动作词典构成要素及层次

参照上述定义,把驾驶动作词典构成分为单一动作词典和协同动作词典两个模块。单一动作词典用于定义各个操作件单一动作名称、编码、动作特征,作为后续协同动作词典编辑的基础;协同动作词典用于定义驾驶操作中常见的协同动作,要素包括协同动作名称、协同动作编码、协同动作要领说明、要领对应的单一动作编码序列以及一些其他辅助性说明信息,如协同动作准确性判断说明、核心动作说明和关键动作说明等。

2.5.2 单一动作词典结构

为便于结构化存储,统一数据规范,根据各操作件的单一动作特征,建立单一动作词典,作为后续动作识别、协同动作编码的基础。初步规划各操作件单一动作词典的数据结构,主要包括动作名称、动作编码、位移特征、速度特征 4 个字段。其中:

(1)动作名称,采用相关驾驶教材的标准说法或者通用说法,应包括操作件名称和动作名称两个部分,如踩离合器、离合器保持分离位置、摘 1 挡、挂 2 挡、推操纵杆等。

(2)动作编码,统一采用操作件英文名称首字母和数字编号的格式,如离合器单一动作包括离合器保持原始位置、离合器保持分离位置、离合器保持半联动位置、踩离合、松离合等 5 个动作,分别编码为 C0、C1、C2、C3、C4 等;挡位(Drive Shift)动作编码分别为 D0、D1、D2、D3、D4、D5、D6(倒挡)等,对应空挡和 6 个变速挡位。制动器(Brake)动作编码为 B0、B1、B2、B3、B4 等;油门(Accelerate)动作编码为 A0、A1、A2、A3、A4 等;左转向(Turn Left)动作编码为 TL0、TL1、TL2、TL3、TL4 等,右转向(Turn Right)动作编码为 TR0、TR1、TR2、TR3、TR4 等。属于同一个操作件的单一动作,具有相同的动作编码首字母。这样在后续协同动作分析中,可以通过不同的首字母来区分该协同动作有多少操作件参与协同。

(3)位移特征,是识别各操作件位置状态的重要参数,各操作件可识别的位置状态主要包括原始位置、最大位置,可根据传感器测得的位移量来确定;有的操作件还具备一些中间位置,如离合器的半联动状态、转向操作杆的第一转向位置等,这些位置需要根据该操作件在中间位置的停留时间、常见的中间位置数值来进行综合考虑。车辆驾驶中,多数操作件都可以长时间保持在某种状态不动,如车辆的定速巡航状态,通过位移特征可以判定操作件处于哪一种动作状态。

(4)速度特征,是识别各操作件在不同位置间转换和运动的重要参数,主要特征是操作件位移短时间连续变化,通过速度可以区分操作件的运动和静止,而通过运动方向则可以区分操作件的推、拉、踩、松、摘、挂等方向相反的动作。

2.5.3 单一动作词典编写要求

动作词典是驾驶动作分析和统计的基础,也是后续协同动作词典编写的依据,构建时,参照现有词典的编写要求,有以下几点注意事项。

一是词典所包含的编码和动作要具有完备性,要覆盖驾驶训练中所有的操作件单一动作且可穷举,不能出现驾驶教材中有动作而词典中没有编码的情况;一篇文章里,多数都是词典里没有的字,要么是文章编写有问题,要么是词典没用处。另外动作编码要根据动作特征设置,要考虑教材的语言和数字编码之间的差异。例如,驾驶教学中经常提及的“离合器踩到底”,实际对应两个动作编码,即踩离合动作编码 C3 和离合器分离位置编码 C2。

二是词典所包含的编码和动作要有唯一性,即在整个词典中不能有重复的动作编码或者名称,尤其是动作编码。因为词典使用时,将主要依靠编码进行检索、查询,唯一性是检索识别的必要条件,也是后续协同动作编码处理的必要条件。

三是所设计的位移和速度特征都要有明确的阈值划分,且相互连续,整个值域要能够覆盖所有数值范围,要确保所采集的每一点位移数据都能够有对应的编码动作,不能出现任意一点位移数值找不到对应编码的情况。

四是词典数据结构要有一定的扩充机制,即使由于数据不全、动作编码考虑不细致出现个别编码遗漏,要有对应的编码增加机制。

五是要有实用性。要尽可能从不同角度增加对条目的解释说明,尽可能考虑到该条目的后续应用。词典最重要的用途就是为那些用户不理解的条目提供多维度解释,并促进用户使用该条目。

2.6 协同动作词典

协同动作指多个操作件按照一定时序组合的驾驶动作,主要特点是:数量多、涉及操作件多,是教范要求和驾驶训练的重点内容,有一定的规范和动作要领作为依据,同时也是后续分析评价的主要工作;同时车辆运行情况复杂,每个驾驶员操作的协同动作均有所差别,很难完全列举。

2.6.1 协同动作词典数据结构

考虑协同动作如上特点,对协同动作词典的数据结构设计为5个字段,分别是协同动作编码、协同动作名称、协同动作要领说明、协同动作所包含单一动作编码序列、核心动作说明、协同动作规范性说明等。

(1)协同动作编码,采用协同(Synergetic)首字母+三位数字编码的形式,直接按顺序编码,依次递增,分别为S001、S002、S003等。

(2)协同动作名称,采用驾驶训练教材或者同行业规定的通用术语,如起步、停车、2挡换3挡、2挡换4挡、第一位置左转向、制动右转向。通过对教材梳理的方式,尽可能罗列出当前已知的协同动作。

(3)协同动作要领说明,指教材中规定的各协同动作要领,逐行列入本栏中,如前面所列举的2挡换3挡动作要领,步骤包括:①加油冲车;②踏下主离合器踏板;③松开加油踏板;④将变速杆摘到空挡;⑤挂上高一级排挡,如3挡;⑥迅速平稳松回主离合器踏板;⑦加油。对于一些已知的不规范的驾驶动作,为后续便于管理统计,也要参照动作要领模板编写出各步骤对应的动作名称。

(4)协同动作所包含单一动作编码序列,指与动作要领相对应的各动作步骤所对应的按时间排列的单一动作编码序列。如2挡换3挡所对应的单一动作编码序列为A1C1A2A3A4C2C3D0D2C4C5C1A2A3等。

(5)核心动作说明,针对后续动作筛选提出的概念。原因在于虽然协同动作由多个操作件的单一动作按时序组成,但分析识别时,这些操作件的重要性却不一样。从训练实践和数据处理过程看,新训学员往往容易出现遗漏某个动作模式或者某个操作件的情况,遗漏A操作件或者A1动作,还可以称为该协同模式,但遗漏另外一个操作件B或者B1动作,可能就不能称为该协同动作的情况。即协同动作中所包含的各单一动作模式,在后续识别分析时,并不是等权重的,有些单一动作编码,是核心动作编码,如果缺少这一核心动作编码,就不能称为该协同动作。例如,当我们处理一组换挡协同动作时,该动作涉及油门、离合和变速杆等操作件的单一动作模式组合,初学者练习过程中,可能会忘记加油冲车,也可能会忘记踩离合,或者忘记拨动变速杆。但在后续动作数据分析识别过程中,需要确定一个核心动作准则,缺少这一核心动作,就不能识别为该协同动作。拨动变速杆就是换挡动作的核心动作。如果没有挡杆动作,油门、离合、制动动作配合再完善,也不能称为换挡动作。转向动作也是同样原理。因此协同动作分析识别时,首先需要明确单一核心动作。针对协同动作数据词典中的字符串,核心动作编码分为两类:一类为挡位动作,如D0/D1等;另一类为操纵杆转向动作,如TL0/TL1等。

(6)协同动作规范性说明,针对后续协同动作近似性评估给出的字段,给出三个属性值,主要分为正确、基本正确和错误三种类型。与驾驶教材中给定的动作要领完全一致的单一动作编码序列,属性为正确;在正确动作要领基础上,根据车辆实际情况增加部分适应性动作,其属性为基本正确;与规定动作要领不一致或者缺少动作要领中的动作的单一动作编码序列,属性为错误。

2.6.2 协同动作词典示例

协同动作是驾驶动作分析的主体内容,动作词典是后续协同动作分割、识别、评价和模式发现的依据,因此应该按照给定的数据结构,规范编写;同时要尽可能包括足够的协同动作条目,一个协同动作词典的简单例子如表2-3所列。核心动作和规范性说明将在后文识别评价分析时具体应用,这里不再给出相应的示例。

表 2－3　协同动作词典数据结构示例

协同动作编码	协同动作名称	协同动作要领说明	动作要领单一编码
S001	2 挡起车	离合挡位油门 3 操作件协同；核心动作：0 挡换 2 挡；细节备注：1 脚离合器	C1C2D2C3A3C4C3C0
S002	2 挡换 3 挡	离合挡位油门 3 操作件协同；核心动作：2 挡换 3 挡；细节备注：两脚离合器	A5C1C2A4A6D0C3A3A5C1C2D3C3C0
S003	3 挡换 4 挡	离合挡位油门 3 操作件协同；核心动作：3 挡换 4 挡；细节备注：一脚离合器	A4C1A6C2D0A3A5D4C3C0
S004	4 挡换 5 挡	离合挡位油门 3 操作件协同；核心动作：4 挡换 5 挡；细节备注：一脚离合器	A4C1C2A6D0A3A5D5C3A4C0

2.6.3　协同动作词典产生

设计好协同动作词典数据结构后，需要往词典中填写相应内容。协同动作词典编写与单一动作词典编写不同，主要体现在单一动作词典所对应的操作件数量有限，每个操作件的状态有限，30 个单一动作涵盖了所有操作件状态；协同动作词典则不一样，多个操作件多种动作状态的组合，理论上是无穷尽的。因此只能依据已有的驾驶经验和当前的训练数据编写常见的协同动作，同时考虑一定的词典自学习机制，逐步完善。协同动作词典的产生主要有两种途径：一种是依据现有教材规定的动作要领，人工录入；另一种则是借鉴当前文本分析的新词发现方法，利用数据挖掘技术，不断发现新的协同动作组合，实现词典的动态更新，经过长时间海量数据挖掘，保持词典对绝大多数常见动作的识别覆盖，满足后续动作识别分析的相关要求。

人工录入协同动作词典时，需要首先对驾驶教材中规定的协同动作进行梳理，尤其是基础驾驶练习部分的动作，把每一个动作规定的要领梳理出来，然后把这些动作按照时间顺序转换为单一动作编码的字符串，附上相应的动作要领说明，即可完成一个协同动作词条的录入。采用模式发现技术自动更新协同动作词典时，主要考虑所有规定的协同动作都是为了达到一定的驾驶目的而在时间上、操作件所对应的传动行动部件力学传递关系上有一定的关联性，并且在海量驾驶训练数据中，这些协同动作应该是反复出现，有稳定动作组合的动作。基于这一特点，通常采用分词技术，考虑单一动作编码的所有组合，分别统计这些组合的出现频率、完成时间和其他动作编码的关系等，通过设置阈值，选出符合要求的经常出现的协同动作编码组合，经过人工确认后录入词典。后续有专门的驾驶动作模式发现的章节，研究相关的技术实现内容。

2.6.4 协同动作词典编写要求

协同动作主要指不同操作件的配合，如换挡过程中的油门、制动、挡位和离合器的配合，转向训练科目油门、挡位和操作杆间的配合。所有协同动作，都可以表示为各操作件单一动作模式按照固定时序的组合搭配。协同的核心和本质是时序协同，也就是说，各驾驶动作是否按照给定的动作要领和规定时序进行。驾驶教材和教范中常提及的各训练科目动作要领，主要明确的是各操作件的协同顺序。协同动作特征是后续模式识别的基础，只有建立完备、科学且具有识别性的特征，才能从系列单一动作编码段落中识别分割出一组协同动作。考虑后续识别分割的必要性，协同动作词典编写时，需要注意以下几点要求。

一要尽可能保证协同件齐备性。这里协同动作的齐备性，包括两个方面的含义，一是“协同件齐备”，即按照动作要领完成某一动作时，所涉及的操作件必须要有，如换挡过程中的油门、制动、挡位和离合器的配合，转向训练科目油门、挡位和操作杆间的配合，组合搭配的依据则是教范中的动作要领。实际驾驶操作中，学员操作并不是时刻能正确“协同”，经常会发生一些协同错误，尤其是新训学员，在起步、换挡、停车、转向等基础动作中，经常遗漏一些操作件动作，如起步时忘记检查挡位、换挡时忘记踩离合器、停车时忘记固定制动器等。在已经具备核心动作的基础上，如果缺少某一操作件动作，则该动作可识别协同错误，这一要求通过词典中的“规范性说明”数据项表示。二是协同动作齐备，即所编写的协同动作编码，尤其是规范性正确的编码，要包含教材教范中规定的每一个动作，甚至是一些教材教范中未明确提出却在实际动作中隐含的动作。例如，换挡要领中，经常有“踩下离合器”这句话，在实际动作曲线中，该要领却不仅仅包含“踩离合”这一个动作，还包含了“离合器踩到分离位置”这个最终状态。同样松开离合器和挂挡，都包含着各自的状态转换，标准协同动作模式编码所包含的单一动作数量并不完全与教材教范中规定的动作要领数量完全一致，多数情况下，要大于教材教范中规定的动作要领数量，需要驾驶专业人员和数据处理专业人员来共同构建标准协同动作模式串。

二要关注协同动作的时序特征。驾驶教材和教范中常提及的各训练科目动作要领，除了明确所涉及的操作件外，还明确了各操作件动作的先后顺序。一个正确的驾驶动作，各操作件必须按照动作要领规定的顺序动作才能形成一个正确的协同动作。顺序不同的协同动作，不能识别为一个协同动作，协同动作词典建立时，依靠单一动作编码的前后顺序来表示这种时序。从目前协同动作模式词典编码规则看，动作要领中一些要求“同时开始”的动作，处理起来情况较为复杂。当前规定了标准协同动作排序时，对于要求同时开始的动作，要按该操作件位移数据的存储顺序进行排列，这一要求当两个动作严格“同时”时，是没有问题的，但是从数据处理结果来看，要求“同时”的动作，由于传感器的响应速度、驾驶员动作幅度、各操作件单一动作模式状态转换阈值的灵敏度不同，要求“同时”的动作，模式识别的结果并不一定在毫秒级的数值上完全相同。有可能某个动作识别结果早或者晚几毫秒，按照驾驶操作习惯，这些动作也是正确的，但按照字符串进行精确匹配，就有可能无法完成正确匹配。所以对于同时的动作，要考虑各种可能性，并罗列出所有可能正确的模式串，才能准确反映驾驶员的训练成绩。这种情况下，同一个名称的协同动作，可能有不同顺序的单一动作编码，一定要在词典中罗列清楚，否则后续评价时，有可能标记为错误。

三要关注协同动作的边界特征。怎样才能确定一些动作组合是协同动作呢？从动作曲线和动作要求看，几乎所有协同动作或者训练科目，都是以各操作件长时间保持的原状态为起始状态，完成后长时间保持新状态为终止状态，起始和终止状态之间，包含众多单一动作模式，各操作件运动特征明显，动作频繁，称这一特征为边界特征。例如，换挡时，如果仅仅考虑离合器和挡位，换挡动作都是从离合器保持原始位置开始，踩离合器，换挡完成后松离合器至原始位置结束。也就是说，换挡协同动作中，离合器的边界动作均是 C0 编码；转向制动均有类似的边界特征。当然更复杂的协同动作，其边界特征仍旧需要进一步分类，后续的成果可以酌情列入协同动作词典数据结构中。

齐备特征、时序特征和边界特征在驾驶分析中作用不同。齐备特征和时序特征主要体现为不同的驾驶习惯，即驾驶员实际协同动作所包含的单一动作数量和顺序有区别；边界特征则体现了驾驶协同动作的开始和结束。一个动作被称为协同动作，即使简单从动作时间关系上分析，也应该是紧密关联的一组动作，这组动作一定要有边界，即开始和结束动作，虽然划分标准不一时，这组动作可能会包含多个协同动作，但如果能够利用边界特征把动作序列合理分割开，对后续降低协同动作分析难度是十分有意义的。

2.7　组合动作和练习科目词典

2.7.1　组合动作词典

驾驶动作分析中，单一动作词典是组合动作、协同动作和练习课目数据分析的基础,协同动作是动作识别、考核评价以及其他数据分析的重点,而组合动作则是联系单一动作和协同动作的纽带,一个完整的协同动作中,往往穿插夹杂数个操作件的组合动作,即某一个操作件有规律的连续动作。

如图 2－15 所示的换挡协同动作,如果只考虑离合器和挡位,实质上是由离合组合动作和挡位组合动作穿插构成。并且从曲线上看,离合器两个关键动作,即踩离合器和松离合器,实质上是一组换挡协同动作的边界条件。

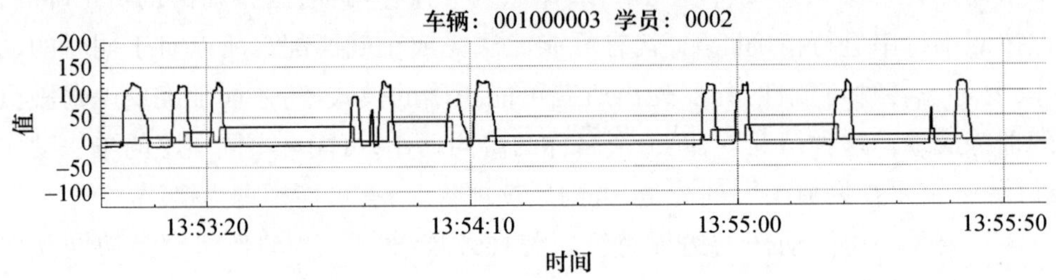

图 2－15　离合器和挡位协同动作曲线

图 2－16 所示的左转向操纵杆的动作曲线,从图中也可以看出,每一次操纵杆组合动作,基本包括拉操纵杆(TL3)、到转向位置保持一定时间(TL1 或者 TL2)、拉操纵杆(TL4)和操纵杆到原始位置(TL0)的循环过程。

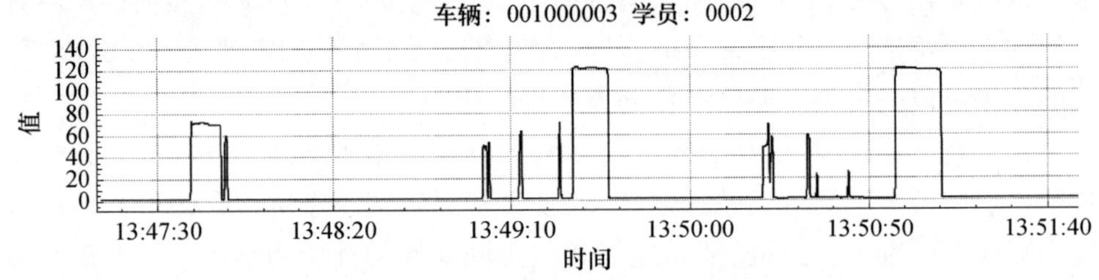

图 2－16　左转向操纵杆组合动作曲线

对于离合制动油门转向等操作件而言,组合动作特征都比较明显。而对于挡位组合动作,则动作构成较为复杂,如图 2－17 所示,有的挡位组合动作,只包含摘空挡或者挂 1 挡 1 个动作,有的则同时包括摘空挡挂任意挡两个动作,有的甚至包括从 4 挡至 1 挡的连续换挡动作,但无论包含多少动作,所有组合动作,两组组合动作之间,在时间分布上都有足够的间隔,这种时间间隔是后续处理组合动作和协同动作的重要参数之一。

组合动作词典的数据结构,参照协同动作词典,共包括组合动作编码、组合动作名称、组合动作要领说明、组合动作所包含单一动作编码序列、核心动作说明等

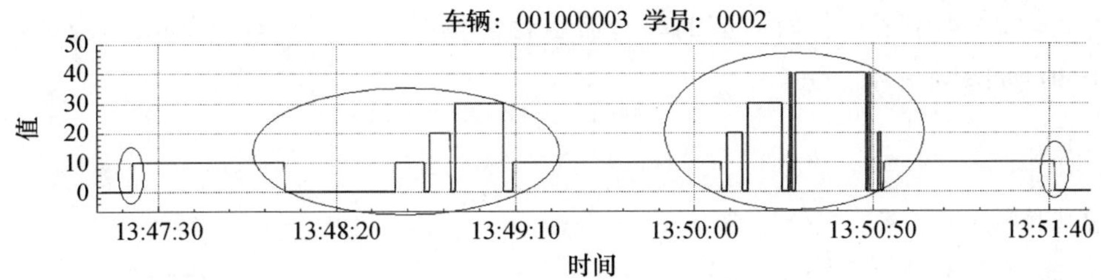

图2-17　挡位组合动作曲线

5个字段,因为组合动作没有对应的动作要领规范,所有没有规范性判定的字段。

(1)组合动作编码,用Group+操作件名称+数字的方式来编码。一般来讲,每个操作件的组合动作一般也就是屈指可数的几个。例如,离合器组合动作编码为GC1　GC2　GC3等。对应的组合动作名称,如一脚离合器组合动作、两脚离合器组合动作等。挡位组合动作编码为GD1　GD2　GD3　GD4等;制动组合动作编码为GB1　GB2　GB3　GB4等;转向组合动作编码为GTR1　GTR2　GTR3　GTL1　GTL2等。

(2)组合动作名称,教范或者驾驶实践中,没有对应组合动作的专用术语,加上组合动作数量不多,可以直接按照编码的名称命名为离合器组合动作1、离合器组合动作2等。

(3)组合动作要领说明,同样因为没有专门的组合动作要领,只要把一组组合动作所包含的单一动作顺序列出即可。

(4)组合动作所包含单一动作编码序列,指与动作要领相对应的各动作步骤所对应的按时间排列的单一动作编码序列。

(5)核心动作说明,主要指该组合动作中包含有明显的操作件的运动状态,有明显的位移改变,且这种位移改变应该是两个一组出现。从当前数据情况看,组合动作一般都是从推拉等动作开始,至一个新的位置,保持一段时间后,返回到原始位置。也就是说,多数组合动作,都是以原始位置结束。一个典型的组合动作编码表示如表2-4所列。

表2-4　典型组合动作编码结构示例

组合动作编码	组合动作名称	协同动作要领说明	动作要领单　编码
GC1	离合器组合动作1	踩离合、至分离位置,松离合、至原始位置	C3C2C4C0
GC2	离合器组合动作2	踩离合、至分离位置,松离合、至半联动位置,松离合、至原始位置	C3C2C4C1C4C0
GC2	离合器组合动作3	踩离合、至分离位置,松离合、踩离合、至最大分离位置,松离合、至原始位置	C3C2C4C3C2C4C0

表2-4中第一行所对应的离合器组合动作编码为C3C2C4C0,所对应的动作曲线如图2-18所示。

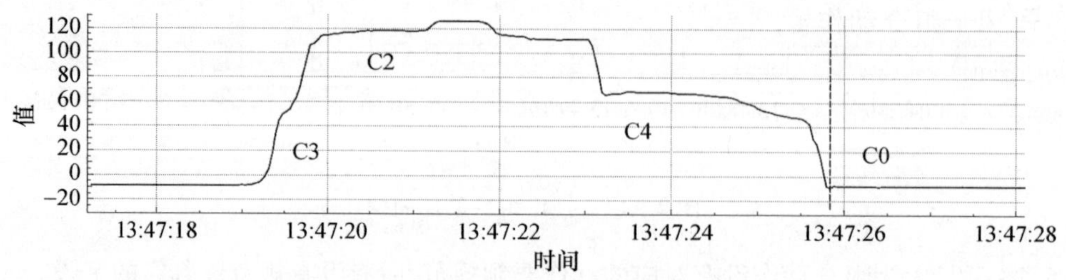

图2-18 离合器组合动作曲线

一种操纵杆制动转向组合动作要领为:拉转向(TL3),至第二转向位置(TL2),推转向(TL4),至原始位置(TL0),所对应的单一动作编码串为TL3TL2TL4TL0,所对应动作曲线如图2-19所示。

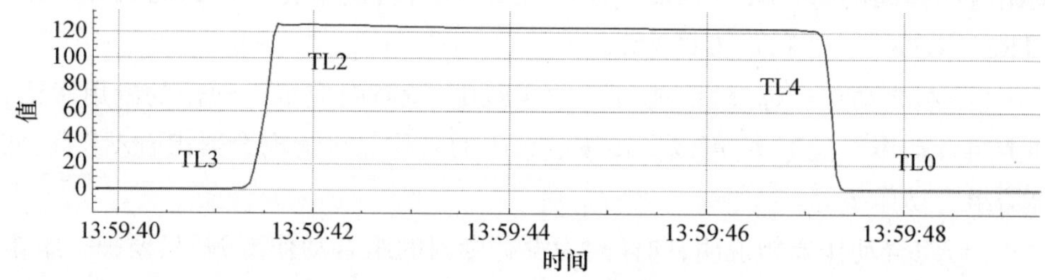

图2-19 操纵杆制动转向组合动作曲线

2.7.2 练习科目词典

练习科目针对教范和日常训练内容,词典主要数据元素包括练习科目名称、练习科目编码、练习科目内容、练习科目所包含协同动作编码等。建立练习科目词典的目的主要是为了存储该练习科目的相关内容,为后续训练和科目选择提供缺省输入和借鉴,虽然教范中规定了各个练习科目的训练内容,但这些训练内容所包含的协同动作名称、数量、先后顺序并不完全一致,教练员和学员有可能根据车辆状况和训练场地地形情况进行顺序调整和协同动作顺序数量的调整。因此练习科目词典只是为练习科目提供一个结构化的数据存储空间,用于检索常见科目包含的常见训练内容,说明练习科目和协同动作间的层次关系。给定的数据结构中,练习科目名称用教范中的名称,练习科目编码采用Ex1 、Ex2的形式,对应教范中的练习1、练习2等,练习科目内容和所包含的协同动作编码均根据教范来设定。具体练习科目的词典将结合后续基础动作练习考核进行示例说明。

由于组合动作模式、特征、编码方法以及后续识别处理技术与协同动作相同,都是基于单一动作编码或者时间的关系计算,因此将和协同动作的后续处理技术一同讨论,不再单独提出。

2.8　小结

本章重点介绍了坦克驾驶训练的相关背景知识,包括主要驾驶操作件、驾驶训练科目和考核要求,分析了常见驾驶操作件的运动原理、运动数据的采集存储和预处理方法;在此基础上,构建了层次化的驾驶动作命名体系,把驾驶动作区分为单一动作、组合动作、协同动作和练习科目,为每一类驾驶动作建立了对应的数据词典或者词典,针对驾驶动作定义的各类编码、特征将在后续识别、匹配、分割、评价中反复应用,是开展后续研究的基础和前提。

第3章 单一动作模式识别

单一动作模式识别的目的在于把传感器获取的各操作件位移量通过特征分析,映射识别为单一动作词典中的编码,实现驾驶操作位移数据向语言符号的转换。模式识别后,每一点位移数据都会映射到一个具体单一驾驶动作。由于同一个动作模式往往持续很长时间,为了简化该动作模式序列的表示,在模式识别技术的基础上,引入数据压缩方法,把一段时间内相同动作模式的编码序列转变为编码和起始时间两个要素,不仅简化了编码序列的表示方法,实现了动作序列和驾驶动作要领的一一对应,为后续组合动作、协同动作识别提供了输入,奠定了驾驶动作数据挖掘的基础。

3.1 模式识别理论概述

3.1.1 模式和特征

模式识别技术中,被观测的每个对象称为样品,对于每个样品来说,必须确定一些与识别有关的因素,作为研究的根据,每一个因素称为一个特征,所谓模式就是样品所具有的特征的描述。时间序列中,模式通常也指时间序列的局部变化特征,如时间序列在某段时间内的均值、方差、时间序列离散化后的符号,或者是时间序列的增减变化趋势、线性拟合后的斜率和截距等。

模式识别中,特征的概念尤为重要,对于每个样品来说,必须确定一些与识别有关的因素,作为特征。模式需要根据样品所具有的特征进行分类。如果一个样品 $\boldsymbol{X}$ 有 n 个特征,则可以把 $\boldsymbol{X}$ 看作一个 n 维列向量,该向量 $\boldsymbol{X}$ 称为特征向量。模式识别就是根据 $\boldsymbol{X}$ 的 n 个特征来判别模式 $\boldsymbol{X}$ 属于 $w_1,w_2,\cdots,w_m$ 类中的哪一类。以常见的手写数字模式识别为例,被观测的每个手写数字都可以作为一个样品,如果共写了 N 个数字,我们把这 N 个数字称为 N 个样品($\boldsymbol{X}_1,\boldsymbol{X}_2,\cdots,\boldsymbol{X}_7,\cdots,\boldsymbol{X}_N$),而模式则只有1、2、3、4、5、6、7、8、9、0等10个类别。模式识别的目的在于根据所建立的针对每个观测样本的特征向量，确定每个样本该属于哪一种模式。

从集合的角度看，模式识别的目标是在特征空间和解释空间之间找到一种映射关系。特征空间是由从样品数据里得到的对分类有用的度量、属件或基元构成的空间。解释空间由 M 个模式所属类别的集合构成。本书中，特征空间是基于各操作件位移所形成的各种特征向量，而解释空间则是教范中规定的各种驾驶动作。

3.1.2　模式识别流程

模式识别系统中，数据处理流程可大致描述为如图 3－1 所示的流程，包括数据预处理、特征选择、特征提取、学习、分类与描述等模块，最后输出识别结果。

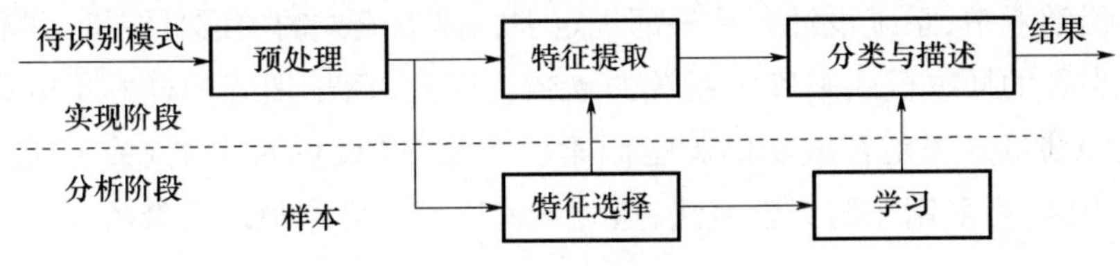

图 3－1　模式识别基本流程

上述流程中，预处理是模式识别的前导环节，其目的旨在使待识别模式更易于被系统分析和识别。不同的识别模式对预处理方法有不同的要求，对于驾驶动作位移数据，通常采用平滑、滤波、歧义点处理等手段。

特征选择和特征提取紧密联系，是模式识别的关键问题，特征选择的目的是选取对识别要求来说最可能达到目的的特征集，当已知一个特征集可以区分模式时，实际上模式识别的主要问题已接近于解决。特征发现和提取是模式识别的核心。模式识别、机器学习过程中，好的特征所带来的贡献有时候远远大于识别算法本身。海量样本数据中，常常提取很多特征量，尤其是在识别方案设计的初期阶段，应该尽量多地列举出各种可能与分类有关的特征，这样可以充分利用各种有用的信息，改善分类效果。但大量特征中会包含许多彼此相关的因素，造成特征的重复和浪费，给计算带来困难。此时需要对保留哪些描述量、删除哪些描述量进行决策，这一过程称为特征选择。特征选择，是指从原始特征中挑选出一组最有代表性、分类性能好的特征，作为降维的分类特征使用。如果所选用的特征空间能使同类物体分布具有紧致性，可以为分类器设计成功提供良好的基础；反之，如果不同类别的样品在该特征空间中混杂在一起，再好的识别算法也无法提高分类器的准确性。特征组合优化则是通过一种映射变换改造原特征空间,构造一个新的精简的特征空间。

多数情况下,时间序列的模式特征可以用该时间序列在某段时间内的均值、方差、时间序列离散化后的符号,或者是时间序列的增减变化趋势,或者是线性拟合后的斜率和截距来表示。所以对于单一动作模式的静止状态,可以用该操作件的位移均值作为特征,对于单一动作模式的运动状态,则可以通过判断操作件在给定时间段内是否存在位移变化以及位移变化的方向来进行判断。也就是说,单一动作的识别特征,可以按照两个要素(位置、速度)来构建。

学习是根据样本集找出有效的分类规律,预处理、特征选择和学习实际上是三个带有反馈耦合的环节,当后面的环节得不到好结果时就要修改前面环节的做法,这正是分析阶段的特点。学习可以采取两种方式,即监督学习和非监督学习。监督学习中,系统设计者从外部规定训练样本模式的类成员资格,并利用这些已知类别的样本模式来确定系统的参数。因此,用于训练的样本集的质量是决定这种学习方法是否成功的关键因素。当没有(或仅有少量)关于模式类的先验知识时,可采用非监督学习法,这时系统通过对样本集进行聚类分析找到有关规律。

分类或描述环节是实现阶段也是整个模式识别系统的最终环节。它利用求得的有关算法或规则,对连续输入的大量模式取得分类结果,或进行相应的描述。

3.1.3 模式识别方法

根据识别对象的性质和描述方式,传统的模式识别主要分为统计识别和句法识别两种。此外还有近两年发展起来的模糊识别和神经网络方法。

统计识别以定量描述为基础,必须用足够数量的样本经过多次反复试验才能得到比较合适的分类规则,通常包括判别函数法(决策理论方法)和聚类分析法。

判别函数法是直接根据一个或几个分类准则函数对模式进行分类的方法。这种分类准则函数称为判别函数。判别函数可以是模式空间中描述模式类之间分界面的函数,也可以是其他能够描述模式类之间的可分性并能用来直接对模式分类的函数。一旦找到合适的判别函数,对未知类别的模式就可以根据判别函数的值来进行分类判决。判别函数可以是线性函数,也可以是非线性函数,一般由模式在模式空间的分布特点来决定。在保证一定分类精度的前提下,判别函数应尽可能采用简单的形式。

聚类分析法是基于“物以类聚”的观点，根据模式之间的相似性进行分类的方法。相似性可以用相似性测度来衡量。例如，模式空间中，可以用模式点之间的欧氏距离作为相似性测度，距离越近，模式之间越相似。由于不同类别的模式在模式空间聚集成若干个群，因此，可以根据群与群之间距离的远近把模式分成若干类。如果能事先知道应划分的类别数目，则这种分类法的准确度会更高，但在类别的先验信息较少的情况下，分类结果的正确与否只能通过评价来决定。聚类分析通常要反复修改规则和反复进行聚类，才能得到较满意的结果。

对同一个识别任务，判别函数法和聚类分析法可以相互补充综合应用。例如，可以事先用一组样本通过聚类分析法对样本进行分类，然后根据分类结果训练判别函数，一旦得到判别函数，就可以用判别函数对未知类别的样本进行分类。

句法识别是以结构描述为基础，根据形式语言理论提出的一种识别方法。自然语言和事物的结构描述有一些相似性，自然语言由语句构成，语句又由词构成，由词构成语句的时候必须符合某种语法。如果把描述物体的基元看成词，而把由基元构成的对物体的结构描述（如字符串描述）看成语句，基元之间的连接规则看成语法，把同一类事物的结构描述的集合看成语言，那么自然语言和结构描述之间就存在某种对应关系。这样，对一类物体，先抽取它的基元，得到对物体的结构描述。然后根据一组样本的结构描述，分析推断出该物体的基元连接规则，这个规则称为文法。完成这些工作以后，对一个未知类别的结构描述（即句法模式）来说，如果构成它的基元与构成某类模式的基元相同，并且构成它的文法也与这类模式对应的文法相同，那么这个句法模式就是属于该类的一个模式，这就是句法识别的基本原理。显然句法识别的关键在于物体的恰当描述和文法推断。

上述各种模式识别方法构成了本书驾驶动作分析的技术基础。单一动作模式识别中，输入的数据为各操作件位移数据，主要采用判别函数法，通过设置不同动作模式间的基于位移特征的分类函数，识别出各个操作件的动作模式；单一动作模式识别的输出为单一动作编码和动作时间两类参数；针对这两类参数，在后续协同动作模式识别中，采用了不同的分类方法。一类基于动作编码字符间的序列关系，采用句法模式识别，通过分词技术和编辑距离计算，发现新的驾驶动作模式，计算不同驾驶动作之间的相似性，实现未知动作与已知标准动作的模式匹配；另一类基于动作间的时间关系，计算不同动作之间的时间距离，把时间距离小的单一动作聚类为一种协同动作模式,实现协同动作的数据分割。

3.2 单一动作模式识别

3.2.1 单一动作识别思路

单一动作指由于驾驶员操作而引起的单一操作件运动状态的一次改变。这种改变来自驾驶员动作输入而导致的操作件位移数据的特征改变。基于该定义,单一动作模式识别的输入是各操作件的位移数据,识别目的是解答驾驶员在这组训练曲线中做了哪些单一动作。识别的基本思路是:

(1)引入单一动作模式词典,为每一类单一动作赋予一个字符编码,词典要尽可能完备,要包含所有动作模式,包括常见的错误动作模式;第 2 章已经对所有操纵件的单一动作模式进行了编码定义。

(2)基于输入的位移数据,为每一个单一动作模式建立对应的判别函数或者分类特征,实现位移数据向动作词典模式编码的转换映射。建立判别函数或者分类特征时,应具有唯一性和排他性,同一个位移数据点,只能判断为一种动作模式,而不能判断为多种模式。

(3)基于输入的位移数据和判别函数,识别出所有位移数据中包含的所有单一动作模式。前文已经构建了各单一动作模式的词典结构,本章重点分析各类操作件所具备的单一动作模式和对应的分类特征,基于给定的样本数据,验证所提出的分类特征的准确性,实现单一动作模式精确分类。由于原始数据采集时,各操作件位移数据均来自对应该操作件的位移传感器,每个操作件的位移数据自成一列,所以单一动作模式识别过程中,不考虑不同操作件动作数据混淆的情况。

3.2.2 离合器单一动作识别

单一动作模式词典中,对离合器单一动作共定义为 6 种状态,用字符编码分别表示为 C0 原始位置、C1 半联动位置、C2 分离位置、C3 踩离合动作、C4 松离合动作、C5 其他错误位置或动作,后续单一驾驶动作编码,均以此处定为基准,第 2 章中的举例只用于说明词典结构。输入数据为离合器踏板的位移数据,一组典型的离合器踏板位移时序曲线如图 3-2 所示,图中,共计有 13344 个位移点;横坐标为离合器动作数据时间序列索引,单位为采样间隔(1/25s),纵坐标为离合器踏板位移,单位为 mm。离合器单一动作识别的目的是把该曲线上的每一个位移点识别为上述 6 种运动状态中的某一种状态。

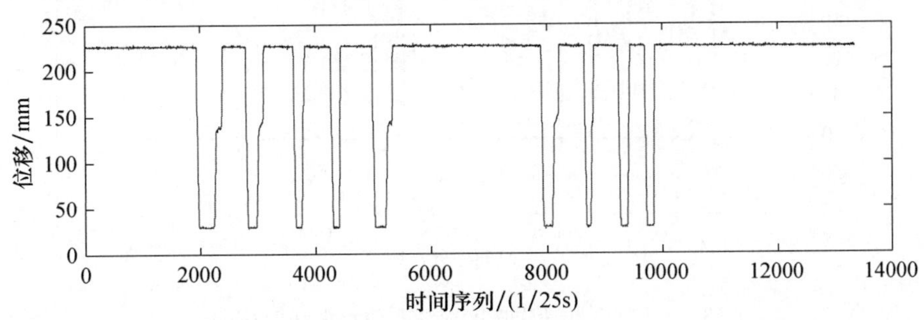

图 3－2　一组离合器踏板动作位移曲线

从单一动作编码词典看,离合器需要识别的动作模式包括三个相对静止位置、两种运动状态,以及一种不在上述范围内的错误动作状态 C5。从离合器动作实践和位移曲线形状来看,这 6 种动作模式的区分可以依赖两类特征:一是静止特征,三个位置都有相对稳定并且明确的位移范围,并且位移数据长时间停留在这一位移范围,即踏板长时间静止在某一固定位置或者位移范围内;二是运动特征,即踏板在非静止状态下的运动速度和运动方向,向下运动为踩离合,向上运动为松离合。

基于上述两种特征,需要考虑的判别函数包括首先要判别该操纵件是处于运动还是静止状态,即怎样的位移特征体现踏板运动,怎样的位移特征体现踏板静止;对于这两种判别,通过踏板的运动速度来区分,直观而言,速度为 0,即为静止状态,速度不为 0,即为运动状态。但离合器运动情况复杂一些,图 3－3 给出的离合器位移曲线求导后,获得离合器的运动速度曲线,从这个速度曲线看出,即使在静止状态,踏板也会存在轻微的位移变化。但是总体而言,该曲线较大速度处确实对应着踏板的运动状态,在速度为 0 上下波动状态即为静止状态,根据该速度曲线数值,设定当运动速度大于 2 时为运动状态,小于 2 时为静止状态。当然,还可以选择更大的速度值,甚至可以选择多点连续速度变化值作为踏板运动与静止的识别特征。总之,通过设置运动速度阈值,可以较好地区别踏板的运动和静止状态。

对于踏板的静止状态,又需要区分三种:一是原始位置;二是分离位置;三是半联动位置。原始位置和分离位置对应着离合器踏板的最大和最小位置。需要指出的是半联动位置,从曲线中可以看出,首先半联动状态并非是一种完全静止

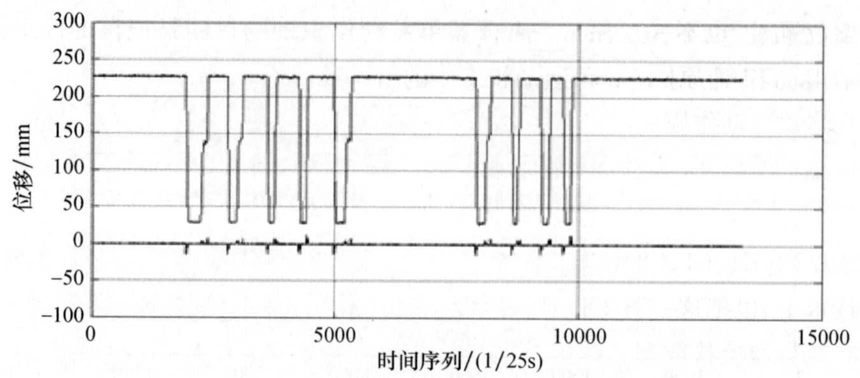

图 3-3 离合器动作速度曲线和位移曲线对应关系

的状态,而是一种运动速度较慢的状态;其次是在运动状态下,怎样识别踩离合和松离合,在静止状态下,怎样区分三个位置。根据上述思路,考虑运动和静止状态,需要设定的阈值为运动速度大于某个数值才能够认为是运动,小于某个数值被认为是静止。

处于松离合或者踩离合两种运动状态时,运动速度不能为0,并且松离合和踩离合的运动方向相反。因此可以根据位移和速度两类特征指定相应的判别准则函数,完成离合器6种单一动作模式的识别。判别准则如表3-1所列。

表 3-1 离合器动作模式识别特征

动作模式	位移特征	判断数值	速度特征
C0 原始位置	初始位置	227(±10%)	绝对值小于2
C1 半联动位置	总行程2/3	150(±10%)	绝对值小于2
C2 分离位置	最小位置	25(±10%)	绝对值小于2
C3 踩离合动作		无	绝对值大于2,且为正
C4 松离合动作		无	绝对值大于2,且为负
C5 其他错误位置或动作		无	绝对值小于2

离合器单一动作识别结果为词典中规定的编码,也可以看成离合器动作位移数值向单一动作之间的映射,这种判断准则应具有唯一性和排他性,即同一个位移数据点,只能判断为一种动作模式,而不能判断为多种模式。离合器单一动作分析的目的在于通过对各种离合器位移时间序列的自动处理,识别出该序列数据每一个点各属于哪一个离合器动作,分类到对应的离合器编码。

从主离合器动作经验看,即使经过平滑预处理,原始位置分离位置也有可能会偏离由机械结构决定的设定位置,使用中经常发现离合器踏板在原始位置或者分离位置时，也不一定保持在同一个位移数值上，会存在偏差，为了弥补这一机械结构缺陷，为原始位置和分离位置参考值设定上下10%的偏差。

在建立各动作模式识别特征和阈值的基础上，按图3－4所示流程编程，对离合器动作的每一点进行模式识别，把离合器原始位移序列转变为离合器动作模式序列。即由原来所采集的位移序列[239 239 238 237 233 220 190…]转变为模式序列[C1，C1，C2，C2，C2，C2，C3，C3，C3，C4，C4，C4，…]。很多时间序列处理技术中，也把这一步工作称作时间序列符号化表示。通过离合器模式识别，把所有离合器位移数据点转换为对应的离合器单一动作编码，从而完成了位移数据向动作编码的分类转换。

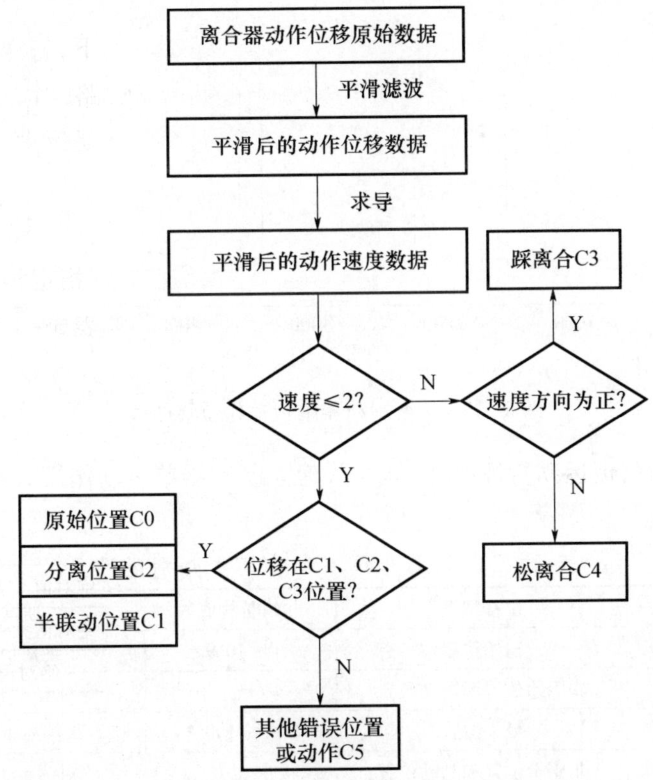

图3－4 离合器动作模式识别流程

3.2.3 制动器单一动作识别

单一动作模式词典中，对制动器单一动作共定义为5种状态：B0——原始位置；B1——踩制动；B2——制动位置；B3——松制动；B4——错误动作。制动操作数据来自安装在制动踏板轴处的角位移传感器，一定周期内的制动数据曲线如图 3－5 所示。该曲线的横纵坐标含义与离合器相同，横坐标为动作数据时间序列，单位为采样间隔（1/25s），纵坐标为踏板位移，单位为 mm。

从单一动作模式词典定义看，制动同样区分为两种静止状态和两种运动状态，同样可以通过运动速度特征来区分制动踏板的静止和运动，通过静止时的不同位移范围来区分原始位置和制动位置，通过运动速度的方向来区分踩制动和松制动。对于图 3－5 的制动曲线，每一个对应的位移点经识别后，均可用对应的字符编码表示。

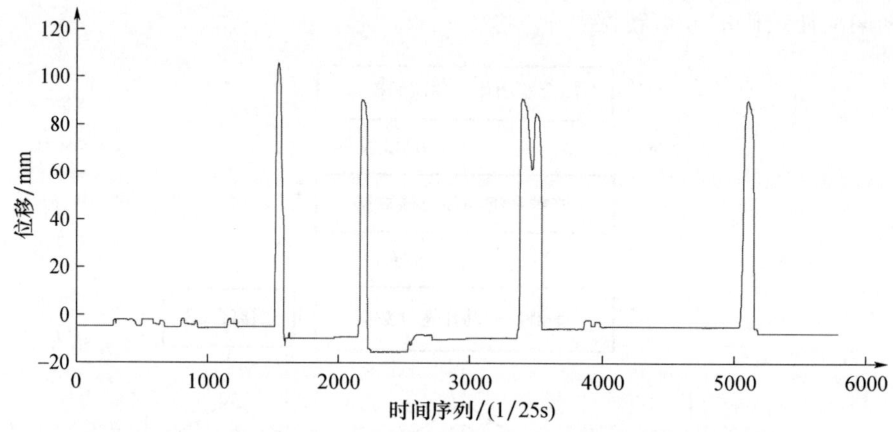

图 3－5　一组制动器踏板动作位移曲线

根据制动踏板运动特征的样本学习，建立制动器单一动作模式判别函数，如表 3－2 所列。

表 3－2　制动器单一动作模式判别函数

动作模式	位移特征	判断数值	速度特征
B0 原始位置	初始位置	0～10%	绝对值小于 2
B1 踩制动器	非原始位置和制动位置	无	绝对值大于 2，且为正
B2 制动位置	最大位置	80%～100%	绝对值小于 2
B3 松制动	非原始位置和制动位置	无	绝对值大于 2，且为负
B4 错误动作	非上述 2 个位置	无	绝对值小于 2

3.2.4　挡位单一动作识别

单一动作模式词典中，针对变速杆所处的 7 个挡位位置，定义了 7 个编码，分别对应值为 D0——空挡、D1——1 挡、D2——2 挡、D3——3 挡、D4——4 挡、

D5——5 挡、D6——倒挡。挡位一般采用光电式传感器采集,记录形式为各采集点时刻的挡位值,0 对应空挡,1、2、3、4、5 分别对应 1、2、3、4、5 挡,6 对应倒挡。因此,单一动作识别过程中,只要把采集到的挡位数字转换为对应的挡位编码即可,如图 3 -6 所记录的挡位曲线,000001111…111111…0011111…,识别结果直接转变为 D0D0D0D0D0D0…D1D1D1…D0D0D0D0…D1D1D1 等形式。需要说明的是,为了在包括离合制动油门等多操作件位移曲线中显示出挡位数据,本书绘制曲线时,挡位数值的计数单位挡位 ×10,即挡位曲线统一扩大了 10 倍,如原记录挡位值为 2 时,曲线上位移点显示为 20。

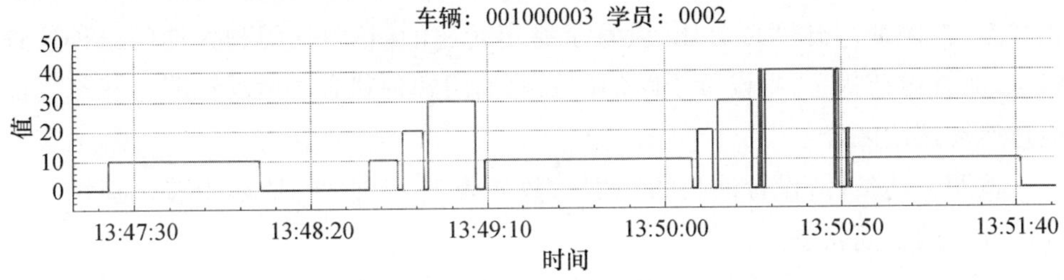

图 3 -6 光电式传感器输出的换挡位置曲线

3.2.5 油门单一动作识别

油门是驾驶中的主要操作件,从已获取的操作数据看,油门数据几乎始终处于运动变化状态,这一点与转向、制动、换挡等动作多数处于某一静止状态不同,并且即使油门保持不动,除去起车设定的最小油门,油门踏板位移也没有固定的数值。油门操作的这一特点决定了油门数据线性化过程中,很难像其他操作件那样找到显著状态的动静转化特征点,而只能从其运动趋势进行分析。

图 3 -7 显示一条油门动作曲线,并配合挡位曲线,从该图中可以看出油门操作的两个特征。一是加减油变化较为频繁,二是换挡过程中都伴随着加减油的操作,但加减油操作不仅仅限于换挡过程。换挡时,油门都有比较“明显”的变化过程。升挡时,升挡前油门都有一个明显的短暂的加油冲车过程,然后换挡时松开油门,升挡结束后再次加油;降挡时的状态变化则是降挡前减油,然后换挡,降挡成功后加油。油门操作数据特征提取的目的在于建立反映油门状态变化的指标。

尽管油门数据连续变化,但考虑到换挡过程中的加油冲车动作与行驶过程

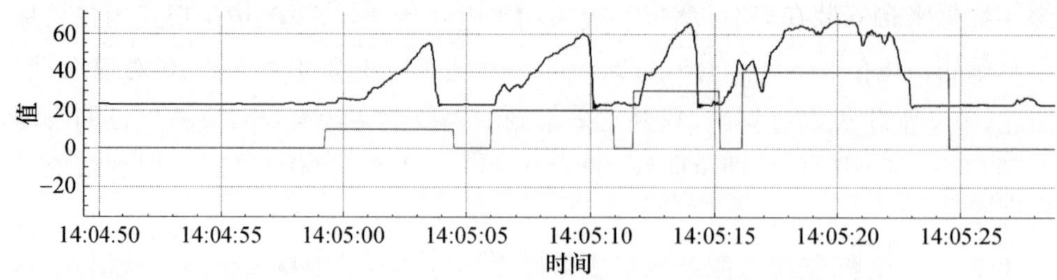

图 3－7　油门动作和挡位动作的配合曲线

中的稳定油门动作有所区别，因此对于油门，仍旧区分为动、静两种状态。在静止状态，按照油门开度百分比，设置了稳定转速油门、中油门和大油门三种位置状态；而在运动状态，则设置了踩油门和松油门两种状态。运动和静止状态仍旧通过运动速度区分。

按照上述条件，设置油门的判别函数如表 3－3 所列，基本能够识别每一个油门开度的不同状态。

表 3－3　油门单一动作模式判别函数

动作模式	动作说明	识别条件	判断方式
A0 原始位置	油门处于原始位置	<10%	标准值选定为油门长时间驻留的最大位移值
A1 小油门位置	油门处于小油门位置	10%～50%	
A2 大油门位置	油门处于大油门位置	>50%	
A3 踩油门动作	位置有变化，且为踩油门动作		位置有变化，值为正向变化
A4 松油门动作	位置有变化，且为松油门动作		位置有变化，值为反向变化

3.2.6　转向单一动作识别

一定周期内的左侧操作转向动作位移曲线如图 3－8 所示。该曲线的横坐标为数据采集点的时刻，纵坐标为各采集时刻点转向操作杆的（角）位移或者电压。当转向操作杆保持在原始位置时，位移保持在图形底部的基准范围内；转向操作杆处于顶端最大位置时，为第二位置或者制动转向位置，在 70%～80% 的位置时，为第一转向位置。低于 60% 时，为分离转向位置。操纵杆处于动态推拉状态时，是两种动态状态。单一动作词典中，转向动作按照左右转向操纵杆，分别设置了左转向，动作编码为 TL0　TL1　TL2　TL3　TL4　TL5 等，右转向动作编码为 TR0　TR1　TR2　TR3　TR4　TR5 等，分别对应着操纵杆的原始位置、分离位置、第一转向位置、第二转向位置以及推拉操纵杆动作。转向操作数据来自安装在离合器踏板轴处的角位移传感器，并存储在相应的信息采集系统中。

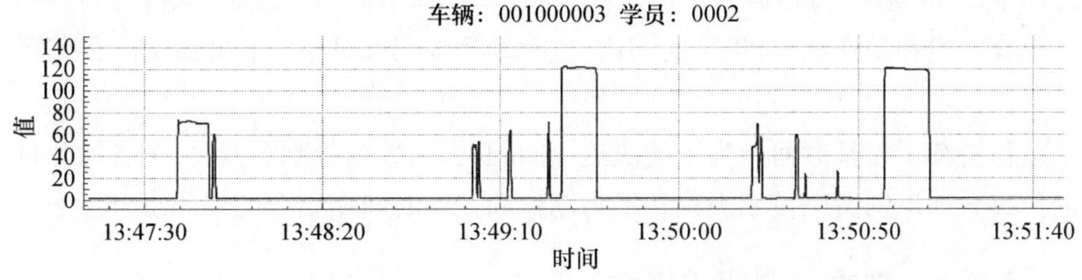

图3-8 左侧操作转向动作位移曲线

参照离合器的动静状态识别和不同位置识别，设置转向操纵杆的判别函数如表3-4所列。

表3-4 转向操纵杆动作模式判别函数

动作模式	位移特征	判断数值	速度特征
TR0 原始位置	初始位置	10%以内	绝对值小于2
TR1 分离转向位置	最小转向位置	(40±10)%	绝对值小于2
TR2 第一位置转向	第一转向位置	(70±10)%	绝对值小于2
TR3 制动转向	第二转向位置	(90±10)%	绝对值大于2，且为正
TR4 后拉转向杆			绝对值大于2，且为负
TR5 回推转向杆			绝对值小于2

从上面各项表中列举的各单一动作模式和对应的位移特征、速度特征可知，离合、制动、转向、挡位等操作件的单一动作总体可以分为两类：一类是操作件一直保持在某一位置的静止状态，这些位置均是操作件结构设计决定的，如离合原始位置、分离位置、转向第一位置、第二位置等；另一类则是操作件在两个静止状态之间转换，即相邻两个位置之间的相对运动，如2挡换3挡，踩离合器至分离位置等。我们把所有处在某一状态或者状态之间的改变过程都称为动作，这样在模式识别时，才能确保每一个位移点都能够识别分类到某一动作范围内，以确保数据分析的完备性。

3.3 时间序列数据分割

驾驶单一动作模式识别的本质是一种状态识别，即把所采集的操作件位移数据根据其数值大小及其与相邻数值之间的关系，转化为对应的驾驶动作编码符号，对各操作件的每一点位移值，都应该有对应的识别码。根据采样频率为25Hz的设定要求，每秒钟每个操作件就会识别出25个动作编码，从前文各操作件位移曲线和动作状态，很长时间内，这种动作编码都是重复和冗余的。而驾驶动作识别考评中，更关心的是驾驶员从什么时间开始做了这一个动作，并且这一个动作持续了多长时间。为了解决这个问题，引入数据分割的概念，把各操作件的位移数据识别编码按照类别转换为动作和开始时间相结合的编码组合。

3.3.1 数据分割相关概念

所谓时间序列的分割是指把长度为 n 的时间序列 S 分为 k 段（$k \ll n$），然后对各段进行特征描述并记为f_k，使得f_k尽可能包含所需要分析的数据特征。时间序列分割一般应满足以下需求：①可以检测系统模型变化，一旦潜在的系统模型发生改变，分割算法可以检测何时发生；②可以创建时间序列的高级表示，以便支持索引、聚类、分类、不一致发现、异常检测等操作。

定义：设时间序列是 $X=(x_1,x_2,x_3,\cdots,x_n)$ 表示在$t_1,t_2,t_3,\cdots,t_n$时刻的 n 个观测样本值集合，可以用分割点$t_{a1},t_{a2},t_{a3},\cdots,t_{ak}$把 X 分为 $k+1$ 段（$k \ll n$），即有 $X=\{X_1,X_2,X_3,\cdots,X_{k+1}\}$，$\cup_{i=1}^{k+1}X_i=X, x_i \cap x_j=\varnothing(i \neq j)$，用简单模式把每个子序列表示为

$$
X=\begin{cases} f_1(t,w_1)+e_1(t) & t \in [t_1,t_{a1}] \\ f_2(t,w_2)+e_2(t) & t \in [t_{a1},t_{a2}] \\ \cdots \\ f_{k+1}(t,w_{k+1})+e_{k+1}(t) & t \in [t_{ak},t_n] \end{cases}
$$

其中：$t_{a1},t_{a2},t_{a3},\cdots,t_{ak}$表示分割点所对应的时刻；$f_i(t,w_i)$表示连接模式$w_i$两端点的函数；$e_i(t)$是一段时间内时间序列与它的模式表示$f_i(t,w_i)$之间的误差；$w_i$就是时间区间$[t_{ai-1},t_{ai}]$之间的模式，这种把时间序列分割后用模式表示的过程称为序列分割或者时间序列压缩。

通过压缩时间序列得到时间序列的模式序列，每个子序列的模式不一定相同，第一段可能是直线，第二段可能是多项式。从时间序列压缩的定义可知：压缩时间序列需要解决三个重要问题：

（1）分割点选择，对于同一个时间序列，选择不同的分割点就会有不同的压缩结果。

(2)分割点归属确定。在确定分割点之后,还要确定分割点属于相邻两个子序列中的哪个子序列。

(3)子序列模式选择。选择何种简单模式表示每个子序列就显得尤为重要,它决定着整个时间序列的挖掘结果。

无论是多元时间序列还是一元时间序列,分割的目的都是为了在较长甚至无限长时间序列中,区分出每一个局部特征变化点,找出其中所包含的所有不同的模式。然而,由于多元时间序列结构复杂,特征点多,分割时不仅要考虑一元时间序列的特征点,还要兼顾不同数据元特征点之间的关系,因此从数学方法上看,多数一元数据分割方法都不适用于多元时间序列。

3.3.2 基于时间连续表示的线性分割算法

时间序列分割是时间序列挖掘中一项基础而重要的研究内容。应用分割算法创建时间序列的高级数据表示,以便对时间序列进行索引、聚类和分类。通过有效分割数据序列,一方面,正确识别变化转折点,及时检测变化何时发生;另一方面,根据划分情况,实现对序列的索引、分类、查询等操作,发现时间序列数据集中相似性的趋势变化模式,揭示事物变化、发展规律,预测变化趋势,为科学决策提供依据。通常将输入为时间序列、输出为直线段的算法统称为分段线性算法。

分段线性近似(Piecewise Linear Approximation,PLA)模型利用直线来近似时间序列,分为线性插值和线性回归,假设要近似子序列 T[a:b],线性插值只是简单地连接 ta 和 tb,可以在常量时间内完成;线性回归则用最小二乘法获得最佳拟合,所需时间跟子段长度呈线性关系。

分段聚集近似(Piecewise Aggregate Approximation,PAA)模型将时间序列分割为若干个等长的子段,每个子段用段内数据点的均值表示。PAA 方法是一种典型的时间序列表示方法。对于任意的时间序列 S,在其上滑动一个大小为 w ($w<|S|$,特殊情况下 $w=1$)的窗口,计算窗口中 w 个数据的均值,最终所有均值按照时间轴展开而成的序列是 S 的一个近似表示。基于此原理,提出时间序列的 PAA 表示方法。PAA 模型的优点是计算和表示均简单,不足在于只反映均值信息,未能反映趋势信息。

可逆分段聚集近似(Reversed Piecewise Aggregate Approximation,RPAA)模型考虑到时间特性,对 PAA 模型进行改进,RPAA 模型赋予不同时间段的子序列以不同的影响因子,所需时间为线性复杂度。分段线性聚集近似(Piecewise Linear

Aggregate Approximation, PLAA)模型解决了 PAA 模型丢失趋势信息的问题,分割时对每个子段提取均值和斜率信息。

自适应分段常量近似(Adaptive Piecewise Constant Approximation, APCA)模型将时间序列分割为若干个不等长的子段,每个子段用一个二元组描述,该二元组包括该子段内元素的均值和右端点序号。APCA 模型不足之处在于:由于采用二元组描述每个子段,导致存储量较大,为 PAA 模型存储量的 2 倍;由于每个子段是变长子段,导致在进行相似性查询时,需要将右端点序号映射到查询序列上进行和对应子段同样的起始位置的分割。

3.3.3 基于特征点的线性分割算法

PAA 方法中,怎样选择滑动窗口的宽度 w,以及压缩后的向量维数 N 是分段点选取关键,分段点选择合理,不仅能大幅度地压缩数据,而且能保留原始序列的主要形态特征。近年来,许多学者对分段线性表示方法进行了深入研究,一些研究者从发现序列的特殊点出发,基于一系列特殊点对序列进行分割。特殊点主要有重要点(Important Points, IPs)、感知重要点(Perceptually Important Points, PIPs)、转折点(Turning Points, TPs)等。

Pratt 和 Fink 提出了基于重要点分段的时间序列 PLR 方法(Important Point based Piecewise Linear Representation, IP - PLR)。该方法的直观想法是舍弃一些细微波动,保留相对重要的极值点。IP - PLR 方法中,把重要点定义为局部范围内的极值点,并且与端点的比值超过参数 $R(R>1)$。在某一子段中,如果某个数据值为极小值,且子段内其他数据值除以该数据值的比值大于预设阈值,则认为是重要极小点;同理,如果某个数据值为极大值,且该数据值除以子段内其他数据值的比值大于预设阈值,则认为是重要极大点。识别出序列中的重要点后即可实现分割操作。可以通过调节参数 R 的大小来控制压缩率,R 越大,意味着越少的数据点会被选取。

时间序列 $X=(x_1,x_2,x_3,\cdots,x_n)$ 中,下列几类点都是重要点:①时间序列的两个端点;②局部极值点;③如果$x_m>x_{m-1}$,且$x_m/x_{m-1}>\varepsilon$,那么x_m是重要点;④如果$x_m<x_{m-1}$,且$x_{m-1}/x_m>\varepsilon$,那么x_m是重要点,其中 ε 是给定的常数。$m=2,3,\cdots,n$,并假设每一个点的值都是正数。

Zhan 等人提出基于斜率提取边缘点的时间序列 PLR 方法(Slop Extract Edge Point based Piecewise Linear Representation, SEEP - PLR)。该方法定义边缘点为前后斜率的变化超过阈值 d 的数据点,通过连接边缘点就可得到原始序列的分段线性表示。SEEP－PLR 方法对于斜率变化范围比较集中的时间序列，有很好的分段效果；但是对于波动平缓的时间序列，往往不能有效地发现边缘点。

3.3.4 符号化表示方法

符号化表示方法是一种将时间序列转化为字符串序列的过程。在时间序列数据挖掘过程中，传统方法主要依赖定量数据，远远不能满足数据挖掘领域中分析解决问题的要求。在数据结构和算法设计中，字符串具有特定的数据存储结构以及较为成熟高效的操作算法。近年来，不少与字符串相关的算法在文本数据挖掘和生物信息领域得到广泛应用。特别是有些难以用具体定量数据来表示的实际问题也可以利用字符型数据来很好地进行描述。

时间序列符号化聚合近似是一种典型的符号化表示方法（Symbolic Aggregate approXimation，SAX），也是一种基于分段聚合近似的符号表示方法。它首先将时间序列按 PAA 方法实现分段均值表示，同时把原时间序列进行标准化，并且把数据空间按等概率划分成 h 部分区域，每部分区域所在的位置用不同的字符来表示，最终由 PAA 方法得到的均值序列可以用它们所在区域的符号来表示。

SAX 符号特征表示能允许用户充分利用生物信息和文本挖掘中的相关算法来解决目前时间序列挖掘中常见的问题，如模式发现、异常检测和可视化等。但由于 SAX 是基于 PAA 的符号化表示方法，因此 SAX 也就继承了 PAA 的缺陷，即 SAX 只能对分段序列的均值进行符号表示，容易忽略时间序列形态变化和关键点的重要信息。针对这种情况，可考虑均值和方差并将它们转化为符号，实现二维空间下的符号化表示。Lkhagva 等人提出的 ESAX（Extension of Symbolic Aggregate approXimation）是对 SAX 的扩展，同时考虑了时间序列段的极大值、极小值和均值，能够较为有效地反映时间序列的形态，利用 ESAX 进行相似性模式搜索时，效果更为出色。

3.3.5 时间序列动态分割算法

有些条件下，需要对时间序列流实行实时在线分割，此时，只有最近的部分数据可见，在这样的需求驱动下，滑动窗口模型应运而生。给定滑动窗口的大小 $w(w>0)$，滑动窗口中总是捕捉最近的 w 个数据。随着流数据的频繁更新，滑动窗口中的数据不断变化。当新的时刻来临，窗口最左端的旧数据点被丢弃，最新时刻到达的新数据点进入窗口的最右端。由于时间序列流数据的特殊性，上述静态时间序列分割技术不再完全适用。对时间序列 X 有三种不同的动态分割方法：滑动窗口法、自顶向下法和自底向上法，用三种不同的拟合误差作为判断的标准。

滑动窗口法较简单，又属于在线算法，故具有吸引力，时间序列流分割技术大多基于滑动窗口的技术。基本滑动窗口算法(Sliding Window algorithm，SW)设置锚指向当前窗口中的数据元素，每当锚移动到下一个数据点时就计算误差，检测是否超过预定义阈值。如果小于阈值，则继续移动到下一个数据点；否则，获得当前分段并从下一个数据点起始分割一个新的子段。滑动窗口法最大优点是算法时间复杂度很小，为 O(N)，并且不会出现在同一个子序列中只有相邻两个数据点的情况，使得拟合误差为0，这种方法的缺点就在于分段时没有考察时间序列的所有样本点，并且也很难确定窗口的初始宽度。

自顶向下法的基本思想是先扫描整个时间序列，找到最佳分割点把时间序列分成 2 个子序列，计算每个子序列的拟合误差。如果子序列的拟合误差大于给定阈值，那么继续对这个子序列用相同方法进行细分，直到所有子序列的拟合误差都小于阈值。在这个方法中，优点就在于不需要先确定时间序列的分割段数，由序列自身的特点来决定最终的分割段数，缺点在于可能出现一个子序列只有相邻的两个数据点；同时没有明确什么样的分割点才是最佳的，也没有给出确定最佳分割点的方法。

自底向上法是首先把整个时间序列以每 2 个点为一段进行分段，计算相邻段合并后的拟合误差，将误差最小的两段合并，直至任意相邻两段合并后的误差大于给定阈值。当第 i 段和第 $i+1$ 段合并后，算法需要重新计算合并段与 $i-1$ 及 $i+2$ 段的合并拟合误差。

3.4 单一动作编码数据分割

3.4.1 离合器单一动作数据分割

离合器动作数据是一种典型的时序数据，但普通时间序列分割的方法并不适用离合器数据，无论静态的特殊点或者动态的滑动窗口，都需要参考基准点的数值或者不同的动态基准点。当踩下离合器时，比较点是在连续不断变化，无论动态还是动静态分割，都会把踩离合器或者松离合器过程中的每一个点确定为分割点。显然不能满足分割的要求。和基准点比较,重要点是静态的。此时,斜率上踩踏松离合的都会被视为重要点,导致分割混乱。滑动窗口法是移动的基准点,只确定一个基准点,仍旧是多个重要点。

模式识别或者符号化表示后,离合器动作数据的长度没有变化,后续数据处理时,仍存在着冗余数据多、求解时间长的不足,此时可借鉴时间序列的滑动窗口分割法,以相邻两个模式符号为窗口宽度,两两比较,模式相同,则为同一状态,继续比较;模式不同,则记为分割点,输出该点的动作模式和时间序列索引号,从而完成离合器动作数据的分割。分割算法伪代码如下:

算法名称:时间序列的滑动窗口分割法

算法输入:离合器模式识别时间序列 $C=\{c_i \mid c_i \in (c1,c2,c3,c4,c5), i=1,2,3,\cdots,n\}$,

输出:分割点序列 IP

算法步骤:

(1) $c_i \to$ IP[1], index = 2; //将序列第一个点作为第一个重要点

(2) for i = 2 to n − 1 do

(3) begin

(4) If $c_{i+1} \neq c_i$

(5) then $c_{i+1} \to$ IP(index), index + +; //将序列点 c_i 加入 IP 中

(6) end

由算法步骤可以看出,该方法只需要对离合器动作模式序列进行一遍扫描就可以得到分割点序列,其时间复杂度为 $O(n)$。当获得 IP 序列后,将相邻的点相连接就可以得到时间序列的趋势变化情况。

选择一组离合器动作数据,共计包括 13344 个位移点,采用上述离合器动作模式识别和序列分割的方法,对该数据序列进行分割。对其中某一次离合器动作曲线放大,验证通过计算得到的分割点与动作模式转折点的对应关系,如图 3 − 9 所示,较为准确。

对于图 3 − 9 所示局部曲线,单一动作识别并数据分割后的结果为 C0 3823;C3 4272;C2 4318;C4 4416;C1 4429;C4 4438。编码及开始点分别对应着图中的各转折点标示。

3.4.2 挡位单一动作数据分割

对图 3 − 6 的挡位曲线,数据分割结果为 D0 220;D1 221;D1 1289;D0 1290;

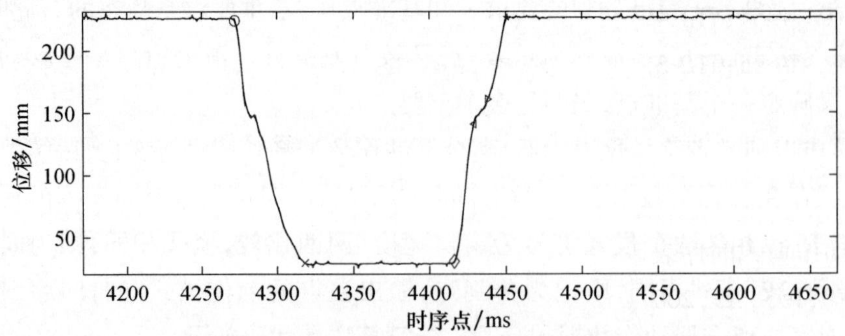

图 3-9 离合器动作曲线分割点与动作模式转折点的对应关系

D0 2063；D1 2064；D1 2269；D0 2270；D0 2302；D2 2303；D2 2450；D0 2451；D0 2484；D3 2485；D3 2818；D3 2818；D0 2886；D1 2887；D1 4341；D0 4342；D0 4379；D2 4380；D2 4489；D0 4490；D0 4525；D3 4526；D3 4763；D0 4764；D0 4814；D4 4815；D4 4817；D0 4818；D0 4824；D4 4825；D4 4834；D0 4835；D0 4857；D4 4858；D4 5348；D0 5349；D0 5363；D4 5364；D4 5380；D0 5381；D0 5431；D2 5432；D2 5449；D0 5450；D0 5472；D1 5473；D1 6687；D0 6688。从计数结果看，该段曲线共有 52 次挡位动作。

3.4.3 转向单一动作数据分割

以图 3-8 给定的转向操纵杆位移曲线为例（操纵杆样本数据 4），该组数据共包括约 4.5min 的操纵杆位移数据，共计有 6400 组，单一动作识别并分割后的结果为

TL0 0；

TL3 628；TL1 639；TL4 849；TL0 860；

TL3 876；TL1 889；TL4 896；TL0 906；

TL3 2701；TL1 2709；TL4 2730；TL0 2738；

TL3 2739；TL1 2747；TL4 2750；TL0 2757；

TL3 2952；TL1 2975；TL4 2976；TL0 2983；

TL3 3230；TL1 3240；TL4 3244；TL0 3254；

TL3 3328；TL2 3335；TL4 3576；TL0 3584；

TL3 4655；TL1 4663；TL4 4700；TL0 4707；

TL3 4708；TL1 4722；TL4 4725；TL0 4735；

TL3 4964;TL1 4974;TL4 4983;TL0 4992;

TL3 5585;TL2 5593;TL4 5906;TL0 5917

3.4.4　多操作件单一动作识别与分割结果

按照上述规则,图 3－10 所示的 3 个操作件的协同动作曲线可由各操作件单一动作模式时序表示为{C1,40;C2,55;D2,110;C3,120;A3,120;C4,143;C3,150;C0,155;A5,200;C1,225;C2,235;A4,235;A6,240;D0,245;C3,248;A3,249;A5,255;C1,260;C2,265;D3,270;C3,275;C0,280;A4,345;C1,350;A6,350;C2,355;D0,360;A3,365;A5,380;D4,385;C3,390;C0,395;A4,490;C1,495;C2,505;A6,505;D0,510;A3,520;A5,525;D5,530;C3,540;A4,545;C0,550;A3,555;A5,560;},即图 3－10 所包含的协同动作曲线通过数据分割、模式识别和目标协同动作模式串编码,已经转换成为一个包含 45 个单一动作代码的目标串。

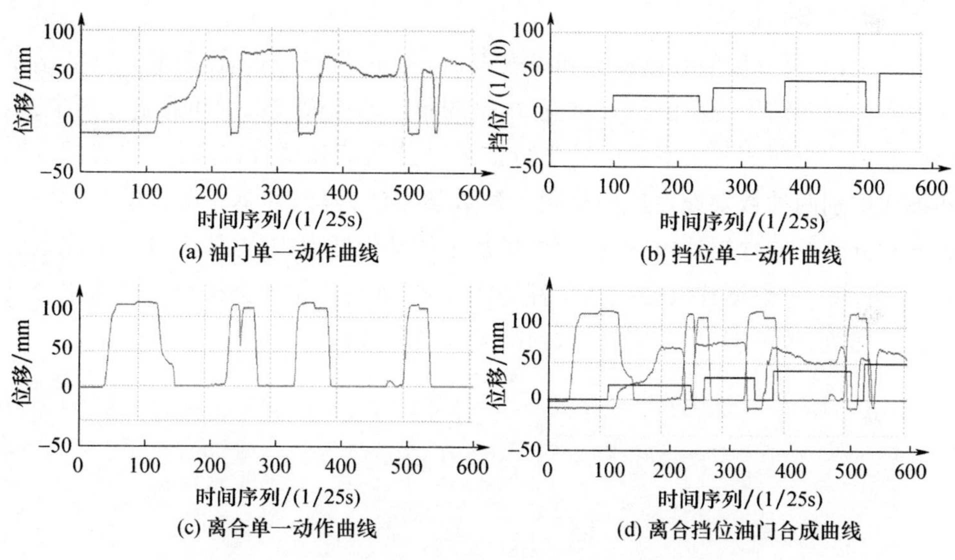

(a) 油门单一动作曲线　(b) 挡位单一动作曲线　(c) 离合单一动作曲线　(d) 离合挡位油门合成曲线

图 3－10　换挡协同动作中各操作件动作位移曲线

3.5　小结

单一动作是分析的基础。本章重点讨论了各操作件单一动作位移曲线的特点,基于位移和速度两个特征,建立了各单一动作模式的判别函数,实现了各单一动作从位移数据向动作编码的转变;结合单一动作识别结果,考虑驾驶动作分析需求和动作编码冗余的特点,利用滑动窗口法实现了单一驾驶动作编码序列的数据分割和压缩,把上万点的位移数据最后转变为各类不同动作编码和开始时间的组合,不仅解决了驾驶单一动作识别和表示问题,而且有效压缩了数据存储空间,同时也为后续协同驾驶动作的识别处理提供了输入。

时序数据处理过程中,数据分割和模式识别定义不同,数据处理的方法也不相同。数据分割是一种纯粹的数学方法,目的在于把一长串的时间序列切成数据片段,关心的是分割为多少片段,获取每一片段的起止点。但对分割得到每一片数据的物理或者现实意义不清楚,分割依据是各种数据特征和熟悉方法,甚至可以人为设定等长的分割宽度,与现实生活结合不紧密。

模式识别则是一种分类,分类结果与现实世界相对应。就本书各操作件的单一动作数据处理而言,模式识别和分类的目的是搞清楚做了什么样的动作,如离合器动作数据,需要搞清楚是哪种或者哪一类动作,只要能够完成分类,不关心每一类数据的长度。

但是,如果分段的数据特征和模式识别分类的特征一致时,数据分割的结果和模式识别的结果也可能一一对应,本书的单一动作模式识别和数据分割中,以位移数据的当前值和斜率两个数学特征来区分数值和离合器动作,即数据分割和模式识别两种数学处理过程是同一种数学方法,得到各单一动作模式对应的数值和分割好的数据片段,但在后续更复杂的动作处理中,这两个过程是完全分开的,可能一个数据片段会包括多种动作模式,如可以把数据按照离合器组合动作进行切割,也可能一种动作模式包括多个数据片段。

第 4 章　协同动作模式匹配与模式发现

经过单一动作模式识别和数据分割后,原来以位移形式存储的驾驶动作数据已经转变为以各个操作件单一动作编码及其开始时间两个要素组成的字符串,基本能够满足单一动作的顺序、次数和持续时间等方面的分析要求。然而,驾驶训练更关心的是驾驶员协同动作是否正确,如动作要素是否齐全、动作顺序是否正确,这种协同动作时序性和准确性的判定通过模式匹配的方法来实现。模式匹配中,我们把采集并识别后的驾驶员单一动作字符串称为目标串,把从协同动作词典中抽出的各个协同动作标准字符串称为动作模板或者标准串,通常利用文本分析技术中的模板匹配方法来实现目标串和模板之间的匹配分析。

4.1　模式匹配

模式匹配是数据结构中字符串的一种基本运算,给定一个子串,要求在某个字符串中找出与该子串相同的所有子串,这就是模式匹配。假设 P 是给定的子串,T 是待查找的字符串,要求从 T 中找出与 P 相同的所有子串,这个问题成为模式匹配问题。P 称为模式串,T 称为目标串。如果 T 中存在一个或多个模式为 P 的子串,就给出该子串在 T 中的位置,则匹配成功;否则匹配失败。常用的模式匹配算法可以区分为单模式匹配和多模式匹配算法。如果在一次文本扫描中,只检测一个模式与文本的匹配,则称为单模式匹配。常用的单模式匹配算法包括 Boyer - Moore 算法、Boyer - Moore - Horspool(BMH)算法和 Quick Search(QS)算法。如果只对文本 Text 进行一次扫描,需要完成对所有模式的搜索过程,而不论模式集合的数量有多大,这就是多模式匹配。目前常用的字符串多模匹配算法有 Aho - Corasick(AC)算法、Wu 和 Manber 的算法、SBOM 算法。

4.1.1　朴素单模式匹配算法

朴素单模式匹配算法基本思想是:从目标串的第一个字符起与模式串的第

一个字符比较,若相等,则继续对字符进行后续的比较;否则目标串从第二个字符起与模式串的第一个字符重新比较,直至模式串中的每个字符依次和目标串中的一个连续的字符序列相等为止,此时称为匹配成功,否则匹配失败。

若模式子串的长度是 m,目标串的长度是 n,这时最坏的情况是每遍比较都在最后出现不等,即每遍最多比较 m 次,最多比较 $n-m+1$ 遍,总的比较次数最多为 $m(n-m+1)$,因此朴素的模式匹配算法的时间复杂度为 $O(mn)$。

4.1.2 KMP 匹配算法

朴素单模式匹配算法中存在回溯,这影响到匹配算法的效率,因而朴素单模式匹配算法很少直接应用,实际应用中更多采用各种无回溯的匹配算法,KMP 算法和 BM 算法均为无回溯的匹配算法。

Knuth - Morris - Pratt 算法(简称 KMP),是由 D. E. Knuth、J. H. Morris 和 V. R. Pratt 共同提出的一个改进算法,消除了朴素模式匹配算法中回溯问题,完成串的模式匹配。

算法思想:

设目标串为 s,模式串为 t,i、j 分别为指示 s 和 t 的指针,i、j 的初值均为 0。

若有 $s_i = t_j$,则 i 和 j 分别增加 1;否则,i 不变,j 退回至 $j = \text{next}[j]$ 的位置(也可理解为串 s 不动,模式串 t 向右移动到 s_i 与 $t\text{next}[j]$ 对齐。

比较 s_i 和 t_j。若相等则指针各增加 1;否则 j 再退回到下一个 $j = \text{next}[j]$ 的位置(即模式串继续向右移动),再比较 s_i 和 t_j。

依次类推,直到下列两种情况之一:

(1)j 退回到某个 $j = \text{next}[j]$ 时有 $s_i = t_j$,则指针各增加 1,继续匹配;

(2)j 退回至 $j = -1$,此时令指针各增加 1,即下一次比较 s_{i+1} 和 t_0。

记模式串 P 的长度为 m,目标 T 的长度为 n,则 KMP 匹配算法的时间复杂度为 $O(m+n)$。虽然 KMP 算法原理较为复杂,需要更多的数据结构和计算机知识,但是该算法较为成熟,网上有大量公开的算法代码,可进行各种分析验证。

4.1.3 多模式匹配的 AC 算法

1975 年贝尔实验室的 Alfred V. Aho 和 Margaret J. Corasick 就提出了以他们的名字命名的高效的匹配算法——AC 算法。该算法几乎与 KMP 算法同时问世。是一个经典的多模式匹配算法,可以保证对于给定的长度为 n 的文本和模式串 $P\{p_1, p_2, \cdots, p_m\}$,在 $O(n)$ 时间复杂度内,找到文本中的所有目标模式,而

与模式集合的规模 m 无关。AC 算法从某种程度上可以说是 KMP 算法在多模式环境下的扩展。

如果要用 KMP 算法匹配长度为 n 的文本中的 m 个模式,则需要为每一个模式维护一个 next 跳转表,在执行对文本的匹配过程中,需要关注所有这些 next 表的状态转移情况,这使得时间复杂度增长为 $O(mn)$,对于较大的模式集合来说,这样的时间增长可能是无法接受的。AC 算法解决了这一问题,通过对模式串 P 的预处理,去除了模式集合的规模对匹配算法速度的影响。

AC 定义

AC 有限自动机,M 是 1 个 6 元组:$M = (Q, \Sigma, g, f, q_0, F)$,其中:

(1)Q 是有限状态集(模式树上的所有节点);

(2)Σ 是有限的输入字符表(模式树所有边上的字符);

(3)g 是转移函数;

(4)f 是失效函数,不匹配时自动机的状态转移;

(5)$q_0 \in Q$ 是初态(根节点);

(6)F 是终态集(以模式为标签的节点集)。

AC 算法思想

多模式匹配 AC 算法的核心仍然是寻找模式串内部规律,达到在每次失配时的高效跳转。这一点与单模式匹配 KMP 算法和 BM 算法是一致的。不同的是,AC 算法寻找的是模式串之间的相同前缀关系。在 KMP 算法中,对于模式串"abcabcacab",非前缀子串 abc(abca)cab 是模式串的一个前缀(abca)bcacab,而非前缀子串 ab(cabca)cab 不是模式串 abcabcacab 的前缀。根据此点,构造了 next 结构,实现在匹配失败时的跳转。

而在多模式环境中,这个情况会发生一定的变化。对于模式集合 $P\{$he, she, his, hers$\}$,模式 s(he)的非前缀子串 he,实际上却是模式(he)、(he)rs 的前缀。如果目标串 target$[i, i+1, i+2]$与模式 she 匹配,同时也意味着 target$[i+1, i+2]$与 he、hers 这两个模式的头两个字符匹配,所以此时对于 target$[i+3]$,不需要回溯目标串的当前位置,而直接将其与 he、hers 两个模式的第 3 个字符对齐,然后直接向后继续执行匹配操作。

经典的 AC 算法由三部分构成——goto 表、fail 表和 output 表,共包含四种具体的算法,分别是计算三张查找表的算法以及 AC 算法本身。goto 表是由模式集合 P 中的所有模式构成的状态转移自动机。failure 表作用是在 goto 表中匹配失败后状态跳转的依据,这点与 KMP 中 next 表的作用相似。output 表示输出,又称 emits，即代表到达某个状态后某个模式串匹配成功。

构造 goto 表

goto 表是由模式集合 P 中的所有模式构成的状态转移自动机，本质上是一个有限状态机，这里称作模式匹配机（Pattern Matching Machine，PMM）。

对于给定的集合 $P\{p_1,p_2,\cdots,p_m\}$，构建 goto 表的步骤是，对于 P 中的每一个模式 $p_i[1,2,\cdots,j](1\leqslant i<m+1)$，按照其包含的字母从前到后依次输入自动机，起始状态 $D[0]$，如果自动机的当前状态 $D[p]$，对于 p_i 中的当前字母 $p_i[k]$ $(1\leqslant k\leqslant j)$，没有可用的转移，则将状态机的总状态数 $s_{\max}+1$，并将当前状态输入 $p_i[k]$ 后的转移位置，置为 $D[p][p_i[k]]=s_{\max}$。如果存在可用的转移方案 $D[p][p_i[k]]=q$，则转移到状态 $D[q]$，同时取出模式串的下一个字母 $p_i[k+1]$，继续进行上面的判断过程。这里所说的没有可用的转移方案，等同于转移到状态机 D 的初始状态 $D[0]$，即对于自动机状态 $D[p]$，输入字符 $p_i[k]$，有 $D[p][p_i[k]]=0$。

构造 failure 表

failure 表作用是在 goto 表中匹配失败后状态跳转的依据，这点与 KMP 中 next 表的作用相似。在上面 goto 表的图里，把圆圈里的数字记为状态。再引入状态深度的概念，状态 s 的深度 depth(s) 定义为在 goto 表中从起始状态 0 到状态 s 的最短路径长度，如 goto 表中状态 1 和 3 的深度为 1。

计算思路：先计算所有深度为 1 的状态的失效函数值，然后计算所有深度为 2 的状态，以此类推，直到所有状态（除了状态 0，因为它的失效函数没有定义）的失效函数值都被计算出。

计算方法：用于计算某个状态失效函数值的算法在概念上是非常简单的。首先，令所有深度为 1 的状态 s 的函数值为 $f(s)=0$。假设所有深度小于 d 的状态的 f 值都已经被算出了，那么深度为 d 的状态的失效函数值将根据深度小于 d 的状态的失效函数值来计算。

具体步骤：构造 failure 表利用到了递归的思想。

若 depth$(s)=1$，则 $f(s)=0$；即与状态 0 距离为 1（深度为 1）的所有状态的 fail 值都为 0。

假设深度为 $d-1$ 的所有状态 r，即 depth$(r)<d$，已经计算出 $f(r)$；那么对于深度为 d 的状态 s：

（1）若所有的字符 a，满足 $g(r,a)=\text{fail}$，则不动作（注：g 为状态转移函数）。

（2）否则，对每个使 $g(r,a)=s$ 成立的字符 a，执行以下操作：

① 使 state = f(r)；

② 重复步骤 state = f(state)，直到 g(state, a)！ = fail（注意对于任意的 a，状态 0 的 $g(0, a)$！ = fail）；

③ 使 $f(s) = g$(state, a)。

构造 output 表

output 表示输出，即代表到达某个状态后某个模式串匹配成功。该表的构造过程融合在 goto 表和 failure 表的构造过程中。在构造 goto 表时，每个模式串结束的状态都加入 output 表中；在构造 failure 表时，若 $f(s) = s'$，则将 s 和 s' 对应的 output 集合求并集。

AC 算法字符串匹配流程如图 4 - 1 所示。

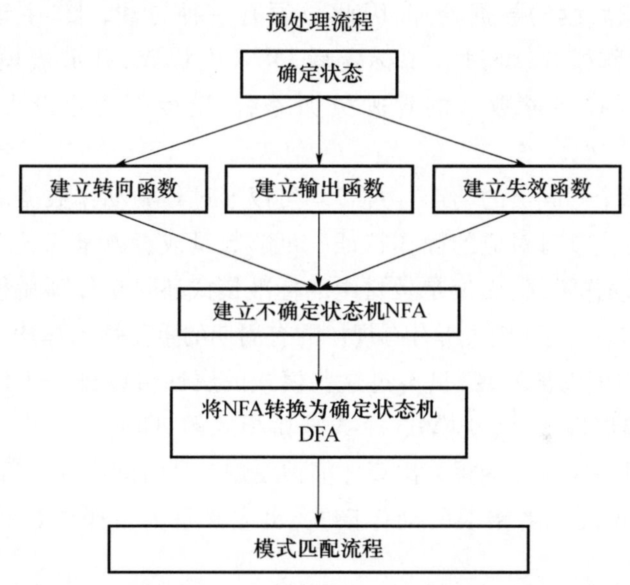

图 4 - 1　AC 算法字符串匹配流程

字符串匹配中的单模式匹配算法 Boyer - Moore、KMP 和 Quick Search（QS）以及常用的多模式匹配算法 Aho - Corasick（AC）、Wu 和 Manber、SBOM 算法等虽然设计原理和程序实现都十分复杂，但都十分成熟，有公开的程序模块和大量的算例验证，并且相对于互联网海量的目标网页和关键字模式串而言，驾驶动作模式匹配无论目标还是模式的样本量都微不足道，任何一个成熟的字符串匹配算法都能满足本书的匹配要求。对于本书所列举的模式匹配示例，选择单模式匹配的 KMP 算法和多模式匹配的 AC 算法进行验证。

4.2 文本分词技术

对所采集的驾驶动作完成单一模式识别后,能否匹配到标准的协同动作、匹配效率、准确度和覆盖率取决于模板库的规模。模板库中动作模板越多,匹配的准确度和覆盖率就会越高。目前模板库中的动作模板主要来自规定的驾驶动作,采用人工录入的方式构建,能够与多数人的驾驶动作相匹配。但总有例外,总有人有不同的操作习惯,如有的驾驶员习惯采用两脚离合器的方法换挡,而有的驾驶员则习惯一脚离合器换挡;有人习惯车辆在大油门状态下运动,有人则习惯小油门操作。如果动作模式库设计不完备,没有覆盖到这些个体动作,会影响后续的数据处理,因此必须有一种方法,来"主动发现"每个驾驶员的新动作模式,经过人工标定后,并入模板库,并形成模板库的动态扩充机制,这样在足够数量的驾驶员训练后,模板库的建设也会相对比较完备。

实际上,每个驾驶员的动作"习惯"均可以通过驾驶动作数据的周期性再现表示出来,并且应该有对应的操作特征。足够数量或者海量驾驶动作数据应该包含所有驾驶动作模式,无论是教材中的标准模式还是个体孤僻模式。广义概念上,驾驶动作时间序列中,所有有规律的有周期的重复性动作均可以作为一种"动作模式",均可以被发现,只不过这些模式的属性可以进一步标注或者区分为正确模式、错误模式、大众模式、个人孤僻模式等,即使是一些孤僻的动作模式,也可以通过一定数量的重复出现才能被发现。从时间序列分析的角度看,前面列举的那些正确或者错误的动作模式,也应该是大量操作数据模式发现的结果。

4.2.1 分词技术概述

从已经识别出来的海量单一动作字符编码串中发现的新的协同动作模式,或者发现现有协同动作词典以外的新的协同动作模式字符串,与在一篇或者多篇文章中发现词典以外新的词语的方法相类似,通常采用无监督的各种分词方法来实现。

目前有三大主流分词方法:基于字符串匹配的分词方法、基于理解的分词方法和基于统计的分词方法。其中基于字符串匹配的分词方法,即模式匹配算法,它需要有一个初始的充分大的词典,然后将待分词的字符串与词典中的元素进行匹配，若能成功匹配，则将该词切分出来。常见的各种模式匹配算法，如KMP算法、AC算法等速度快，实现简单，当然，此类分词方法的主要不足是对于歧义和未登录词表现不佳，因此需要引入新的分词方法。

基于理解的分词方法基本思想是在分词的同时进行句法、语义分析，利用句法信息和语义信息来处理歧义现象。它通常包括三个部分：分词子系统、句法语义子系统、总控部分。由于汉语语言知识的笼统、复杂性，难以将各种语言信息组织成机器可直接读取的形式，因此目前基于理解的分词系统还处在试验阶段。

在没有先验知识的前提下，最有普遍适用性的是基于统计的分词方法。其主要思想：每个字都是词的最小单元，如果相连的字在不同的文本中出现的频率越多，这就越有可能是一个词。因此可以用相邻字出现的频率来衡量组词的可能性，当频率高于某个阈值时，可以认为这些字可能会构成一个词。统计分词法中常用的分词模型包括 n 元文法模型（n - gram）、隐马尔可夫模型（Hidden Markov Model，HMM）、最大熵模型（Maximum Entropy Model，ME）、条件随机场（Conditional Random Fields，CRF）等。在实际运用中常常将字符串匹配分词和统计分词结合使用，这样既体现了匹配分词速度快、效率高的优点，同时又能运用统计分词识别生词、自动消除歧义等。

4.2.2　n - gram 语言模型

语言模型在信息检索、机器翻译、话音识别中承担着重要的任务，这种模型结构简单直接，n 元语言模型（n - gram）是最常用的一种模型。该模型假设由 i 个字符（$W_1, W_2, \cdots, W_i$）组成一句话 S，则该句话 S 出现的概率为

$$P(S) = P(W_1, W_2, \cdots, W_i) = P(W_1) \cdot P(W_2 | W_1) \cdot P(W_3 | W_2, W_1), \cdots, P(W_i | W_1, W_2, \cdots, W_{i-1}) \tag{4-1}$$

即每个字符的出现都与他之前出现过的字符有关，整个句子 S 的概率为这些字符概率的乘积。当字符数量 i 很大时，式（4 - 1）的计算量很大，可以利用马尔可夫假设，即当前词只与最多前 $n-1$ 个有限的词相关。

当 $n=1$ 时，即出现在第 i 位上的词 W_i 独立于之前出现的词符时，一元文法被记作 uni - gram，一元语言模型可以记作：

$$P(W_1, W_2, \cdots, W_m) = \prod_{i=1}^{m} P(W_i) \tag{4-2}$$

当 $n=2$ 时，即出现在第 i 位上的词 W_i 仅与它前面的一个词符 W_{i-1} 有关，二

元文法模型被称为一阶马尔可夫链,记作 bi - gram,二元语言模型可以记作:

$$P(W_1, W_2, \cdots, W_m) = \prod_{i=1}^{m} P(W_i \mid W_{i-1}) \tag{4-3}$$

当 $n=3$ 时,即出现在第 i 位置上的词 W_i 仅与它前面的两个词符 W_{i-2} 和 W_{i-1} 有关,三元文法模型被称为二阶马尔可夫链,记作 tri - gram,三元语言模型可以记作:

$$P(W_1, W_2, \cdots W_m) = \prod_{i=1}^{m} P(W_i \mid W_{i-2} W_{i-1}) \tag{4-4}$$

在实际应用中,一般使用频率计数的比例来计算 n 元条件概率。如果一个字串 S 长度为 L,按 n 进行切分,切分出来的集合为 M,W_i 为每个分片的频度。那么每一个分片的概率可以用下面公式表示:

$$P_i = \frac{W_i}{\sum_{i=m} W_i} \tag{4-5}$$

4.2.3 凝固度计算

凝固度是一个词组中字与字之间结合紧密程度的度量,用来衡量两个字符串构成词的可能性,凝固度越大,两个字成词的概率越大。计算语言学中,通常用点间互信息(Pointwise Mutual Information,PMI)来度量凝固度,用于描述词语搭配的关联性,假设 x、y 单独出现在文本语料中的概率分别为 $p(x)$、$p(y)$,$p(xy)$ 表示 xy 同时出现在语料中的概率,则点间互信息的定义如下:

$$PMI(x,y) = \log_2 \frac{p(x,y)}{p(x)p(y)} \tag{4-6}$$

若 PMI 高,即两个词共现的频率远大于两个词自由拼接的乘积概率,则说明这两个词搭配更为合理一些。如果一个词有多种搭配组合,如“电影院”可以由“电影” + “院”构成,也可以由“电” + “影院”构成,PMI 通常取其最小值(去掉 log)作为内部凝固度:

$$solid(c_1^m) = \min \frac{P(c_1^m)}{\prod P(c_i^j)} = \frac{P(c_1^m)}{\max \prod P(c_i^j)} \tag{4-7}$$

式中:$c_1^m = c_1 c_2 \cdots c_m$ 表示长度为 m 的字符串;$P(c_1^m)$ 表示词 c_1^m 的频率。

从凝固度的定义可知,文本中凝固度最高的片段就是诸如“蝙蝠”“蜘蛛”“彷徨”“忐忑”“玫瑰”之类的词了,这些词里的每一个字几乎总是会和另一个字同时出现。

4.2.4 自由度计算

自由度指文本片段的运用自由程度，是判断文本片段是否成词的重要标准。能够作为词语的片段应该要能灵活出现在各种不同的语境中，具有丰富的左邻字和右邻字。自由度的大小通常采用信息熵来衡量。信息熵来源于信息论中，用于描述一个随机变量的不确定性。变量的不确定性越大，信息熵越大，也即携带的信息量越大，反之同理。

假设 X 是一个离散型随机变量，对于其中一个取值 $x(x \in X)$，其概率分布为 $p(x)=P(X=x)$，则随机变量 X 的信息熵计算公式如下：式中对数一般取 2 为底，单位为 bit。

$$H(X) = -\sum_{x \in X} p(x)\log_2 p(x) \tag{4-8}$$

分别用左邻词和右邻词的信息熵来度量词语的边界自由度，以此确定其左、右边界。左邻词信息熵越大表示其左邻接词变化越大，也即该候选词成为左边界的概率越大。反之，继续向其左扩展至确定其左边界。

可以用熵来衡量一个词语的自由度。假设一个词语一共出现了 N 次，其左边共出现过 n 个汉字，每个汉字依次出现 $N_1, N_2, \cdots, N_n$ 次，则满足 $N = N_1 + N_2 + \cdots + N_n$，因此可以计算该词语左边各个汉字出现的概率，并根据熵公式计算左邻熵。熵越小则自由度越低，将一个词语左邻熵和右邻熵中较小者作为最终的自由度。

信息熵用来衡量一个文本片段的左邻字集合和右邻字集合的随机性。通过信息熵算法，可以很好地区分一些专有名词，像玫瑰、蝙蝠以及一些地名（新西兰、伦敦等）自由度较低的词汇。实际运用中，文本片段的凝固程度和自由度判断标准缺一不可。只看凝固程度，程序会找出“巧克”“俄罗”“颜六色”“柴可夫”等实际上是“半个词”的片段；只看自由程度，程序则会把“吃了一顿”“看了一遍”“睡了一晚”“去了一趟”中的“了一”提取出来，因为它的左右邻字都太丰富了。

4.2.5 分词算法及流程

按照以上思路，构建无词典分词法的基本步骤：

(1) n-gram 统计字组合的频率。如果文本量很小，可以直接用 Python 的 dict 来统计 n-gram 及其频率。一段文本 n-gram 出来的字组合的大小大约是原始文本的$(1+n)\times n/2$倍,字组合的数量也非常惊人。n-gram 统计字组合频率的同时还要统计字组合的左右邻居,这个用来计算自由度。如果文本量再大一些,Python 的 dict 经常会碰到最好使用 Trie Tree 这样的数据结构。双数组 Trie Tree 有很多非常好的开源实现,如 cedar、darts 等。Trie Tree 使用的好处是它天然包含了字组合的右邻居信息,因为这个数据结构一般是前缀树。要统计左邻居信息时,只需要把字组合倒序放入另外一个 Trie Tree 即可。

(2)计算字组合的凝固度。有了上述的统计结果,计算每个字组合的凝固度就比较简单了。首先,把字组合切分成不同的组合对,尝试该词组 s 的所有可能的二切分,即分为左半部分 sl 和右半部分 sr 并计算 P(sl)和 P(sr),如双汉字词语存在一种二切分、三汉字词语存在两种二切分。接下来计算所有二切分方案中,计算每个组合对的凝固度:$D(s1,s2)=P(s1s2)/(P(s1)\cdot P(s2))$最后,取这些组合对凝固度中最小那个为整个字组合的凝固度。

(3)计算字组合的自由度。分别计算它的左邻居信息熵和右邻居信息熵,取其中较小的为该组合的自由度。

(4)阈值的选择。整个过程涉及三个阈值的选择:频率很低的组合成词的可能性很小。组合的凝固度:凝固度越大成词的可能性越大。组合的自由度:自由度越大成词的可能性越大。

4.3 换挡协同动作模式发现

把各个单一动作识别结果看成字符,按照动作时间排序后,这些字符就构成一篇该驾驶员写成的“文章”。“文章”中那些有固定关联关系的动作字符构成常见的“词组”。通常情况下,这些“词组”都应该是教材中规定的协同动作,或者经过认证的典型错误动作等,这些协同动作编码均已列入协同动作模板库中。但是正如个人文章中常常包含一些有风格的词组一样,总有些驾驶员的协同动作会超出模板库给定的范围,如果这些库外的动作组合频繁出现,要把这些组合认定为一个新的协同动作,这种查找新动作认定新动作的过程,与当前文本分析中查找新词的过程相类似,所以借鉴分词技术来发现驾驶员字符串中的新动作。

分词算法中,如果引入已有词典,把现有词典所包含分词过滤掉后剩下的词组称为新词;而无词典的分词算法则不考虑现有词典内容,直接把所有分词结果都称为新词。本书采用第二种思路，直接把驾驶员操作形成的单一动作识别结果字符序列进行分词，所有的分词结果都作为新词，并把这些新词与模板库中的标准动作字符序列对比，用来验证分词结果的可行性和可信性。

4.3.1　样本选取

坦克驾驶动作大致可以分为直线行驶动作和转向行驶动作两类，两类动作在动作要领和涉及操作件上没有相关性；即驾驶动作要领中，所有换挡动作都不涉及转向操纵杆，所有转向动作均不涉及挡位和离合器（尽管有的转向时机需要考虑挡位和车速，但未列入转向操作要领）；基于这一前提，为了使新词发现结果符合教材中动作要领规范，分词时，输入数据分为两类，直线行驶分词样本和转向分词样本。直线行驶样本中，只保留了离合、挡位 2 类与换挡有关的关键操作件单一动作字符；转向行驶样本中，只保留油门和左右转向操纵杆 3 类与转向有关的单一动作操作字符。

选取的换挡协同动作样本（协同动作样本数据 1）共包括 4 段离合器和挡位的换挡协同曲线，如图 4－2 所示，这些动作曲线的单一动作识别结果，即单一动作编码名称和动作开始时间如下列字符所示，由 349 个单一动作 698 个字符组成。

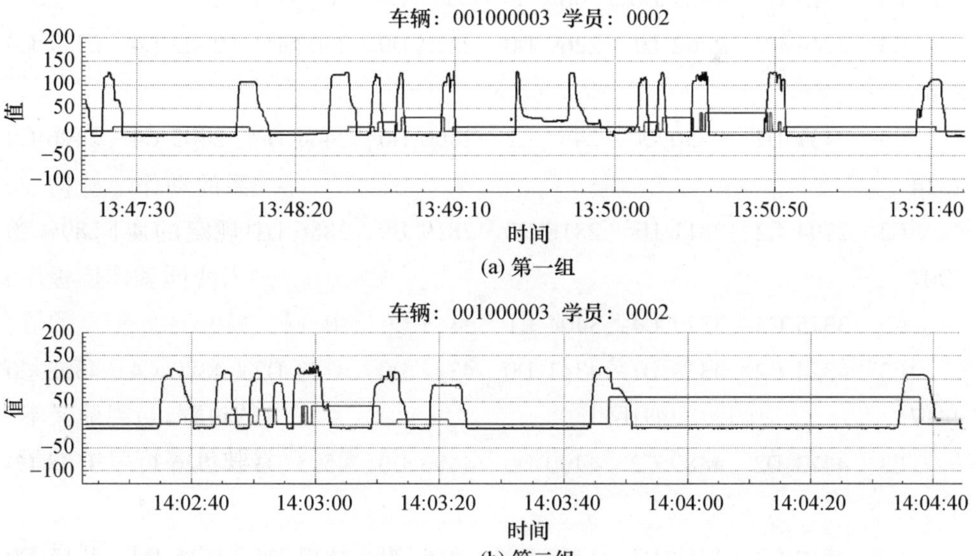

(a) 第一组

(b) 第二组

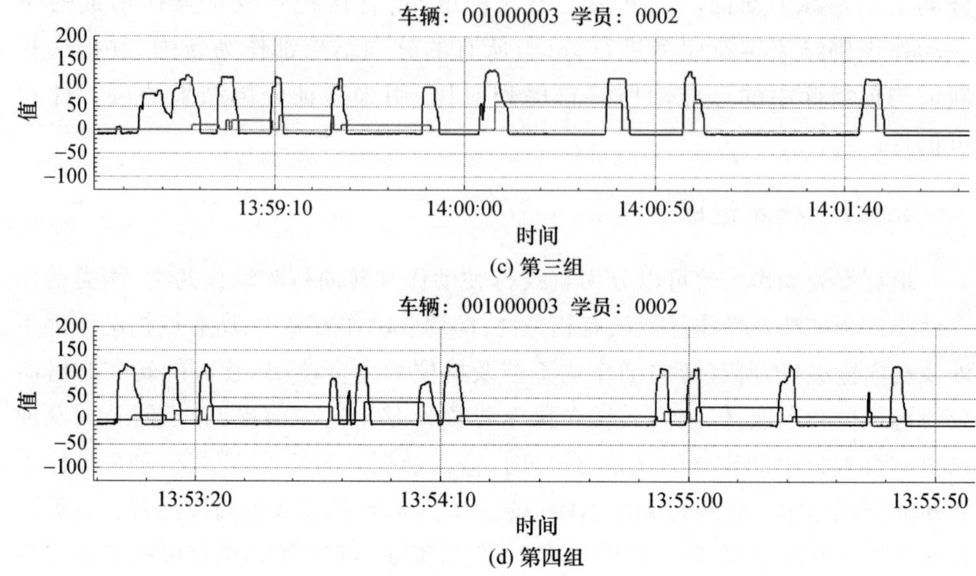

(c) 第三组

(d) 第四组

图 4－2 离合器挡位协同动作输入样本曲线

C2 0 C4 5 C0 46

C3 133 C2 144 D0 220 D1 221 C4 257 C0 296

C3 1189 C2 1208 D1 1289 D0 1290 C4 1344 C0 1450

C3 1913 C2 1929 D0 2063 D1 2064 C4 2075 C0 2135

C3 2244 C2 2262 D1 2269 D0 2270 D0 2302 D2 2303 C4 2317 C0 2345

C3 2437 D2 2450 D0 2451 C2 2460 D0 2484 D3 2485 C4 2496 C0 2514

C3 2794 C2 2811 D3 2818 D0 2819 D0 2886 D1 2887 C4 2896 C0 2907

C3 3375 C2 3379 C4 3404 C1 3445 C0 4041

C3 4324 C2 4338 D1 4341 D0 4342 D0 4379 D2 4380 C4 4398 C0 4417

C3 4473 D2 4489 C2 4490 D0 4490 D0 4525 D3 4526 C4 4538 C0 4555

C3 4749 C2 4758 D3 4763 D0 4764 D0 4814 D4 4815 D4 4817 D0 4818 D0 4824 D4 4825 D4 4834 D0 4835 D0 4857 D4 4858 C4 4878 C0

4890

C3　5323 C1　5325 C3　5332 D4　5348 D0　5349 C2　5350 D0　5363 D4　5364 D4　5380 D0　5381 D0　5431 D2　5432 D2　5449 D0　5450 D0　5472 D1　5473 C4　5480 C0　5492

C3　6536 C1　6538 C3　6567 C2　6598 D1　6687 D0　6688 C4　6729 C0　6763

C0　0 C3　105 C2　111 D0　178 D1　179 C4　193 C0　234

C3　333 C2　343 D1　350 D0　351 D0　394 D2　395 C4　408 C0　429

C3　520 C2　529 D2　533 D0　534 D3　565 C4　580 C0　597

C3　1184 C2　1196 D3　1203 D0　1204 C4　1223 C0　1238

C3　1277 C2　1289 C4　1291 C0　1296

C3　1315 C2　1326 D0　1364 D4　1365 C4　1382 C0　1402

C3　1637 D4　1668 D0　1669 C2　1673 C4　1699 C0　1742

C3　1761 C2　1773 D0　1835 D1　1836 C4　1849 C0　1874

C3　2832 C2　2841 D1　2842 D0　2843 D0　2880 D2　2881 C4　2895 C0　2913

C3　2980 C2　3000 D2　3005 D0　3006 D0　3039 D3　3040 C4　3055 C0　3072

C3　3451 C2　3470 D3　3477 D0　3478 D0　3529 D1　3530 C4　3537 C0　3550

C3　3893 C2　3914 C4　3918 C0　3933

C3　4022 C2　4034 D1　4060 D0　4061 C4　4085 C0　4107

C3　273 C4　285 C3　398 C2　400 C4　421 C0　485

C3　487 C2　501 D0　624 D1　625 C4　634 C0　684

C3　796 C2　804 D1　807 D0　808 D0　855 D2　856 D2　873 D0　874 D0　888 D2　889 C4　903 C0　939

C3　1149 C2　1159 D2　1161 D0　1162 D0　1205 D3　1206 C4　1220 C0　1236 C3　1553 D3　1566 D0　1567 C2　1567 D0　1616 D1　1617 C4　1625 C0　1654

C3　2152 C2　2160 D1　2206 D0　2207 C4　2231 C0　2264

C3　2527 C1　2539 C4　2545 C0　2547

C3 2552 C2 2563 D0 2628 D6 2629 C4 2666 C0 2721

C3 3354 C2 3366 D6 3460 D0 3461 C4 3487 C0 3509

C3 3858 C2 3871 D0 3931 D6 3932 C4 3941 C1 3944 C4 3971 C0 4001

C3 5030 B1 5048 C2 5055 B2 5072 D6 5133 D0 5134 C4 5168 C0 5193

C0 0 C3 299 C2 308 D0 378 D1 379 C4 395 C0 434

C3 520 C2 529 D1 540 D0 541 D0 572 D2 573 C4 588 C0 610

C3 659 C2 666 D2 673 D0 674 D0 696 D3 697 C4 708 C0 713

C3 756 C2 762 D3 768 D0 769 C4 792 C0 813

C3 835 C2 841 D0 873 D4 874 D4 878 D0 879 D0 882 D4 883 D4 893 D0 894 D0 913 D4 914 C4 952 C0 966

C3 975 C1 977 C4 978 C0 988

C3 1156 C2 1169 D4 1186 D0 1187 D0 1256 D1 1257 C4 1266 C0 1299

C3 1389 C2 1401 D1 1463 D0 1464 C4 1512 C0 1538

C3 2034 C2 2046 D0 2106 D6 2107 C4 2118 C1 2120 C4 2149 C0 2201

C3 3286 C2 3306 D6 3376 D0 3377 C4 3412 C0 3436

通过人工计数和换挡协同动作编码,可知上述 4 组曲线共包括 45 组换挡动作。

4.3.2 样本数据特点

把从操作件位移曲线识别出的单一动作编码做了些简单的人工处理,所有的换挡动作都以 C3(踩离合器)、C2(离合器踩到分离位置)开始,以松离合(C4)至原始位置(C0)结束,从编码序列中可以看出仅仅考虑离合器和挡位协同的换挡动作编码有以下几个特点:

(1)所有的换挡动作都以 C3(踩离合器)、C2(离合器踩到分离位置)开始,以松离合(C4)至原始位置(C0)结束,有明显的边界特征;

(2)离合器动作 C3C2 和 C4C0 中间夹杂的动作状态各异,大概可以分为以下几类:第一类是离合器动作中间不包含挡位动作,如发动机启动时的离合器动作序列，典型动作编码序列为 C3C2C4C0；第二类是离合器动作中间仅包含一次换挡的起车动作或者停车动作，典型动作编码为 C3C2D0D1C4C0 或 C3C2D6D0C4C0；第三类是离合器动作中间包含多次摘高挡换低挡的连续换挡动作，典型动作编码序列为 C3C2D0D4D4D0D0D4D4D0D0D4C4C0；第四类是离合器中间包含着两脚离合器的多次换挡动作；第五类为一些错误的离合器动作搭配，如部分离合器未踩到底就开始换挡动作，典型动作编码序列为 C3D3D0C2D0D1C4C0 等。

4.3.3 分词长度

n - gram 语言模型中，对于给定的字串 S 长度为 L，按 n 进行切分后，得到所有可能的长度小于 n 的字符组合作为新词。假定文本长度为 L，字符串切片长度设定为 n 时，得到的所有可能的切词组合数量为：$L+(L-1)+\cdots+(L-n+1)=n/2\times(L+(L-n+1))$。

驾驶动作模式发现与汉语分词技术在分词长度方面有所区别，一般的汉语分词 2 个字或者 4 个字的词语居多，因此切分长度多设定为 2 或者 4，而驾驶协同动作所涉及的单一动作编码数量却不一定，如前面对离合器挡位组成的换挡协同动作特点分析可知，仅考虑这两个操作件组成的协同动作，短的协同动作包括 4 个字符，更复杂的协同动作将包括 14 个或者更长的字符，因此要想得到较长的协同动作组合字符，要把切片长度设定足够大，对于本书给出的离合器挡位协同动作，一般切片长度设定为 16 或者 20。驾驶动作分词算法中，当输入文本为 349 个动作编码，设定协同动作切片长度最长为 16 时，共得到 5464 种长度从 1 到 16 的分词组合。

4.3.4 分词频数

n - gram 语法模型的实际应用中，一般使用频率计数比例来计算 n 元条件概率，即用每个分片的频度来表示组成固定词语的可能性，一个固定字符组合反复出现的频率越高，越有可能是一个新词，驾驶协同动作同样符合这一原理，协同动作都是相对固定的动作编码组合，如果某些单一动作编码串反复出现，就认为该编码串是一个协同动作。

假定把分词频数的阈值设定为 4（随机设置），即认为一个动作编码组合反复出现 4 次以上就可以构成一个协同动作。表 4 - 1 给出了分词长度从 2 ~ 16 的所有可能组合中，出现频次大于 4 的所有分词频次的累计和；同时也给出了同样分词长度下出现频次最高的分词及其出现频次。图 4 - 3 给出了分词长度和出现频次之间的关系。

表 4－1　所有动作组合分词频率统计

分词长度	出现频次 >4 累计	最高频次	最高频词分词
2	303	46	C4C0/C0C3
3	257	42	C4C0C3
4	207	32	C4C0C3C2
5	165	10	C0C3C2D1D0
6	132	9	D0D1C4C0C3C2
7	93	7	C0C3C2D1D0D0D2
8	71	7	D0D1C4C0C3C2D1D0
9	46	6	C2D0D1C4C0C3C2D1D0
10	27	5	C3C2D0D1C4C0C3C2D1D0
11	17	5	C0C3C2D0D1C4C0C3C2D1D0
12	12	4	C4C0C3C2D0D1C4C0C3C2D1D0
13	1	4	C0C3C2D0D1C4C0C3C2D1D0D0D2
14	0	3	C3C2D0D1C4C0C3C2D1D0D0D2C4C0
15	0	3	C3C2D0D1C4C0C3C2D1D0D0D2C4C0C3
16	0	3	C0C3C2D0D1C4C0C3C2D1D0D0D2C4C0C3

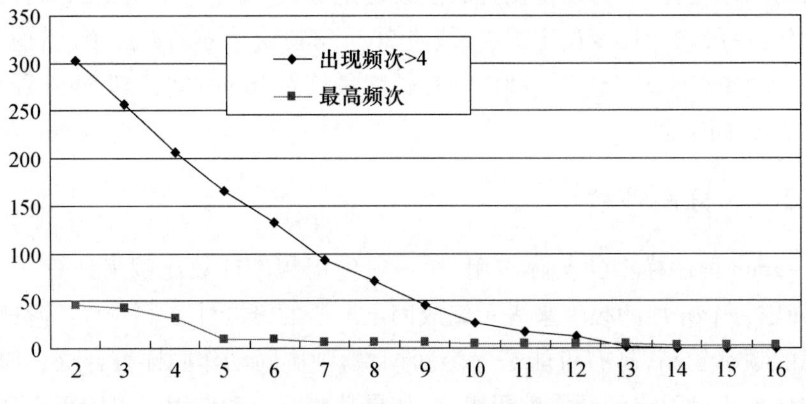

图 4－3　分词长度和出现频次之间的关系

从表 4－1 和图 4－3 可以看出：

（1）分词长度越短，出现的频次越高；分词长度越长，出现的频次越低。这是可以理解的，两个极端的情况，如果整篇文章只有一个词重复组成，那么最短长度的这个词出现频率是最高的，而把整篇文章看作一次长词，这个长词只出现了一次。这个规律要求我们筛选新词,设置分词频数阈值时,要综合考虑分词长度和频次的关系,对于较短分词,频数阈值设置较高一些;对于较长分词,频数阈值可以设置较低一些。阈值设置不一样,选出的分词组成和数量也不一样,设定最小分词阈值后,可以自动截取分词长度。驾驶协同动作模式发现时,可以根据分词长度设定成词组的阈值,如可以视情挑选该分词长度中3~5个频数最大值,作为候选词组,本书示例中,统一选定3个最大频次值作为阈值,筛选候选词组;同时如果设定最小出现频次不得小于4,那么能够筛选出的最大分词长度为13个动作。

(2)筛选出的分词代表性和样本长度有关系,只有海量的样本数据,才能选出所有的新词,有限数量的样本数据,只能选出典型性的词组,不可能覆盖所有词组;假定一个成熟的协同动作,在有限的样本文件中只出现过1次,如果按照出现频率筛选,几乎不可能选中该词作为词组。目前这一缺陷是分词技术自身算法决定,后续只能通过不断扩大样本不断筛选新词不断扩充模板完成。

(3)有限样本中出现频率较高的词组,包括已知的同一组内的协同动作,也包括不同组内协同动作的首尾衔接部分,尤其是对于像换挡协同动作这样要领相似不断重复的动作,所筛选出的高频词组中,既包括了从踩下离合器、离合器踩到底这样真正需要的组合动作,也包括了上一次离合器踩到底到下一次踩下离合器这样的两个协同动作部分首尾衔接处的动作,这显然不是需要的协同动作,但重复出现频率较高,同样有可能被选出。后续将通过凝固度、自由度、时间参数等参数来区分真正的协同动作和前后衔接的重复词组。

表4-2给出了给定样本数据中分词长度分别为2出现频数大于10的所有动作编码组合。从中可以看出,高频动作基本都是常见的组合动作,如与挡位无关的C4C0(松离合到离合松到底)、C3C2(踩离合、离合踩到底)等动作,只要涉及挂挡动作,都出现这两种离合器操作组合;与挡位有关的C2D0(离合踩到底后摘空挡)、D0D0(摘空挡至挂挡之前离开空挡)、D1D0(摘1挡至空挡),跟样本数据中所包含的挂挡类型有关。但是也出现了C0C3(离合器原始位置到踩离合器)这样跨度两组换挡协同动作的组合,一般来讲,离合器回到原始位置C0属于上一组换挡动作的最后一个动作,踩离合器C3,则是下一组换挡动作的第一个动作,在仅包含离合器和挡位的换挡协同动作样本中,这样的动作组合高频词出现很正常,但是因为不是一组协同动作的动作要领,因此不能作为发现的动作模式录入库中,必须在后续处理中滤除该词组。在其他更长的分词中如果包含了C0C3这种组合,都属于类似情况,都需要进行滤除。

表 4-2　长度为 2 频数大于 10 的动作分词重复频次统计

字符编码	分词长度	出现频数 >10
C4C0	2	45
C0C3	2	46
C3C2	2	38
C2D0	2	15
D0D1	2	11
D1C4	2	10
C2D1	2	11
D1D0	2	11
D0D0	2	20

总之,通过设定分词长度和频数阈值,能够选出样本数据中包含的驾驶协同动作,但同时存在着典型协同动作选不全(样本量不够)选不对(部分高频组合不是协同动作)的问题。

4.3.5　凝固度设置

凝固度一个词组中字与字之间结合紧密程度的度量,用来衡量两个字符串构成词的可能性,凝固度越大,两个字成词的概率越大。即两个词共现的频率远大于两个词自由拼接的乘积概率。对于本书给定的样本,按照最大分词长度为 16 分词并统计频率后,把分词长度为 2、动作频次大于 6 的动作编码词组按照凝固度进行排序,如表 4-3 所列,从表中可以看出以下几种情况。

表 4-3　按凝固度排序筛选出的两动作协同组合

字符编码	分词长度	出现频数 >6	凝固度
C0C3	2	46	104.683
C4C0	2	45	104.541
C3C2	2	38	94.1642
C2D1	2	11	60.7111
D3C4	2	6	56.9167
D1C4	2	10	51.7424
D2C4	2	6	42.6875
D0D1	2	11	38.4789

续表

字符编码	分词长度	出现频数>6	凝固度
D1D0	2	11	38.4789
D0D2	2	8	38.4789
D0D3	2	6	38.4789
D3D0	2	6	38.4789
D0D4	2	8	38.4789
D4D0	2	8	38.4789
D2D0	2	7	33.669
C2D0	2	15	25.6526
D0D0	2	20	21.6782
C2C4	2	6	15.1778
D0C4	2	9	14.4296

(1)出现频次高、凝固度也高的编码是我们找到的协同动作。例如,离合器动作组合C0C3、C4C0、C3C2,不仅一起出现的频次高,而且凝固度最高,符合驾驶操作的实际情况,正是我们寻找的协同动作,C0C3组合虽然不符合驾驶实际情况,但目前技术难以区分,暂且认定符合。

(2)出现频率虽然低,但是凝固度也很高的组合是潜在的协同动作。例如,C2D1,即离合器踩到底后挂1挡的动作,应该也是驾驶中经常出现的动作组合,也是要发现的词组,但由于输入的动作样本太少或者设置的频次阈值太高,有可能会漏掉这样的动作组合,随着样本量的增加,这样的动作组合入选新词的可能性越来越大。

(3)出现频率高但凝固度低的组合构成协同动作的可能性很低。表中有代表性的动作组合是D0D0这个词组,虽然出现的频率高,因为每一次换挡,都需要经过这一动作组合,但是因为D0动作和别的换挡动作也会高频地成组出现,表中几乎所有换挡动作都有D0动作,因此D0D0成为一个固定组合的可能性并不是很高。并且,随着样本数量的增加,这样词组的凝固度会越来越低,分词技术里,一般不选择这样的组合作为新词。

(4)出现频率低、凝固度较低的动作组合不是协同动作。表中代表性的动作是C2C4,即离合器踩到底以后直接松离合,中间没有挡位动作,只有起车的时候才会有这种组合,且C2、C4两个动作本身和别的动作组合也很频繁,所以这样的组合在这里不能被选定为协同动作。表中选择了出现频率大于6,实际处理数据中还有很多只出现过1次的错误动作，凝固度和出现频率均很低，更不可能被选中为协同动作。

总之，凝固度是衡量两个编码之间内相关性的参数，凝固度越高，作为协同动作组合的可能性越大；通过频率和凝固度的联合设置，可以把一部分频率高但两个动作之间结合度不紧密的组合编码过滤掉，提高了所选择的新词在大样本数据匹配中的适用性。

4.3.6 自由度设置

自由度用于衡量能够作为词语的片段在不同语境中左邻字和右邻字的随机性，用信息熵来衡量。如果一次词语片段（左、右）自由度等于0，意味着该片段（左、右）是一个固定的搭配字，即该片段只是某一个固定词组的（右、左）部分。左、右的自由度越高，表明该词组成词的可行性越大。在自由度不等于0的前提下，自由度的大小与样本文件的长度以及词组出现的频率有关系，样本文件越长，词组出现的频率越高，词组两边的随机字搭配得越多，自由度就越大。

对于本书给定的样本，按照最大分词长度为16分词并统计频率后，共得到3454组分词片段，其中左、右自由度均为0的记录条数为2737个，说明该样本分词集合多数情况下是某些固定组合动作的循环，多数词组分片的两端都是固定搭配；左、右自由度均大于0的有93条。设置重复频次大于3，凝固度大于50，左、右自由度均大于0，选择结果有42条。列入表4-4中。

表4-4　驾驶动作分词的凝固度和自由度排序

字符编码	分词长度	出现频数>6	凝固度	左自由度	右自由度
C4C0	2	45	104.541	2.00244	0.184907
C0C3	2	46	104.683	0.38585	0.873464
C3C2	2	38	94.1642	0.242673	1.70923
C4C0C3	3	42	103.935	1.95109	0.932074
C0C3C2	3	36	95.0261	0.464357	1.7036
C2D0D1	3	7	77.2687	0.410116	0.410116
D0D0D2	3	7	67.338	0.410116	0.410116
D2D0D0	3	5	54.9698	0.673012	0.950271
C4C0C3C2	4	32	92.5122	1.81706	1.75683
C3C2D1D0	4	11	76.9577	0.304636	0.689009

续表

字符编码	分词长度	出现频数 >6	凝固度	左自由度	右自由度
D0D4D4D0	4	5	76.9577	0.673012	0.500402
C4C0C3C1	4	4	65.0476	0.693147	0.693147
C1C4C0C3	4	4	65.0476	0.693147	0.562335
C0C3C2D0D1	5	6	82.7879	0.636514	0.450561
D0D1C4C0C3	5	10	76.9577	0.673012	0.325083
C0C3C2D1D0	5	10	76.9577	0.639032	0.673012
D0D3C4C0C3	5	6	76.9577	0.867563	0.450561
C1C4C0C3C2	5	3	64.0312	0.636514	1.09861
C2C4C0C3C2D0	6	4	53.9654	0.636514	0.562335
D0D1C4C0C3C2	6	9	76.9577	0.636514	0.529706
C4C0C3C2D1D0	6	8	76.9577	0.37677	0.693147
C3C2D1D0C4C0	6	5	55.1919	0.500402	0.500402
D0D0D2C4C0C3	6	6	76.9577	0.450561	0.636514
D0D0D3C4C0C3	6	4	51.3052	0.562335	0.562335
D0D4D4D0D0D4	6	4	76.9577	0.562335	0.693147
C0C3C2D1D0D0D2	7	6	111.51	0.867563	0.450561
D0D0D4D4D0D0D4	7	3	57.7183	0.636514	0.636514
C4C0C3C2D0D6C4	7	3	113.833	0.636514	0.636514
D0D1C4C0C3C2D1D0	8	7	76.9577	0.410116	0.682908
D0D3C4C0C3C2D3D0	8	5	76.9577	0.950271	0.673012
C2D0D1C4C0C3C2D1D0	9	6	76.9577	0.450561	0.636514
C4C0C3C2D1D0C4C0C3	9	4	65.0476	0.562335	0.693147
D0D0D2C4C0C3C2D2D0	9	4	76.9577	0.562335	0.562335
C0C3C2D1D0D0D2C4C0C3	10	5	108.413	0.950271	0.673012
C0C3C2D0D1C4C0C3C2D1D0	11	5	76.9577	0.500402	0.500402
D0D1C4C0C3C2D1D0C4C0C3	11	3	55.7551	0.636514	0.636514
C4C0C3C2D0D1C4C0C3C2D1D0	12	4	76.9577	0.562335	0.562335
C2C4C0C3C2D0D1C4C0C3C2D1D0	13	3	76.9577	0.693147	0.636514
C0C3C2D0D1C4C0C3C2D1D0D0D2	13	4	111.51	0.562335	0.562335
C0C3C2D1D0D0D2C4C0C3C2D2D0	13	3	76.9577	0.636514	0.636514
C4C0C3C2D0D1C4C0C3C2D1D0D0D2	14	3	85.375	0.636514	0.636514
D0D0D2C4C0C3C2D2D0D0D3C4C0C3	14	3	76.9577	0.636514	0.636514

从表中可以看出:希望的组合动作,C4C0、C3C2 以及部分挡位更换动作,如 D2D0D0、D0D4D4D0D0D4 等,均是标准的协同动作。同时也包括了 C3C2D1D0C4C0 这样的标准换挡动作,这些都是期望找到的动作。这种适用于文本分词的算法由于本书所选取的只有离合器和挡位动作的换挡循环样本,仅仅依靠字符处理的分词算法,很难把一些反复循环的两个换挡动作的交接部分区分出来,有时还会出现两组换挡动作合并在一起作为一组协同动作的情况,这些都是不期望的结果。

总之,从前文可以看出,采用 n - gram 分词、统计频次、计算凝固度和自由度的方法,通过合理设置频次、凝固度和自由度参数,能够在海量的分词片段中,过滤掉大多数无法构成协同动作的编码组合,找到期望的固定的协同动作或者部分协同动作。但是仔细研究所找到的这些动作组合,会发现这些组合有相当一部分是由期望的两段动作组合的部分或者全部编码组成,并且这种跨两组协同动作的组合会随着分词长度的增加变得越来越多。降低了单纯依赖分词技术获取新的驾驶动作的准确性。

4.4 换挡协同动作编码特征分析

运用分词技术希望得到的结果是一组完整的驾驶协同动作,最好是与协同动作词典中设置的协同动作编码相近或者相类似,而不能是多组协同动作或者部分协同动作的组合,所以对于有限数量的驾驶动作,相同或者相近编码循环往复出现的前提下,仅仅依靠出现频次、凝固度、自由度等这种文本字符之间的数学关系计算,得到的结果准确度不高,有些是期望的正确结果,有些则不是期望的结果,不能够反映驾驶协同动作编码的一些经验,所以需要在常规分词算法的基础上,考虑一些符合驾驶协同动作规律的先验性知识,对在景点分词算法基础上得到的动作进一步筛选。下面通过换挡协同动作编码特征来探讨怎样滤除掉那些符合算法要求,但不符合驾驶要领规定或者驾驶经验的分词片段。

4.4.1 换挡协同动作边界特征

第 2 章把多个操作件按照一定时序组合的驾驶动作为协同动作,并可以进一步明确协同动作可区分为换挡协同动作和转向协同动作;同时也提出了这些协同动作具有一定的边界特征:几乎所有协同动作或者训练科目,都是以各操作件长时间保持的原状态为起始状态,完成后长时间保持新状态为终止状态,起始和终止状态之间,包含的众多单一动作模式才能称为协同动作。也就是说,一个协同动作,应该是两组车辆稳态工况之间过渡工况操作状态的组合。这种状态组合在边界上有一定的特征,符合这些边界特征的长串单一动作编码串,才能称为一个协同动作。

从4.3.2节中的5类换挡协同动作编码情况看,在仅有离合器和挡位单一动作编码的前提下,一组动作编码被称为换挡协同动作,应该满足以下边界特征。

所有的换挡协同动作编码都是以踩离合器动作编码C3开始,以松离合器到原始位置的动作编码C0结束;正确的换挡协同动作都是以动作编码C3C2开始,以编码C4C0结束;各类换挡协同动作区别主要体现在开始的C3C2和结束的C4C0中间的编码上。因此,可以认定编码C3和C0作为一组协同换挡动作的边界特征。

分析前面分词算法筛选后得到的各种分词片段,在给定的频次、凝固度、自由度等指标约束下,所筛选出的动作编码片段与传统上认知的协同动作编码相比,主要存在的缺陷是:①很多片段都是已知协同动作的部分编码片段,如高频选出的C3C2 C4C0以及C3C0等,构不成完整的协同动作;②很多分词片段跨越了两个已知协同动作的边界特征,在反复循环的前提下,把C0C3这种包含上一组协同动作最后一次操作和下一组协同动作开始操作的编码视为一组协同动作编码,不符合对协同动作的定义和驾驶经验认知。

基于以上两点缺陷,对已知的分词结果进行以下边界特征筛选。

筛选条件1:选择开始编码为C3和终止编码为C0的分词片段作为候选协同动作模式,过滤掉所有不符合以上起止条件的分词片段。

筛选条件2:仅仅以C3C0作为起止条件,还会筛选出包含多组换挡协同动作编码的过长的分词片段,即在起止编码C3C0中间,会存在上一个协同动作截止编码C0和下一个协同动作开始编码C3衔接的情况,这样的编码组合仍旧不是需要的协同动作编码。因此在起止编码为C3C0的分词片段中,继续过滤掉中间夹杂C0C3的片段。

筛选条件3:当以起止编码C3C0筛选各分词片段时,除了C0C3表示两组换挡协同动作衔接外,上一组协同动作未踩到底停留在半联动状态的C1C3也有可能表示两组协同动作,同样需要过滤掉。

通过上述筛选条件,过滤出包含一组换挡协同动作的编码,该段协同动作的起始编码为 C3、终止编码为 C0,中间只包含一组换挡协同动作,不会包含两组协同动作拼接而成的协同动作。当然,这种筛选条件会过滤掉典型的两脚离合器换挡动作,把原来的一组协同动作视为一次摘挡和一次挂挡的两组协同动作,但也只损失这一种特殊情况。

4.4.2 基于边界特征的换挡协同动作筛选

按照上述 3 个筛选条件,对前面设置的重复频次大于 3、凝固度大于 50、左右自由度均大于 0 所得到的 42 条分词记录进一步筛选,得到的筛选结果是:其中只有一条编码记录满足要求,如表 4-5 所列。该条记录对应的动作曲线如图 4-4 中圆圈部分所示,是一个典型的摘挡停车动作,该协同动作在图 4-4 曲线中出现了 2 次,图中圆圈标示部分,在所给定的样本数据 4 条曲线中,累计重复出现了 5 次。

表 4-5 分词技术自动发现的动作模式信息

字符编码	编码长度	重复频次	凝固度	左自由度	右自由度
C3C2D1D0C4C0	6	5	55.1919	0.500402	0.500402

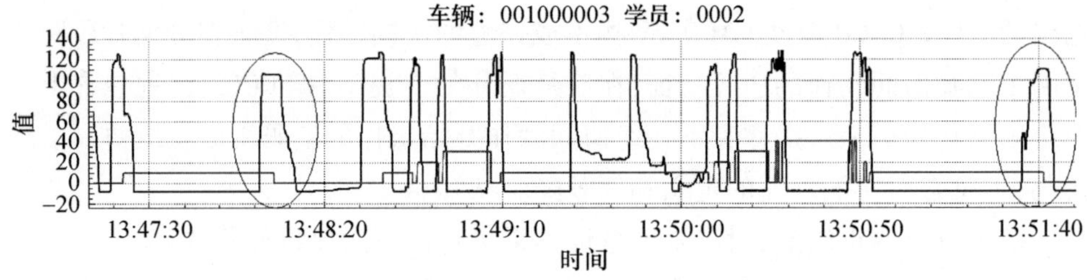

图 4-4 分词发现的换挡协同动作所对应的操作曲线

从给定的 5464 个分词片段中,只筛选出一组典型协同动作编码,作为新的驾驶协同动作模式,虽然结果正确,但效率低下;说明筛选条件设置的阈值过于严苛,从给定的样本曲线看,所包含的分词中还应该包括很多种换挡协同动作,期望尽可能选择更多的协同动作作为模板录入模板库,以保证后续动作识别和匹配的覆盖率;为了更好设定筛选阈值,首先按照边界特征来对所有分词进行筛选,在不考虑出现频次、凝固度和自由度等参数阈值的前提下,四组换挡曲线中符合边界特征要求的换挡协同动作编码筛选结果如表 4-6 所列。

表 4-6 基于边界特征的换挡动作分词结果统计表

字符编码	编码长度	重复频次	持续时间	凝固度	左自由度	右自由度
C3C2C4C0	4	3	48.6	9.58596	0.64	0
C3C1C4C0	4	2	16.5	55.7551	0	0
C3C2C4C1C0	5	1	666	111.51	0	0
C3C2D0D1C4C0	6	6	164.8	71.89	0	0
C3C2D1D0C4C0	6	5	160.6	55.19	0.50	0.50
C3C2D3D0C4C0	6	2	55.5	48.56	0	0
C3C2D0D4C4C0	6	1	87	47.92	0	0
C3D4D0C2C4C0	6	1	105	60.71	0	0
C3C2D0D6C4C0	6	1	169	37.17	0	0
C3C2D6D0C4C0	6	2	152.5	111.51	0	0
C3C2D2D0D0D3C4C0	8	1	77	111.51	0	0
C3C2D1D0D0D2C4C0	8	5	92.2	101.185	0	0
C3D2D0C2D0D3C4C0	8	1	77	111.51	0	0
C3C2D3D0D0D1C4C0	8	2	106	111.51	0	0
C3D2C2D0D0D3C4C0	8	1	82	111.51	0	0
C3C2D2D0D0D3C4C0	8	4	77.6	111.51	0	0
C3D3D0C2D0D1C4C0	8	1	101	111.51	0	0
C3C2D0D6C4C1C4C0	8	2	155	111.51	0	0
C3C2D4D0D0D1C4C0	8	1	143	111.51	0	0
C3B1C2B2D6D0B3B0C4C0	10	1	163	111.51	0	0
C3C2D1D0D0D2D2D0D0D2C4C0	12	1	143	111.51	0	0
C3C2D0D4D4D0D0D4D4D0D0D4C4C0	14	1	131	71.8947	0	0
C3C2D3D0D0D4D4D0D0D4D4D0D0D4C4C0	16	1	141			

从表中可以看出,4 组换挡动作曲线共包括 23 种、40 组换挡协同动作,与前面人工分组的结果 45 组基本相符,有一组两脚离合器换挡已被拆分为两组换挡协同动作,说明边界特征的筛选条件制定较为合理,同时基于分词算法自动产生新的协同动作模板的方法也非常必要,根据驾驶动作要领人工录入或者对着编码人工筛选均无法完成这样复杂的工作量。把边界特征作为产生新词的第一条件,在此基础上,可以进一步根据动作分析需要设置频次、凝固度、左右自由度等参数的阈值,筛选出满意的驾驶协同动作模板。

从表中还可以看出,前面设置 4 个参数阈值后,筛选出的协同动作编码过少,原因在于系统输入的样本数量相对于协同动作编码的种类仍旧太小,很多协同动作,即使是正确的,也只出现过一次,靠频次设置就已经过滤掉了;并且只出现过1次的协同动作,其左、右自由度只能为0,凝固度也会非常小,靠这些参数阈值也会过滤掉很多预期动作。驾驶动作数据挖掘适用于海量数据,随着样本数量的增加,上述4个参数的值会越来越大,越来越容易筛选到满意的新的驾驶协同动作模式。

4.4.3 换挡协同动作时间特征分析

依赖协同动作的边界特征,匹配或者筛选到符合要求的协同动作编码,可以解决基于通用分词技术得到的分词片段中存在的局部或者跨越两组协同动作的问题。但是处理海量驾驶动作编码时,总会有些未知动作,不包含已知的边界特征,这种情况下,可以在已知的出现频率、凝固度、自由度等参数外,通过计算各分词片段时间特征来得到新协同动作模式。

单一动作模式识别结果中给出了每个单一动作的字符编码和开始时间两个参数,这样可以利用 n - gram 分词处理各种长度的分词片段的同时,计算出每个分词片段的持续时间,即用最后一个动作编码的开始时间减去第一个动作编码的开始时间,对于多频次出现的分词片段,用这些片段的平均持续时间来表示。这样,这些分词片段,除了具备通常分词中的频次、凝固度、自由度等参数外,还有一个持续时间参数,这样可以根据持续时间参数来截取那些合理的协同动作编码。

基于分词片段的持续时间截取协同动作编码的基本设想是:所谓一组协同动作,其内部所包含的单一动作之间必定有时间相关性,同一组协同动作内部的两个单一动作之间的时间间隔应该比较小;同一类协同动作完成的总体时间大体相近;不同组别协同动作所包含的单一动作之间的时间间隔比较大,两组协同动作完成的总体时间会明显大于其中某一组协同动作的完成时间。

基于以上假想,可知当一组分词片段如果只包含当前组别的单一动作编码,则时间持续时间应该比较短且同类片段的动作持续时间应相差不大,如果该分词片段中包括其他组别协同动作编码时,该分词片段的完成时间会明显增加,这样对于那些不知道边界特征的分词片段,可以在凝固度、自由度和出现频次的基础上,通过持续时间参数进一步筛选,以过滤掉那些跨越两组或者更多组别协同动作的分词片段。

为了得到各分词片段的持续时间分布,首先对前面采用边界特征筛选到的换挡协同动作编码的持续时间进行分析。从表4-6中可以看出:换挡协同动作的持续时间,在同时包括挡位和离合器动作的前提下,最短时间为 55(1/25s),最长时间为 169(1/25s);对于不包含挡位只包括离合器的组合动作,两组持续时间分别为 48.6 和 16.5。只有一组离合器动作持续时间为 666,该组数据对应的曲线如图 4-5 圆圈部分所示,是一组包括半联动状态的操作数据,可以作为异常值去掉,这样,如果需要设置协同动作持续时间参数阈值,最长不能大于 170。

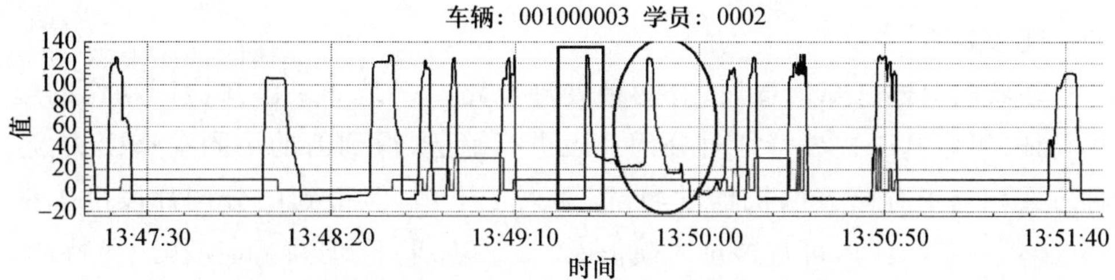

图 4-5　筛选出的离合器异常数据对应动作曲线

按照持续时间参数阈值为 170 对表 4-4 筛选处的 42 组协同动作分词片段进一步筛选,得到的结果如表 4-7 所列,共包括 12 组协同动作编码片段,除了一组标准换挡协同动作编码外,典型的离合器组合动作、挡位组合动作均已包含在其中,且已经过滤掉了所有跨越两组协同动作的分词片段。后续可以通过人工校核或者编码的方法把这些高频的、凝固度、自由度和持续时间均满足要求的固定的分词片段适当组合,作为新发现的动作模式。

表 4-7　筛选出的动作模式发现结果

字符编码	编码长度	重复频次	持续时间	凝固度	左自由度	右自由度
C4C0	2	45	27.5111	104.541	2.00244	0.184907
C3C2	2	38	12.2105	94.1642	0.242673	1.70923
C2D0D1	3	7	84	77.2687	0.410116	0.410116
D0D0D2	3	7	35.4286	67.338	0.410116	0.410116
D2D0D0	3	5	27.8	54.9698	0.673012	0.950271
C3C2D1D0	4	11	45.1818	76.9577	0.304636	0.689009
D0D4D4D0	4	5	10.2	76.9577	0.673012	0.500402
C2C4C0C3C2D0	6	4	170.25	53.9654	0.636514	0.562335
C3C2D1D0C4C0	6	5	160.6	55.1919	0.500402	0.500402
D0D0D2C4C0C3	6	6	166.167	76.9577	0.450561	0.636514
D0D4D4D0D0D4	6	4	21.75	76.9577	0.562335	0.693147
D0D0D4D4D0D0D4	7	3	45.3333	57.7183	0.636514	0.636514

4.4.4 转向协同动作模式发现

总结上述工作,新的协同动作模式发现的基本思路如下:

首先对输入的样本数据(单一动作编码和动作时间)进行分词,需要人工设定分词长度;然后运用 n - gram 模型对样本数据进行分词,统计每个分词片段的出现频次;计算每个分词片段的凝固度、自由度和持续时间,得到所有分词片段的上述参数值。

在获取上述已知信息后,有两种处理思路。一是如果已知协同动作的边界特征,可以基于边界特征对分词片段进行筛选,得到新的协同动作模式,这种方式相当于有监督的机器学习,需要人工干预,但得到的分词片段准确率高,经过简单标注后可直接录入模板库。二是如果不知道协同动作边界特征,可试探性设置所有分词片段的四类参数(频次、凝固度、左右自由度、持续时间),找到所需要的协同动作新模式,一般来讲,凝固度和自由度越大、持续时间越短、出现频次越高,筛选出的动作模式越符合协同动作要求。但是在样本量有限的情况下,这种无监督的动作模式发现方法会找到很多高频出现的协同动作片段,而不是完整的一组协同动作,需要后续经过人工校对甚至拼接,只有随着样本数据的不断扩大,才能发现编码字符串较长的完整的协同动作编码组合。

按照以上思路,对图 4 - 6 所示的转向协同动作样本数据进行分词,计算各分词片段的出现频次、凝固度、自由度和持续时间等,采用边界特征法对分词结果进行筛选,设置 TL3 为协同动作起始点、TL0 为协同动作起始点,可得到样本数据中所包含的左转向协同动作共分为 5 类,如表 4 - 8 所列,这些结果均符合转向协同动作的认知,可以简单标注后直接录入驾驶动作模板库。

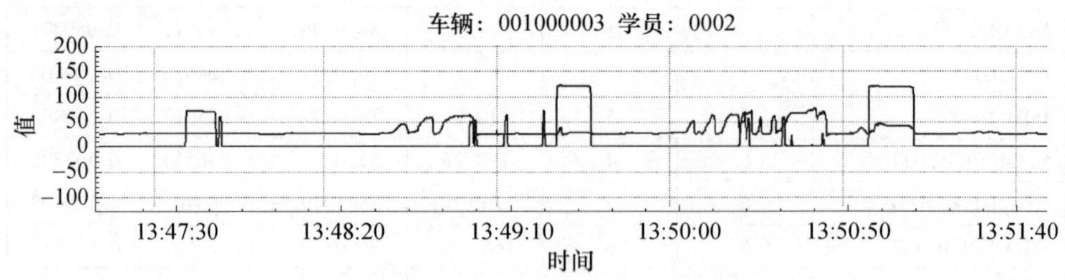

图 4 - 6 转向协同动作样本曲线

表 4-8　转向协同动作所发现的动作模式

字符编码	编码长度	重复频次	持续时间	凝固度	左自由度	右自由度
TL3TL1TL4TL0	4	1	34	688.75	0	0
TL3TL2TL4TL0	4	1	154	787.143	0	0
TL3A1A3TL1A2TL4TL0	7	1	49	787.143	0	0
TL3A3TL1A2A4TL4A1TL0	8	1	77	787.143	0	0
TL3A0A3TL2A2A4A1TL4TL0	9	1	95	787.143	0	0

4.5　协同动作模式匹配

4.5.1　协同动作模式匹配需求

坦克驾驶训练中，对基础驾驶动作的考核要求就是要在规定的时间内完成规定次数的指定动作，且要保证一定的动作正确率。例如，要求驾驶员利用驾驶教练车或模拟器训练时，要在 100s 内完成发动（1 次）、1 挡起车（1 次）、制动转向（10 次）、换 2 挡（10 次）、换 1 挡（10 次）、停车（1 次）、熄火（1 次），共计 34 个（次）动作，错误次数在 7 个（次）以内。

协同动作词典中，已经把所涉及到的各协同动作，如发动、1 挡起车、制动转向、换 2 挡、换 1 挡、停车、熄火等驾驶动作要领转变为单一动作编码组合，因此要想利用所采集的驾驶动作数据实现上述练习的考核，只要从词典中抽出上述标准动作编码，然后与驾驶员实际训练曲线的单一动作识别编码序列相比较，就能够得到驾驶员完成了哪些协同动作，哪些动作重复了几次、所有驾驶动作或者每组协同动作累计用了多长时间等问题的答案。

驾驶动作模式词典中已经建立了各个协同动作的标准模式串，这些标准字符串是根据训练要领中给出的一组协同动作的“标准答案”，例如，针对上述练习，应该构建的标准协同动作模式串应包括发动、1 挡起车、制动转向、换 2 挡、换 1 挡、停车、熄火等 7 个动作协同编码串。而根据驾驶员动作位移数据识别的单一动作编码串则是目标串，是驾驶员在训练过程中做出的“答卷”。为了完成该练习的考核，教练员需要在驾驶员的“答卷”上寻找给定的“答案”，看驾驶员有几个动作与标准答案相符，从而给出驾驶员在操作动作时序方面的训练成绩。

4.5.2 驾驶动作模板库构建

假设 P 是给定的子串,T 是待查找的字符串,要求从 T 中找出与 P 相同的所有子串,这个问题成为模式匹配问题。P 称为模式串,T 称为目标串。人工录入协同动作词典时,需要首先对驾驶教材中规定的协同动作进行梳理,尤其是基础驾驶练习部分的动作,把每一个动作规定的要领梳理出来,然后把这些动作按照时间顺序转换为单一动作编码的字符串,附上相应的动作要领说明,即可完成一个协同动作词条的录入。

协同动作词典建立时,需要录入的关键字段包括协同动作编码、协同动作名称、协同动作要领、协同动作所包含单一动作编码序列等。以常见的换挡协同动作为例,各字段的内容如下:

协同动作编码:D2D3。

协同动作名称:2 挡换 3 挡(一脚离合器法)。

协同动作要领:(1)加油冲车(A3 A2);

(2)踏下主离合器踏板(C3C2),同时松开加油踏板(A4 A0);

(3)将变速杆摘到空挡并挂上 3 挡(D2 - D0 - D0 - D3);

(4)迅速平稳地松回主离合器踏板(C4),同时加油(A3 A2)。

所包含的单一动作可能的编码序列:

S001:A3 - A2 - C3 - A4 - C2 - A0 - D2 - D0 - D0 - D3 - C4 - C0 - A3 - A2

S002:A3 - A2 - C3 - A4 - A0 - C2 - D2 - D0 - D0 - D3 - C4 - A3

S003:A3 - A2 - C3 - A4 - A0 - C2 - D2 - D0 - D0 - D3 - A3 - C4

把常见的升挡协同动作编码列入表 4 - 9,构成一个基本的换挡协同动作词典。

表 4 - 9　常见升挡协同动作词典示例

协同动作编码	协同动作名称	协同动作要领说明	动作要领单一编码
S002	D2D3	① 加油冲车; ② 踏下主离合器踏板,同时松开加油踏板; ③ 将变速杆摘到空挡并挂上 3(4、5)挡; ④ 迅速平稳地松回主离合器踏板,同时加油	A3 - A2 - C3 - A4 - A0 - C2 - D2 - D0 - D0 - D3 - C4 - A3
S003	D3D4		A3 - A2 - C3 - A4 - A0 - C2 - D3 - D0 - D0 - D4 - C4 - A3
S004	D4D5		A3 - A2 - C3 - A4 - A0 - C2 - D4 - D0 - D0 - D5 - C4 - A3

4.5.3　协同动作目标串

这里的“目标”指训练过程中所采集到的驾驶员实际动作数据，是待分析评价的“目标”。这些“目标”数据已经按照单一动作模式识别和分割的方法，进行了识别。识别结果表示为单一动作编码和动作开始时间，前面所举例的样本数据，均采用类似形式。对所获取的驾驶员动作单一识别结果按照时间先后顺序进行排列，形成一种包含所有操作件单一动作编码的长篇混合字符串。混合字符串生成的核心是依据操作时间的先后顺序排序。

排序基本规则如下：

(1)严格按照动作起始时刻顺序进行排序；对于{ C1,40;C2,55,C3,120;}{D2,110;}{A3,120;}这种操作件单一动作代码，按照模式识别和数据分割得到的动作模式编码及其开始时间先后，其排序应为{ C1,40;C2,55;D2,110;C3,120;A3,120;}。

(2)对于该序列中同时开始的动作，即动作开始时刻相等的动作编码，可按照所采集的原始数据列表顺序进行排序。如前文中{C3,120;A3,120;}，即离合器和油门的同时动作，原始数据记录存储时，离合器数据始终在油门前一列，所以把离合器动作模式排在前面。

按照上述规则，图 4－7 所示由 3 个操作件的协同动作曲线可由各操作件单一动作模式时序表示为{C1,40;C2,55;D2,110;C3,120;A3,120;C4,143;C3,150;C0,155;A5,200;C1,225;C2,235;A4,235;A6,240;D0,245;C3,248;A3,249;A5,255;C1,260;C2,265;D3,270;C3,275;C0,280;A4,345;C1,350;A6,350;C2,355;D0,360;A3,365;A5,380;D4,385;C3,390;C0,395;A4,490;C1,495;C2,505;A6,505;D0,510;A3,520;A5,525;D5,530;C3,540;A4,545;C0,550;A3,555;A5,560;}，即图 4－7 所包含的协同动作曲线通过数据分割、模式识别和目标协同动作模式串编码，已经转换成为一个包含 45 个单一动作代码的目标串。

4.5.4　协同动作模式匹配算法选择

如前所述，字符串模式匹配中，常见的单模式匹配算法有 Boyer－Moore 算法、KMP 算法和 Quick Search(QS)算法等。常用的多模式匹配算法有 Aho－Corasick(AC)算法、Wu 和 Manber 的算法、SBOM 算法等。这些算法尽管设计原理

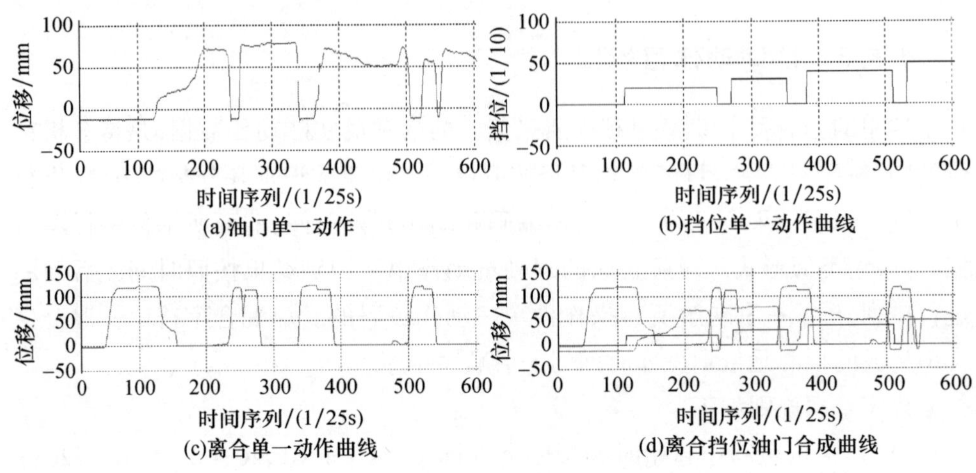

图 4－7　一组换挡协同动作样本动作曲线

和程序实现都十分复杂，但都十分成熟，且有公开的程序模块和大量的算例验证，并且相对于互联网海量的目标网页和关键字模式串而言，驾驶动作模式匹配无论目标还是模式的样本量都微不足道，任何一个成熟的字符串匹配算法都能满足本书的匹配要求。对于本书所列举的模式匹配示例，选择单模式匹配的 KMP 算法和多模式匹配的 AC 算法进行验证。

4.5.5　协同动作模式匹配结果

输入的待匹配的目标串为对图 4－7 所代表的目标协同动作模式串，按照每 1000 个计数单位（20ms）重复 1 轮次的方法，重复 3 次，分别采用 KMP 算法和 AC 算法进行匹配。

KMP 算法，执行时间是 0，匹配结果如下：

{M1:40－155;1040－1155;2040－2155}；

{M2:200－280;1200－1280;2200－2280}；

{M3:345－395;1345－1395;2345－2395}；

{M4:490－550;1490－1550;2490－2550}。

即给定的目标模式串中共包含 M1/M2/M3/M4 4 种标准协同动作模式各 3 组，每一组协同动作的开始时间和结束时间均在匹配结果中标出。选用 AC 算法，执行时间是 160ms，匹配结果与 KMP 算法相同。

协同动作模式匹配方法不仅适用于识别未知的驾驶员动作，对驾驶员训练成绩进行考评，而且还适用于对所发现的新的动作模式进行筛选，前面采用分词技术和边界特征截取等方法获取的各种新动作模式分词片段,有可能会包含模板库中已有的协同动作,因此新发现的这些编码片段入库时,需要首先采用模板匹配的方法,与现有模板库中的动作模板进行匹配,把能够匹配的分词片段过滤掉以后,剩余的分词片段才能作为新词录入模板库。

4.6　小结

模式匹配和新词发现技术适用于处理驾驶动作中的字符编码特征,通过借鉴成熟算法,并考虑协同动作的编码特征和时间特征,较好解决了驾驶协同动作编码的识别和驾驶动作模板库的建立问题;新词发现技术可以确保协同动作模式词典的动态更新,经过大样本的学习和训练,能够覆盖驾驶员的所有协同动作,实现了驾驶评价从单一动作识别到协同动作匹配的信息处理和转换过程。必要情况下,还可以为每一个动作增加一个正确或者错误的判断属性,这样常见的正确和错误的协同动作都已经收集在词典中。在此基础上,驾驶动作分析,已经转变为根据给定的“正确(错误)答案”,检验驾驶员操作过程所采集到的动作数据是否正确的问题,从而得到准确的驾驶训练评价结果。

时间序列数据挖掘技术用来解决驾驶动作中那些重复出现的动作模式的问题,找到驾驶动作数据中所有的动作模式,形成不断充实不断更新的驾驶动作模式库,是驾驶动作分析评价具备自学习功能形成闭环的关键技术,也是用于提炼各种最佳控制效果的动作模式,提高装备(自动)驾驶技能的关键技术。

第5章　协同动作数据分割

通过单一动作模式识别和协同动作模板匹配方法,可以把驾驶动作曲线形成以动作模式编码和起始特征点时刻为表示方式的动作模式序列,然而对协同动作模式匹配而言,匹配算法的复杂度与词典内所包含的模板字符串长度、数量以及目标字符串的长度直接相关,当协同动作词典中包含了足够大的动作模板,或者所采集的训练数据达到亿万次时,匹配效率很难满足分析要求。此时有必要根据训练目标对词典进行分类,缩小模板规模,同时对目标动作曲线和数据进行分割,把海量数据形成较短的数据短片段,以提高待匹配的动作模板和目标动作字符串的匹配效率。

5.1　协同动作数据分割的必要性

5.1.1　训练考核要求

驾驶训练考核和成绩评定标准,主要针对各训练科目,如换挡、转向等,这些科目均是协同动作。协同数据分割的目的就是区分训练科目的次数,即在一组多元时间序列构成的训练数据中,按照时间相关或者动作相关的原则,要把每个科目的数据区分成片段,用于统计该组数据中共包含了多少个或者多少次协同动作。

专业技术教范中,要求驾驶员利用驾驶教练车或模拟器训练时,要在100s内完成发动(1次)、1挡起车(1次)、制动转向(10次)、换2挡(10次)、换1挡(10次)、停车(1次)、熄火(1次),共计34个(次)动作,错误次数在7个(次)以内。所以驾驶训练的协同动作评价,首先需要搞清楚的是该驾驶员一共做了多少次协同动作,尽管可以采用模板匹配的方法来确定动作次数,但实际训练过程中,很难保证每名驾驶员都会按照给定的模板正确完成动作,会存在各种各样的模板之外的错误动作,动作分割的意义是把这些模板之外的"错误(也可能正确)”动作按照相关性切割为一组协同动作,然后由人工进行分类命名,加入模板库。当然,如果分割算法合理,能够不依托设定好的模板而只是根据给定的算法参数把长数据分割为单组协同动作,然后人工对协同动作进行编组命名,则数据分割就可以作为自动化数据处理和标准模板库编辑的一种方法,实现模板库自动扩充。

以图5-1离合器和挡位数据的协同曲线为例,协同动作数据分割的目的是搞清楚在这段时间内,驾驶员做了多少组或者多少次换挡动作。尽管我们对协同换挡动作所包含的单一动作有不同定义时,得到的换挡次数结果也不一样,因为有的换挡动作只做了一次,也有动作密度较大的连续多次换挡在一组数据里,但是只有把这些数据按照所定义的动作内容切割开来,才能够对各段数据进行更加深入细致的分析。

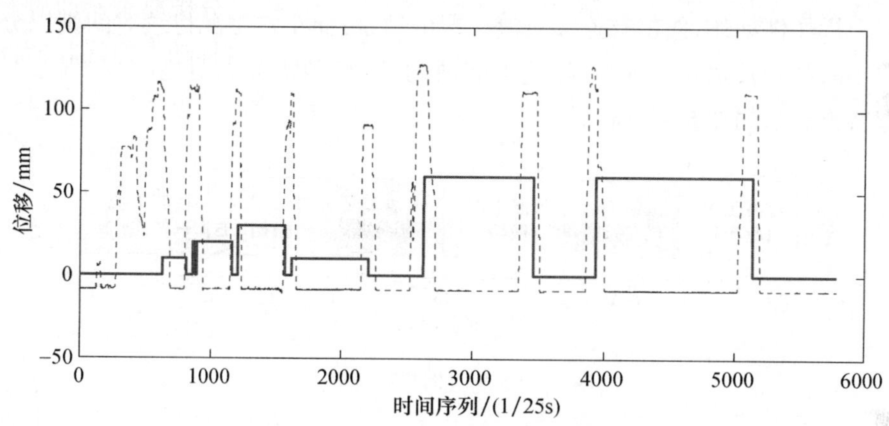

图5-1 离合器和挡位数据的协同曲线

5.1.2 车辆工况统计需求

驾驶协同动作的数据分割不仅有数据曲线直观上的意义,与车辆驾驶过程中的工况变化统计分类也密切相关。

车辆驾驶行为分析的有关文献中,通常把车辆工况分为稳态工况和过渡工况两种。其中稳态工况指车辆以等速在不变路面条件下行驶的工况。严格来说,这种行驶工况很少能够遇到,但从实际应用来讲,认为转矩和转速对其自身的最大值在±10%的范围内变化的工况是稳定工况。过渡工况是指车辆从一种稳定工况向另一种稳定工况的过渡,包括车辆的起步、加速、减速、换挡、制动、转向等。过渡工况除具有稳定工况的全部激励之外,还包括对主离合器、液力变矩器、同步器、换挡离合器、制动器等的冲击激励，车辆在过渡工况下的工作时间虽然短，但是行驶过程中却频繁出现，并且在过渡工况下，传动系统承受很大的重载荷，极容易导致传动零部件的损坏。

从驾驶动作分析角度而言，车辆稳态工况下工作，除了油门、制动导致的车速轻微变化外，几乎没有其他驾驶动作，而过渡工况肯定会有离合器（踩到底）、挡位或者制动（踩到底）、转向操纵杆等具有标志性位置的操作件位移改变，或者组合动作改变的工况，包含了前面列出的所有动作模式。也就是说，驾驶动作的分析考核，重点针对在对过渡工况时所包含的驾驶动作。而这些动作，就是我们所分析的驾驶协同动作。

从驾驶动作特点和工况变化统计规律看，过渡工况所占时间在整个车辆工作时间中，比例非常小。一般情况下，过渡工况持续时间以秒计，往往1s之内包含多个操作件动作，偶尔有连续过渡工况的情景；而正常工况持续时间则以分钟或以小时计。长达几分钟内，除速度有波动外，车辆状态无明显改变，驾驶时序数据特点表示如图5－2所示。

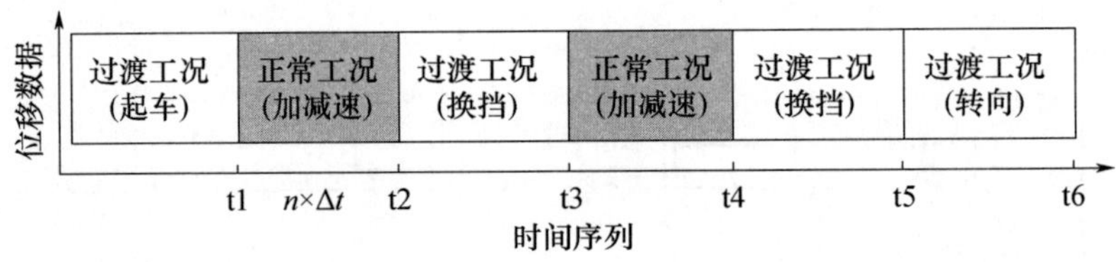

图5－2　驾驶时序数据特点

由于驾驶动作采集数据长度的随机性，且对应所采集的各种驾驶动作数据，多数是稳态工况的操作数据，没有分析价值。因此只有把时间很短却包含很多驾驶动作的过渡工况数据分割出来后续评价和识别，不仅可以提高分析效率，而且具有驾驶动作考评的实际意义。图5－1是一段离合器和挡位协同动作的工况曲线，从曲线密度可以看出，典型的驾驶组合、协同动作和练习科目主要体现动作密度高的换挡动作部分，是我们需要重点关注的过渡工况；而稳态工况部分，动作很少，不是我们需要关注的部分。

5.1.3　数据后续处理需求

从后续驾驶协同动作的数据处理要求，如从模式匹配、模式发现算法实现角度看，多数数据处理算法复杂度都与待处理的时间序列数据长度相关，对于一个复杂度为$O(m \times n)$的算法而言，当m和n均为上万组数据甚至更长时，计算的数据量几乎都是不可忍受的,而原始数据分割或者压缩后,有意义的特征点数据只有几十组,计算机处理的时间会大大压缩,因此聚类对于协同动作后续数据处理意义重大。

5.1.4 协同动作编码的分割特征

单一动作模式识别后,已经论述过数据分割的含义,所谓时间序列的分割是指把长度为 n 的时间序列 S 分为 k 段($k \ll n$),然后对各段进行特征描述并记为 f_k,使得f_k尽可能包含所需要分析的数据特征。数据分割的结果通常表示为子模式特征描述加时间分割点的形式,如

$$X=\begin{cases} f_1(t,w_1)+e_1(t) & t\in[t_1,t_{a1}] \\ f_2(t,w_2)+e_2(t) & t\in[t_{a1},t_{a2}] \\ \cdots & \cdots \\ f_{k+1}(t,w_{k+1})+e_{k+1}(t) & t\in[t_{ak},t_n] \end{cases}$$

其中:$t_{a1},t_{a2},t_{a3},\cdots,t_{ak}$表示分割点所对应的时刻,$f_i(t,w_i)$表示连接模式$w_i$两端点的函数,$e_i(t)$是一段时间内时间序列与它的模式表示$f_i(t,w_i)$之间的误差,$w_i$就是时间区间$[t_{ai-1},t_{ai}]$之间的模式,这种把时间序列分割后用模式表示的过程称为序列分割或者时间序列压缩。

协同动作数据分割的含义与单一动作数据分割含义相同,只不过协同动作数据分割的结果要表示为多个操作件协同动作(子模式)及其开始时间。协同动作子模式,可以分为两类:一类已经有完备的定义并已经录入协同动作词典中,因此可以用模板匹配的方法进行分割,从这个意义上说,模板匹配也可以视为一种分割方法,可以匹配出已知的动作子模式和开始时间;另一类则是未知动作,如一些驾驶员特定的孤僻动作,这些动作尚未定义,尚未录入动作词典中,但是也要把这些未知动作编码分割出来,便于后续对这些动作定义,完善动作词典,从而提高协同动作的识别率。

协同动作数据分割,重点考虑一些未在词典中定义的未知的协同动作,把这些动作从长串的编码中分割出来,类似于从大量文本中,找到一些未收录在词典中的新的词语或者成语的方法。对未知协同动作的分割,只能根据协同动作的编码特征进行识别。已知协同动作分割的输入是带有开始时刻的单一动作编码,因此可以从时间间隔和编码特征两方面来寻找或者分割这些未定义的协同动作组合。

5.2 常见的聚类算法

随着数据库知识发现技术和数据挖掘技术的迅速发展，聚类已成为数据挖掘领域一个重要的研究课题，聚类就是按照事物间的相似性进行区分和分类的过程，是一种无监督的分类，即在没有任何先验信息的指导下，从一个数据集中发现潜在的相似模式，对数据集进行分组，以使得同一类内的相似性尽可能大，同时不同类之间的差异性尽可能大，而不同组中的数据对象相似或不相似的程度基于数据对象描述的取值来确定，通常利用各对象之间的距离来进行描述。聚类算法中，距离必须能够以一种清晰而有意义的方式来衡量。

对于一个给定的数据集 $X=\{x_1,x_2,\cdots,x_n\}$，聚类算法将其划分为 k 类，即 $(C_1,C_2,\cdots,C_k)$，得到划分矩阵 $\boldsymbol{U}(X)$，划分矩阵 $\boldsymbol{U}=[\mu_{ij}]_{k\times n}$，$i=1,2,\cdots,k$，$j=1,2,\cdots,n$，其中$\mu_{ij}$为样本$x_j$到$C_i$类的隶属度。若

$$\mu_{ij}=\begin{cases}1,\text{if } x_j\in C_i\\0,\text{otherwise}\end{cases}$$

且聚类结果满足$C_i\neq\varnothing$，$C_i\cap C_j\neq\varnothing(i=1,2,\cdots,k;j=1,2,\cdots,n)$，$\cup_{i=1}^{k}C_i=X$，则这种聚类称为硬聚类。硬聚类中，所有样本属于且只属于一个类。聚类通常要解决两个问题：一是如何划分一个给定的数据集，使得划分结果最优；二是将该数据集划分为多少类最合适。其中，第一个问题通过聚类算法解决，第二个问题则是聚类有效性问题。虽然在一些应用中，聚类数可以通过用户的经验和领域知识进行估计，但一般情况下，聚类数是无法预先知道的，确定最佳聚类数是一项困难的工作。

常用的聚类算法一般可以分为层次式聚类（如自底向上进行层次组织的凝聚式聚类，自顶向下进行层次组织的分裂式层次聚类）、划分式聚类（如以类内点均值作为中心的 k 均值以及以实际点作为中心的 k－Medoids）、基于网格的聚类（如利用存储在网格中的统计信息进行操作的 STING、利用小波变换聚类对象的 WaveCluster，以及 CLIQUE）、基于密度的聚类（如 DBScan 和 OPTICS）等。

5.2.1 层次聚类法

层次聚类法可以较好说明聚类原理。对给定的数据集进行层次分解，直到某种条件满足为止。具体又可分为聚集法（“自底向上”）和分割法（“自顶向下”）两种方案。聚集法的过程可用树形图直观的表示出来（图5－3），即先将全

部数据对象分别单独算作一类,然后将员"接近"的首先进行聚类,再将这个类和其他类中员"接近"的结合,通过不断地聚集操作直到所有数据对象都综合成一类或者满足一个闭值条件为止。与此相对,分割法则先将整个数据集中的数据对象全部看成一个大类,然后分割成两类,使一类中的对象尽可能地"远离"另一类对象,再将新得到的类按照这个规则继续分割下去,直到每个数据对象都自成一类或满足一个阈值条件为止。层次聚类算法中,包括最短距离法、最长距离法、中间距离法、重心法和类平均距离法等。这类算法对样本逐步进行聚类,类别由多到少,直到满足分类要求。

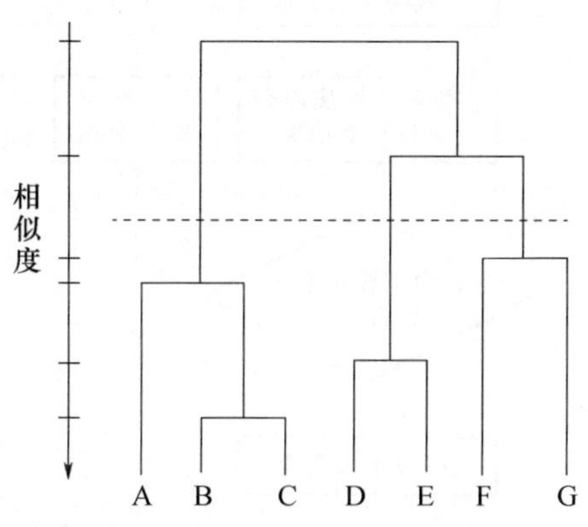

图5-3　层次分类法的聚类过程

5.2.2　划分聚类法

k 均值算法是一类最典型的划分聚类算法,它是一种迭代算法,迭代过程中不断地移动簇集中的成员直至得到理想的簇集为止。把 n 个对象分为 k 个簇,使每个簇中的成员有较高的相似度,同时不同簇中的成员之间的相异度较高。具有无监督自动收敛特性,它的算法流程如图5-4所示,基本思想是:首先从 n 个数据对象中随机选择 k 个对象,每个对象初始地代表了一个类的平均值,即为初始聚类中心,然后将剩余的每个对象根据与这些聚类中心的相似度,分别赋予与其最相似(也就是距离最近)的聚类。再重新计算每个所获新聚类的聚类中心(即该聚类所有对象的平均值),不断重复,直到聚类中心值不再变化(也就是标准测度函数开始收敛为止)。

k 均值算法中通常采用的目标函数形式为平方误差准则函数:

$$E = \sum_{i=1}^{k} \sum_{p \in c_i} \|p - c_i\|^2$$

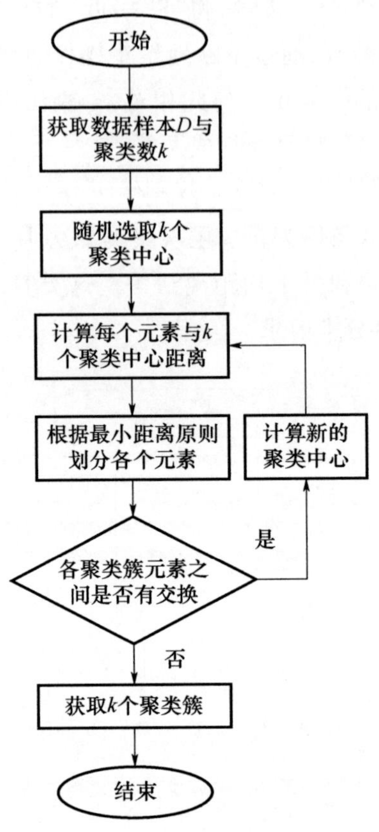

图 5-4　k 均值算法流程图

其中:p 为数据对象,c_i 为簇 C_i 的质心,E 为数据集中所有对象的平方误差的和。误差平方和是多元统计分析中一个经典的统计量,这里不再过多叙述。这个目标函数使生成的簇尽可能地紧凑和独立,它使用的距离度量是欧几里得距离,当然也可以采用其他距离度量。k 均值算法尝试找出使平方误差函数值最小的 k 个划分。当类与类之间的区别比较明显时,它的效果较好。在处理大规模数据集方面,该算法是相对可扩展的,具有较高的效率。

5.2.3　密度聚类法

密度聚类是为了解决任意形状的聚类提出的,它的主要过程为:将聚类数据在聚类空间中空间分布划分为若干个连通的高密度区域来实现聚类分析,这些高密度区域是被低密度区域所分割的。其中,低密度区域内的待聚类数据被视为离群数据,而相对密集区则对应一个聚类。经典的密度聚类算法为 DBSCAN、

OPTICS 和 DENCLUE。

DBSCAN 是将高密度的区域划分成簇，定义了一个数据点的邻域和核心对象。邻域，是指半径内的数据点，数据的核心对象为它的邻域，至少包含最小指定数量的数据。但 DBSCAN 对参数的设置敏感，为了处理这个问题，OPTICS 算法被提出。在衡量数据空间中的密度分布时，不同于 DBSCAN 只靠一个密度参数，OPTICS 是采用两个参数。一个参数是核心距离，即使数据成为核心数据的最小邻域。另一个参数是可达距离，被定义为该数据相对于一个核心数据的距离。而基于密度分布函数的 DENCLUE 聚类是在表现单点影响力时采用的是数据函数，并依据密度吸引点来实现聚类。密度聚类算法虽然能够发现任意形状和大小的聚类，不受噪声或离群点的干扰，但是在聚类过程中，用户需要设置合适的噪声阈值，以及仔细选择密度参数用于保证全局密度估计的有效性。所以，密度聚类的质量严重依赖参数的仔细选择。

5.3　基于层次聚类法的组合动作数据分割

从驾驶动作相关性的含义上看，既然称为一组协同动作，各动作之间从车辆控制角度必然相关，从时间约束看必然要在一定的时间内完成。两个动作时间间隔越长，动作之间的相关性就越差。以 1 挡换 2 挡的升挡动作为例，加油冲车是为了提高车速，提高换挡同步器被动部分转速；后续松油门是为了降低发动机转速，两步动作共同目的是为了实现同步器前后关联部分的同步；踩离合为了切断发动机到变速箱的动力，使变速箱内转速趋向一致。所有这一切动作都是为了确保换挡时主被动部分同步，能够顺利挂上挡，其中所包含的每一个动作如果时间间隔过长，发动机动力、地面阻力以及车内各传动件旋转惯量之间的匹配就会遭到破坏，导致换挡失败。从这个意义上来讲，可以根据单一动作间的时间间隔来分割一组未知的协同动作。已知的协同动作推荐用动作模板来匹配，虽然效率低，但准确率有意义。这里的时间间隔，就是各动作间的时间距离。把时间距离相近的动作作为一组协同动作，是一种典型的聚类方法。

层次聚类的依据是两个元素之间的距离，这里距离可以是最短距离、最长距离或者重心距离、平均距离等，根据距离决定相邻元素是否属于同一类别；驾驶协同动作分类中，两个单一动作可以根据时间间隔距离决定是否可以聚为一组协同动作，这里的时间间隔可以依赖经验给定，小于给定时间距离的分类为一组动作，大于给定时间距离的不能分类为一组。

5.3.1 样本数据和评价标准

以第3章完成单一动作识别的离合器操作数据(离合器样本数据1)为例,样本数据曲线见图5-5,所有离合器动作均已标注了每一个单一模式开始时间,如{C0,0;C1,40;C2,55;C4,143;C3,150;C0,155;C1,225;C2,235;C3,248;C1,260;C2,265;C3,275;C0,280;C1,350;C2,355;C3,390;C0,395;C1,495;C2,505;C3,540;C0,550}。取各动作的时间索引时刻{0;40;55;143;150;155;225;235;248;260;265;275;280;350;355;390;395;495;505;540;550}作为聚类输入,这些时刻对应的元素序号索引为1~21。

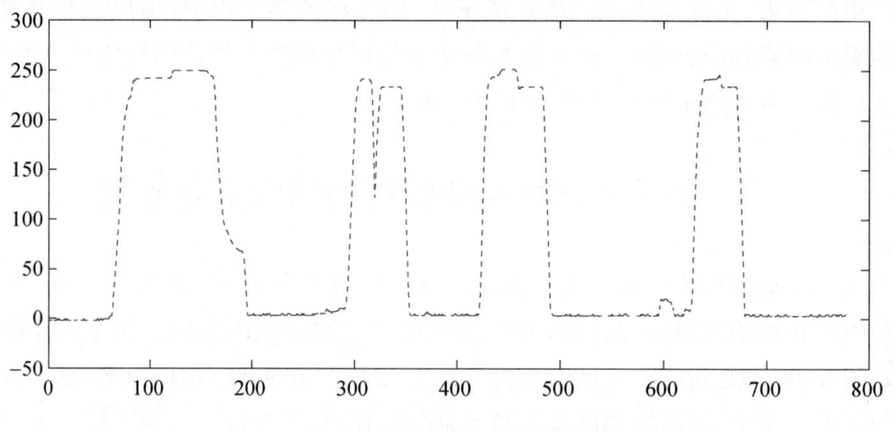

图5-5 离合器组合动作样本数据曲线

从数值和图形上看,该段曲线共包括4组离合器组合动作,最理想的聚类结果应该分为4类,如表5-1所列。

表5-1 离合器动作聚类结果

类别	类内元素	对应时间索引	对应元素序号
1	C0,0;C1,40;C2,55;C4,143;C3,150;C0,155	0;40;55;143;150;155;	1、2、3、4、5、6
2	C1,225;C2,235;C3,248;C1,260;C2,265;C3,275;C0,280;	225;235;248;260;265;275;280	7、8、9、10、11、12、13
3	C1,350;C2,355;C3,390;C0,395;	350;355;390;395	14、15、16、17
4	C1,495;C2,505;C3,540;C0,550	495;505;540;550	18、19、20、21

为了评价聚类结果的合理性,提出聚类类别准确率和聚类元素准确率的概念,两个概念中,以已知的事先设定的聚类类别数量为 m,各类内元素分布数量

总和为 n，通过各种聚类方法计算后获得的类别数量为 x，类内元素与设定类别内分布相一致的元素数量为 y，则该聚类结果中，类别准确率为 $1-|x-m|/(\max(x,n))$；元素准确率为 y/n。类别准确率和类内元素准确率越高，表明聚类结果与人工判定结果越接近，聚类效果越好。

5.3.2　层次聚类谱系

聚类结果中要求同一类内的元素相似性尽可能大，不同类别元素之间的差异性尽可能大；驾驶动作聚类时，各元素的输入只有动作开始时刻，因此以时间距离作为衡量各元素间差异性的基准最为合理。聚类结果中，同一类别内单一动作元素之间的时间间隔应尽可能小，不同组别动作之间的时间间隔尽可能大。驾驶协同动作数据分割的理想结果应该是每一段过渡工况内的操作分为一类或者一段，两个数据段或者数据类之间的距离应该是每两个过渡工况之间的“时间距离”，即平稳工况的持续时间。

采用 Matlab 层次聚类中的元素间最小距离（最大距离、平均距离的方法相同）进行划分聚类，采用 dendrogram 函数来产生聚类 n 型树（谱系图），以离合器样本数据 1 给出的 21 个时间元素为输入，这些元素的谱系图如图 5－6 所示。该图中，横坐标表示样本中的序号索引，对应数值从 1 到 21；纵坐标为各相连样本或者类别间的距离，即两个单一动作或者两类单一动作间的时间间隔。聚类时，假定时间间隔取 0，则每个单一动作只能自己聚为一类，共聚为 21 类；然后随着时间间隔的增大，小于该时间间隔的元素聚为一级，用横线相连；如当聚类距离为 30 时，该样本中的元素分为 8 类；当时间间隔距离大到一定数值时，所有元素均可聚为一类，作为最顶端的层级。本例中，当取时间间隔大于 100 时，所有 21 个元素只能分为一类。从层次聚类结果可知：当选取不同的时间距离作为聚类标准时，得到的分类结果（分类总数和各元素所属类别）并不相同；选取的聚类距离越小，数据分类数越多，每一类别所包含的元素越少，反之亦然。

5.3.3　类间划分距离确定

根据驾驶协同动作或者组合动作的含义，聚类目的是把时间相关性强的单一动作聚为一类，时间相关性弱的划分在不同类别；然而，层次聚类法只能给出聚类距离和类别数量以及类内元素的全部谱系图，无法给出具体的分类或者聚类结果，或者说，需要人工设定距离或者聚类数量后，才能够从谱系图中“截取”到对应的聚类结果。所以怎样才能找到合理的距离，从而得到合理的聚类结果，

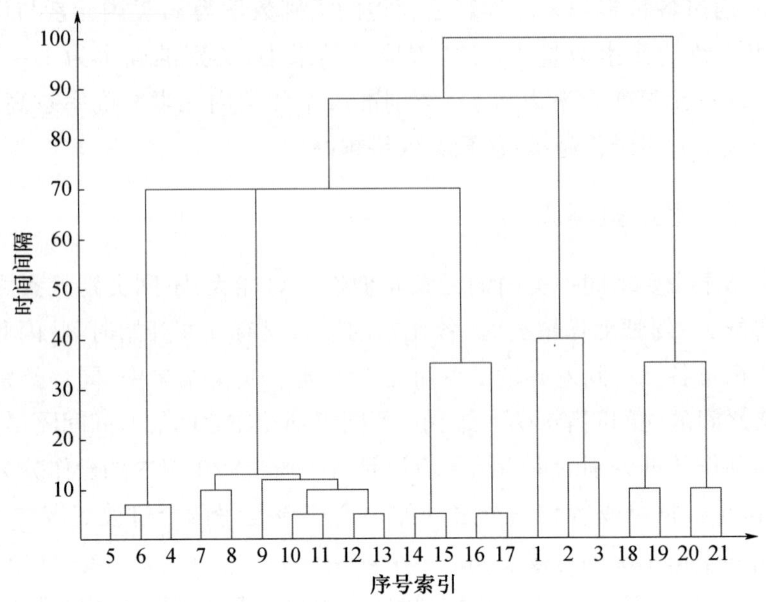

图 5-6 离合器样本数据的聚类谱系图

是应用层次聚类法解决驾驶组合动作或者协同动作分组的一个关键问题。

聚类算法依据样本数据间的距离来进行分类，理论上样本数据间的距离为任意两个样本数据间的距离的集合，对于本书所给的 21 个样本数据而言，该距离集合理论上应包含有 210(21 ×20/2)个距离数据。但对于驾驶动作这样的时序数据而言，时间相关性只表现在相邻两个单一动作之间，不相邻动作之间的时间相关性必须通过相邻动作体现出来。因此在处理驾驶动作之间的时间距离时，只考虑相邻动作之间的时间间隔，本书所给 21 个样本数据间的时间距离数据只有 20 个；其中，既包括了同一类别内元素的最小时间距离，也包括了两类元素间的距离。我们的目的是找到两类元素间的合理的划分距离，聚类时，把小于该划分距离的元素划分为一类，大于该划分距离的元素划分为另外一类。对于需要找到的划分距离和给定的 20 个时间间隔序列间的关系，提出以下假想：

(1)理想的聚类划分距离数据肯定包含在给定的时间间隔序列中，对一组包含多个类别元素的动作序列而言，该划分距离值不可能是该序列中的最小值(那样划分类别太多)；也不可能是该时间间隔序列中的最大值，除非已知给定的样本数据只包含一个类别。

(2)一般情况下，同一组协同动作内所包含的各单一动作元素，因为有时间相关性，所以类内元素间时间间隔普遍较小；而相邻两组协同动作间的单一动作元素，时间相关性差，所以不同类（组）别间的时间间隔距离应该普遍较大。

（3）当所有时间间隔距离混合排列时，从普遍较小的同类元素间时间间隔到普遍较大的不同类元素间时间间隔，理想情况下，这种时间间隔的变化应该有较为明显的“跃升”现象，该“跃升”现象对应的时间距离，即为合理的聚类划分距离。

（4）从驾驶动作规律看，同一组协同动作内所包含的单一动作，必须尽可能在给定时间内完成，时间间隔相对稳定；而不同组别协同动作间的时间距离则离散性较大，下一组协同动作的出现时间受车况路况等多种因素影响，有时可能会出现多个时间间隔“跃升”的现象，这种情况下，尽可能选择较小的“跃升”值对应时间间隔作为划分距离。

（5）由于“跃升”值是两个时间间隔的差值，默认其中一个较小的时间间隔是同一类协同动作的类内距离，另一个较大的时间间隔是不同类协同动作的类间距离，因此应选取的划分距离应该大于类内距离或者小于类间距离。

5.3.4　类间划分距离计算示例

按照上述假想，对给定的离合器样本数据 1 按照以下步骤进行数据处理。

（1）导入给定样本中各单一动作开始时间序列。此处输入的样本数据 1 的时间序列如下：0；40；55；143；150；155；225；235；248；260；265；275；280；350；355；390；395；495；505；540；550 等，共计 21 个数值，导入数据表的格式如表 5－2 所列。

表 5－2　离合器动作的时间间隔及间隔差

时间序列	时间间隔	排序后的时间间隔	时间间隔差
0			
40	40	100	12
55	15	88	18
143	88	70	0
150	7	70	30
155	5	40	5
225	70	35	0
235	10	35	20
248	13	15	2
260	12	13	1

续表

时间序列	时间间隔	排序后的时间间隔	时间间隔差
265	5	12	2
275	10	10	0
280	5	10	0
350	70	10	0
355	5	10	3
390	35	7	2
395	5	5	0
495	100	5	0
505	10	5	0
540	35	5	0
550	10	5	—

(2)计算相邻单一动作间的时间间隔。对导入的21个时间序列(表中第一列),两两求差,列入第二列“时间间隔”,共计20个值。

(3)对求取的“时间间隔”列按照从小到大进行排序(表中第三列)后,再次求取“时间间隔”差值(表中第四列),用于找到“时间间隔”的“跃升”值。

(4)“跃升”值和“时间间隔”中划分聚类距离的选取。把表中第四列的“时间间隔差”绘制了分布曲线,如图5-7所示。从图5-7所示的时间间隔差变化曲线和对应的时间间隔差数值看,样本数据1的各单一动作从普遍较小的类内距离到较大的类间距离间“跃升”值体现为30、20、18三个数值;对应的较大时间间隔分别为35、70、88,因此选择的聚类划分距离分别为<35、<70、<88。

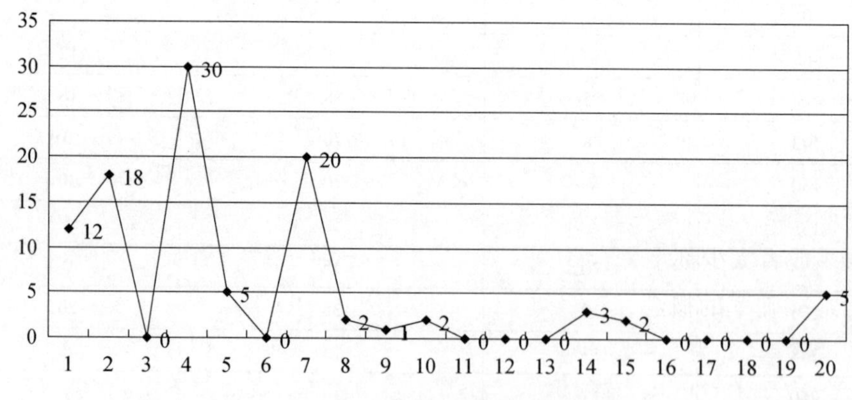

图5-7　时间间隔差分布曲线

5.3.5　聚类结果评价

利用选定的聚类划分距离<35、<70、<88作为聚类距离，在聚类谱系中纵坐标对应位置绘制相应的横线，横线下所包含的类别数据和各类别元素即为对应的聚类结果。当划分距离<35，假定为34时，聚类类别数量为8；当划分距离<70，假定为68时，聚类类别数量为5；当划分距离<88，假定为87时，聚类类别数量为3，对应的各组分类及类间元素如表5-3所列。

表5-3　不同时间间隔划分聚类结果

类间距离	类别数量	类内元素	
		类别	动作时刻
<35	8	1	0
		2	40;55;
		3	143;150;155;
		4	225;235;248;260;265;275;280;
		5	350;355;
		6	390;395;
		7	495;505;
		8	540;550
<70	5	1	0;40;55;
		2	143;150;155;
		3	225;,235;248;260;,265;275,280;
		4	350;355,390;395;
		5	495;505;540;550
<88	3	1	0;40;55;
		2	143;150;155;225;,235;248;260;,265;275,280;350;355,390;395;
		3	495;505;540;550;

参照图5-5所给的样本数据和位移曲线，理想的聚类类别数应该为4，类别数太多或者太少都不符合离合器组合动作的含义。按照提出的聚类类别准确率和元素准确率的概念，计算聚类划分距离分别为<35、<70、<88时，各分类结果的准确率，如表5-4所列。

表 5 – 4　划分聚类结果准确率评价

划分距离	类别数	聚类类别准确率	聚类元素准确率
<35	8	50%	33%
<70	5	80%	71%
<88	3	75%	19%

从表 5 – 4 中可以看出：

(1) 选定的 3 组时间间隔，对应聚类结果比较接近理想分类，表明本书提出的基于“跃升”时间间隔差来确定划分距离进而聚类分组的方法可以过滤掉绝大多数时间距离，比较适用于驾驶动作聚类分割。

(2) 聚类结果中，类别准确率和元素准确率是从两个不同方向来衡量聚类结果的，最佳的聚类结果，其类别准确率和类内元素准确率均比较高，但两者有时也有背离现象，只有两个准确率趋向一致的分类，才可能靠近最佳聚类结果。

(3) 如果样本数据中没有规律，得到与理想分类结果完全一致的可能性微乎其微。仔细对照离合器样本数据图形曲线(图 5 – 1)和动作时刻，会发现影响准确率的一个主要因素是第一组离合器动作 C2、C3 之间持续时间太长，选定的聚类划分距离为 88，实质上不是一个类间距离，而是一个类内距离；并且绝大多数类间距离均小于该数值，驾驶操作情况复杂，这种情况时有发生。

(4) 考虑后续模板匹配的处理要求，要尽可能选择较大的时间距离作为划分聚类标准，此时虽然类内元素准确率有所下降，但同一类别内包含元素较多，可能包含多组元素，后续可以用模板匹配的方法进一步区分；如果选择的划分距离较小，组内的动作元素数量都小于理想分类结果的动作要领，即使模板匹配也难以实现后续处理，只能人工合并。

总体而言，本书所提出的划分距离确定方法和聚类算法基本符合驾驶员操作习惯，能够用于协同动作或者组合动作数据分割，后续可以通过模板匹配的方法来进一步检验分割结果的合理性，对于不能够匹配验证的部分数据片段，只能通过人工方法来进行校核排列。

通过上述分析可知：对于一组给定的驾驶单一动作样本，利用层次聚类法进行协同动作或者组合动作数据分割时，数据处理的步骤包括：

(1) 首先绘制给定数据的聚类谱系图。

(2) 求取单一动作样本数据相邻动作之间时间间隔。

(3)对时间间隔进行排序。

(4)时间间隔排序后再一次求取距离差;找到该距离差中较大或者最大"跃升"数值。

(5)以该跃升值对应的较大时间间隔作为划分聚类的距离,对样本数据进行聚类,得到各组组合动作或者协同动作序列。

5.3.6 离合器组合动作分割示例

为了进一步验证上述方法和步骤的正确性,选取另一组离合器动作样本数据为例进行处理。该组样本数据对应的曲线如图5-8所示,单一动作识别结果为55组数据:

C0,0;

C4,1941;C2,1986;C5,2239;C3,2284;C5,2362;C0,2397;

C4,2797;C2,2839;C5,2985;C3,3024;C5,3095;C0,3116;

C4,3621;C2,3665;C5,3763;C3,3792;C5,3798;C0,3823;

C4,4272;C2,4318;C5,4416;C3,4429;C5,4438;C0,4451;

C4,4985;C2,5033;C5,5212;C3,5255;C5,5324;C0,5347;

C4,7901;C2,7944;C5,8088;C3,8127;C5,8191;C0,8212;

C4,8641;C2,8685;C5,8749;C3,8784;C5,8790;C0,8813;

C4,9236;C2,9281;C5,9391;C3,9418;C5,9428;C0,9441;

C4,9691;C2,9736;C5,9842;C3,9855;C5,9861;C0,9876;

从曲线形状上看,该组数值理想的聚类结果为10类(起始点0单独作为一类),后续每一次离合器组合动作作为一类。

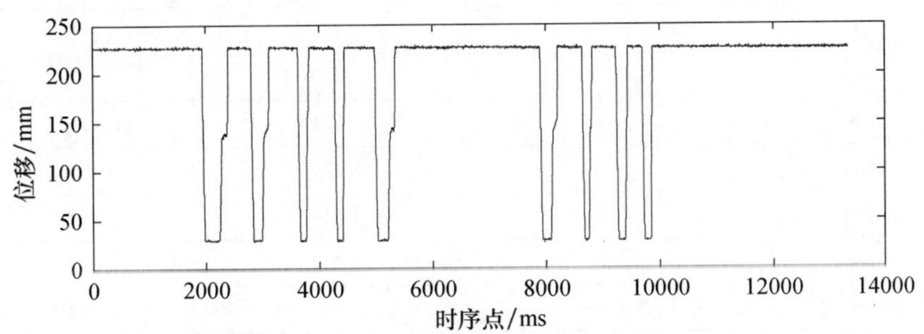

图5-8 另一组离合器动作样本曲线

首先对给定的样本时间序列进行层次聚类,得到的谱系如图5-9所示。需要说明的是因为数据太多,对层次分类距离进行了截取,纵轴上只保留了时间间隔 <400 的聚类谱系。

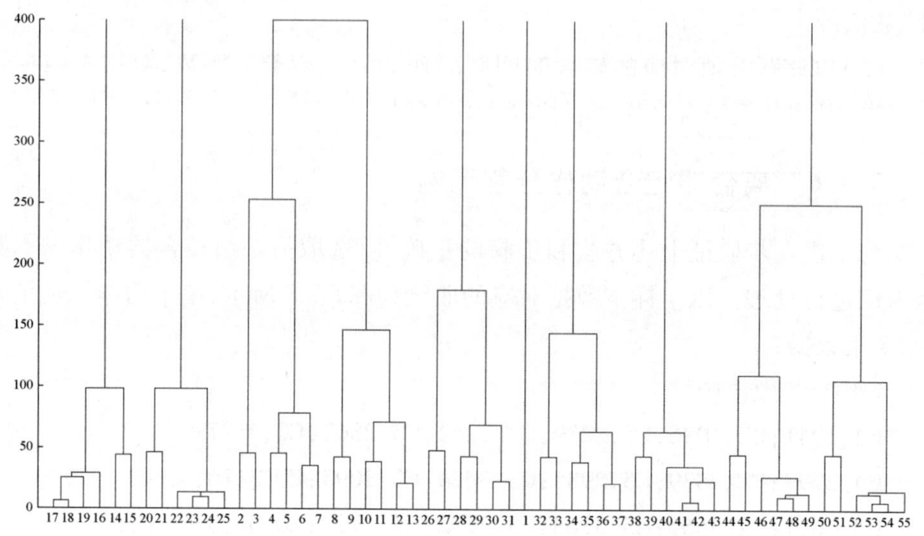

图 5-9　另一组离合器样本数据聚类谱系图

按照前面给定的数据处理流程,依次求解该样本数据时间序列的相邻时间间隔,对该间隔进行排序,求排序后的差值,"时间间隔"排序结果和"时间间隔差"求解结果见表 5-5,表中略去了较小差值以及这些差值对应的时间间隔。为了更加形象地找出时间间隔"跃升"较大差值,绘制了该差值的变化曲线,如图 5-10 所示。

表 5-5　另一组离合器动作样本时间间隔差

时间间隔	时间间隔差	时间间隔	时间间隔差
78	20	253	147
98	0	400	23
98	8	423	6
106	4	429	20
110	34	449	56
144	2	505	29
146	33	534	1407
179	71	1941	
250	3		

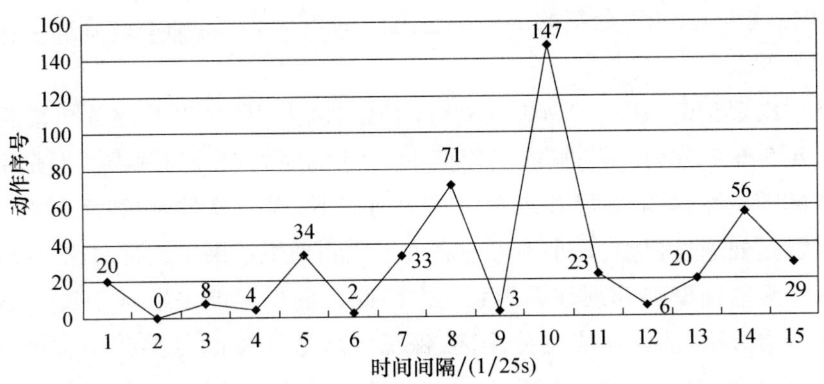

图5－10　动作时间间隔差数值分布曲线

从图形和数值中均可以看出，需要关注的较大差值点从大到小依次为147、71和56（绘图时人工过滤了最大距离差值点1407，程序处理该系列数据时，增加最大距离差值点不影响聚类流程和最终聚类结果），对应的时间距离依次为250、400和505；取<250、<400两个数值作为代表，进行聚类，对应聚类结果如表5－6所列。

表5－6　另一组离合器动作样本聚类结果及准确率评价

类间距离	类别数量	类内元素（采用横坐标的序列号表示）		
		类别	元素序号	
<250	11	1	1	类别准确率:90.9% 元素准确率:67.3%
		2	2　3	
		3	4　5　6　7	
		…	…	
		11	44　45　46　47　48　49　50　51　52 53　54　55	
<400	9	1	1	类别准确率:90% 元素准确率:78.2%
		2	2　3　4　5　6　7	
		3	8　9　10　11　12　13	
		…	…	
		8	38　39　40　41　42　43	
		9	44　45　46　47　48　49　50　51　52 53　54　55	

从聚类结果看，按照“跃升”值选取的划分距离进行聚类，其类别准确率都

达到90%或以上,元素分割的准确率也能达到60%以上,基本能够满足组合动作分割的要求。

从层次聚类谱系图看,理想的划分距离应该为250~253,这样既能把序列点2、3、4、5、6、7分为一类,同时又能把44~55的序列点分为两类。但是由于类间距离的随机性,只能在已知理想结果的前提下,逐一核对,找到该理想值。而在海量数据处理过程中,几乎不可能靠人工找到理想结果来进行对比,这种做法就失去了无监督聚类分割数据的意义。因此目前也只能采取基于较大"跃升"差值的聚类方法,选择对应划分距离,保证大多数元素的分类结果满足分割要求,并且应尽可能选择较大距离,把同一组或者两组甚至多组协同动作划分到一个类别,这样后续模式匹配会识别出标准或者给定的协同动作,对规律操作的组合动作和协同动作分组,做到100%的分割准确率。

5.3.7 协同动作示例验证

前面两组数据样本,都是针对离合器组合动作,采用基于较大"跃升"差值的聚类方法来进行数据分割。因为同一组协同动作组内动作密度更高,时间间隔更短,不同组别协同动作间的时间间隔则与前面组合动作相差不大,因此从组内单一动作间的时间间隔到不同组别间动作时间间隔的"跃升"情况更为明显,本章提出的聚类方法更为适用。

按照上述方法,输入与离合器样本数据1相对应的油门、离合器和挡位3个操作件协同的换挡协同动作样本曲线图5-11所示,共计包括46个数据。

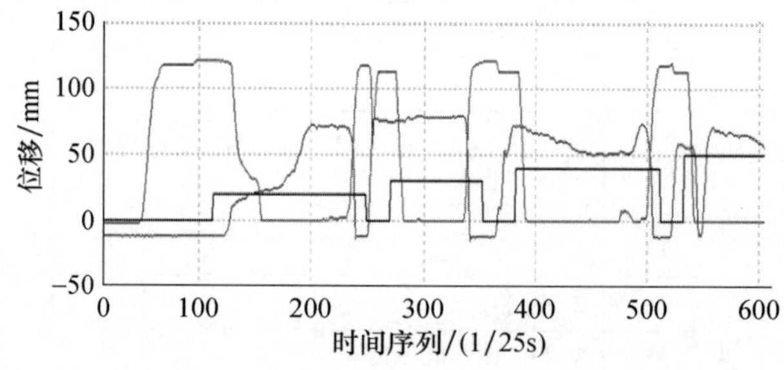

图5-11　换挡协同动作样本曲线

各操作件单一动作模式识别后得到的动作名称和时序表示如下:

C0,0;

C3,40;C2,55;D2,110;A3,120;C4,143;C1,150;C0,155;

A5,200;C3,225;C2,235;A4,235;A6,240;D0,245;C3,248;A3,249;A5,

255;C3,260;C2,265;D3,270;C3,275;C0,280;

A4,345;C3,350;A6,350;C2,355;D0,360;A3,365;A5,380;D4,385;C3,390;C0,395;

A4,490;C3,495;C2,505;A6,505;D0,510;A3,520;A5,525;D5,530;C3,540;A4,545;C0,550;A3,555;A5,560;

该组数据命名为协同动作样本数据1。理想的聚类结果应为4组或者5组，组内所包含单一动作元素已经分行表示。把上述单一动作开始时间序列输入聚类处理程序，得到的层次聚类谱系图如图5-12所示。

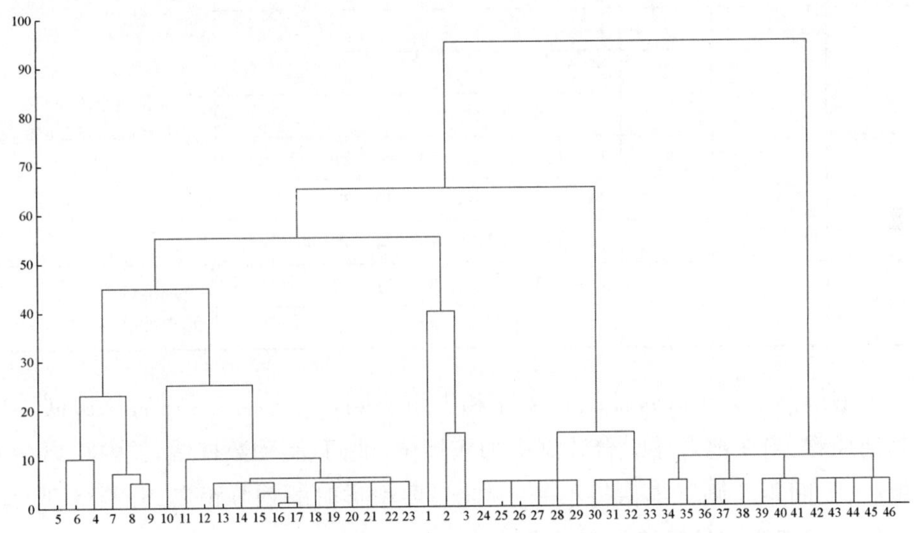

图5-12 换挡协同动作样本数据聚类谱系图

对上述时间序列求取时间间隔和时间间隔差，时间间隔差“跃升”较为明显的数值为15和30，对应的时间间隔分别为<40和<95，如表5-7所列，与前面离合器样本数据1得到的时间间隔分别<35、<70、<88相差不大。

表5-7 换挡协同动作间隔筛选

时间间隔	时间间隔差
25	2
40	15
45	5
55	10
65	10
95	30

采用时间间隔<40 和<95 作为划分距离，在对应的谱系图中获取对应的聚类分割结果，如表 5-8 所列，对应的类别准确率分别为 66.7% 和 50%，元素准确率分别为 82.6% 和 28.3%，虽然组别数过少时，元素准确率也会下降，但因为后续有模式匹配的方法再进一步区分，因此该方法能够满足分割要求。

表 5-8 换挡协同动作数据聚类结果

类间距离	类别数量	类内元素（采用横坐标的序列号表示）		
		类别	元素序号	
<40	6	1	1	类别准确率：66.7% 元素准确率：82.6%
		2	2 3	
		3	4 5 6 7 8 9	
		4	10 11 12 13 14 … 21 22 23	
		5	24 25 25 … 31 32 33	
		6	34 35 36 37 … 44 45 46	
<95	2	1	1 2 3 4 … 30 31 32 33	类别准确率：50% 元素准确率：28.3%
		2	34 35 36 … 44 45 46	

本书举例了 2 组离合器组合动作和 1 组协同动作的样本数据，从协同动作分割结果看，当在离合器组合数据中加入挡位、油门、制动数据后，类内距离会变得更小，类间距离则基本保持不变，因此只要聚类时的划分距离，分割得到的单一动作数据都能满足后续处理要求。

5.4 基于划分聚类法的协同动作数据切割

层次聚类法的谱系图既能形象地说明聚类原理，给出聚类距离后，能够判读出对应的聚类数量和类内元素。而以 k 均值为代表的划分聚类则需要指定类别数量 k，然后通过迭代方法计算各类元素之间的距离，给出最终聚类结果。

5.4.1 离合器组合动作的划分聚类

协同动作词典中指出协同动作定义时，已经标注了指出协同动作都应该有 1 个或者几个核心动作或者关键动作，没有这些核心动作，就不能称为一组协同动作。因此,采用划分聚类法对协同数据切割时,也可以核心动作次数作为类别数量 k,对给定的单一动作数据进行聚类。

以前面给出的离合器动作组合动作为例,已知离合器组合动作的核心动作为 C1(踩踏离合器的动作)或者 C3(松离合器动作),则通过对 C1C3 计数,就可以得到类别数量 k。样本数据 1 中,C1C3 的次数均为 5 次,因此可获得该样本数应可以聚类为 5;然后在 Matlab 中,可以直接用 clusterdata(X,k)对样本 X 进行 k 组聚类。X 为样本数据,k 为聚类数量,样本数据 1 中 $k=5$,可以得到对应的聚类结果。

离合器样本数据 1 设定 5 时,聚类结果为 1 2 3;4 5 6;7 8 9 10 11 12 13;14 15 16 17;18 19 20 21;与前面层次聚类分为 5 组的结果相同。

离合器样本数据 2 中,同样采用踩离合 C1 和松离合 C3 作为核心动作计数,计数可得,踩离合 C1 的次数为 9,松离合 C5 的次数为 18,从曲线可以看出,松离合均分为两个阶段,每次松离合都区分了前 2/3 快、后 1/3 慢的动作要领;对于两个核心动作数量不一致时,应采用数值较小的核心动作次数作为分类数量 k,当 $k=9$ 时,聚类结果为第 1 组:1;第 2 组:2 3 4 5 6 7;第 3 组:8 9 10 11 12 13;第 4 组:14 15 16 17 18 19;第 5 组:20 21 22 23 24 25;第 6 组:26 27 28 29 30 31;第 7 组:32 33 34 35 36 37;第 8 组:38 39 40 41 42 43;第 9 组;44 45 46 47 48 49 50 51 52 53 54 55;与前面层次聚类结果相同。

注意:采用 clusterdata(X,k)聚类时,只有 $k \geqslant 2$ 时,k 才能被认为是聚类的簇的最大数量;当 $k<2$ 时,其含义为聚类的不相关系数,只有不相关系数大于 k 的数值才能被分割开,概念就更为复杂了。

clusterdata 函数采用了与前文层次分类相同的计算步骤,只不过增加了类别参数或者不相关系数 k,应用过程中不能更改距离类型,无须了解聚类原理和过程,聚类效果受限制。在已知类别数量 k 的前提下,还可以采用更复杂的 k 均值聚类算法。

采用 k 均值聚类时,算法同样会指定 k 个数的初始纪录作为初始聚类中心,然后反复扫描整个纪录集,不断地改变聚类中心和改变纪录所归属的聚类,直到聚类中心不再改变为止。以离合器样本数据 1 为例,取 $k=5$ 时,k 均值聚类结果为第一组:1 2 3;第二组:4 5 6;第三组:7 8 9 10 11 12 13;第四组:14 15 16 17;第五组:18 19 20 21;与前面层次聚类分为 5 组的结果相同。离合器样本数据 2 取 $k=9$ 时,k - means 聚类结果见表 5 - 9,与前面采用层次聚类得到的 9 组分类基本相同,其中重叠的组数略有差别。

表 5-9　离合器样本数据 2 的 k 均值聚类结果

类别	类内元素	类内质心
1	0	0
2	1941,1986,2239,2284,2362,2397	2201.5
3	2797,2839,2985,3024,3095,3116	2976
4	3621,3665,3763,3792,3798,3823,4272,4318	3881.5
5	4416,4429,4438,4451,4985,5033,5212,5255,5324,5347	5192.67
6	7901,7944,8088,8127,8191,8212	8077.17
7	8641,8685,8749,8784,8790,8813	8743.67
8	9236,9281,9391,9418,9428,9441	9365.83
9	9691,9736,9842,9855,9861,9876	9810.17

5.4.2　转向组合动作数据的划分聚类

从离合器组合动作划分聚类的结果看,越符合动作要领的动作,根据要领中的核心动作计数来进行聚类越准确,如离合器样本数据 2 对应的聚类结果。然而实车驾驶的情况千差万别,海量的训练数据中,很难找到一组完全符合要领标准的数据,如前面给定的离合器样本数据 1,第一组离合器动作时间太长,第二组离合器动作实际是多踩了一脚,导致聚类次数 k 计数为 5,实际聚类数量应为 4;转向操作中,这种情况更为常见,很多人都习惯操纵杆第一次拉到位后,没感觉到车辆转向,因此需要反复推拉操纵杆来感知真正的转向位置和转向效果。在这种情况下,靠推拉操纵杆的核心动作次数计数结果来作为划分聚类的依据,很难得到理想的效果。而采用基于时间间隔的层次聚类则效果较好。

以图 5-13 给定的转向操纵杆位移曲线为例(操纵杆样本数据 4),该组数据共包括约 4.5 min 的操纵杆位移数据,共计有 6400 组,单一动作识别结果采用人工识别的方法,理想的聚类结果应该分为

第 1 组:TL0 0;

第 2 组:TL3 628;TL1 639;TL4 849;TL0 860;

第 3 组:TL3 876;TL1 889;TL4 896;TL0 906;

第 4 组:TL3 2701;TL1 2709;TL4 2730;TL0 2738;

第 5 组:TL3 2739;TL1 2747;TL4 2750;TL0 2757;

第 6 组:TL3 2952;TL1 2975;TL4 2976;TL0 2983;

第 7 组:TL3 3230;TL1 3240;TL4 3244;TL0 3254;

第 8 组：TL3 3328；TL2 3335；TL4 3576；TL0 3584；

第 9 组：TL3 4655；TL1 4663；TL4 4700；TL0 4707；

第 10 组：TL3 4708；TL1 4722；TL4 4725；TL0 4735；

第 11 组：TL3 4964；TL1 4974；TL4 4983；TL0 4992；

第 12 组：TL3 5585；TL2 5593；TL4 5906；TL0 5917

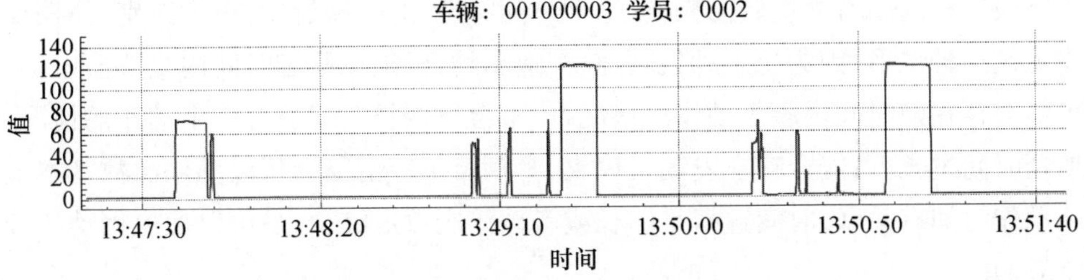

图 5-13　转向组合动作样本数据曲线

采用核心动作计数的方法，可知：操纵杆在原始位置 TL0 计 12 次；操纵杆在第二转向位置 TL2 计 2 次；操纵杆在第一转向位置 TL1 计 9 次，拉操纵杆 TL3 计 11 次，推操纵杆 TL4 计 11 次。因此划分聚类时，取 k 值为 11，聚类结果如表 5-10 所列。

表 5-10　基于划分聚类的转向组合动作聚类结果

类别	类内元素	组间距离
1	0	0
2	628　639	633.5
3	849　860　876　889　896　906	879.33
4	2701　2709　2730　2738　2739　2747　2750　2757　2952　2975　2976　2983	2813.08
5	3230　3240　3244　3254　3328　3335	3271.83
6	3576　3584	3580
7	4655　4663	4659
8	4700　4707　4708　4722　4725　4735	4716.17
9	4964　4974　4983　4992	4978.25
10	5585　5593	5589
11	5906　5917	5911.5

与人工划分的理想分类结果相比，采用 k 均值聚类得到的转向操作动作分组，虽然类别准确率有 11/12 = 91.67%，但类内元素准确率只有 2 组（第 1、9

组)，与人工划分结果一致，类内元素准确率只有 5/45 = 11.11%，且多数划分的组别类内元素数量不够，无法通过后续模板匹配进一步拆分。因此认为：这种依据核心动作次数对转向操作数据的聚类分割结果不可信。其主要原因在于：坦克驾驶过程中，各组转向操作间的时间关系并不密切，每一组转向操作出现的时间、持续的时间与地形车辆状况有关，有可能一组转向操作持续很长时间，也有可能极短时间内有多次转向操作，这种时间特性和换挡操作有很大区别，换挡操作无论何种地形，因为受发动机转速、车速制约，必须在给定时间内尽快换上挡，可能会存在短时间内多个动作的情况，但不会出现长时间只有一个动作的情况，换挡时间过长，可能会存在发动机熄火、车辆停车等情况。所以动作次数基本上和动作时间有关联，时间选择足够长或者动作次数足够少，是可以把换挡动作分割开的。

对转向操作采用前面提出的基于"跃升"的时间间隔差值的办法来进行层次聚类，输入上述 45 个时间序列，计算时间间隔差，可选取的划分距离为 <195、<593、<1071，以划分距离小于 195 为例，获得最优聚类类别数量、类内元素见表 5 - 11。与表 5 - 10 的聚类结果相比，只把原来的第四组聚类结果再次分割为两组，与人工划分的聚类结果相比更差一些。

表 5 - 11　转向组合动作基于时间间隔的划分聚类结果

类别	类内元素
1	0
2	628　639
3	849　860　876　889　896　906
4	2701　2709　2730　2738　2739　2747　2750　2757
5	2952　2975　2976　2983
6	3230　3240　3244　3254　3328　3335
7	3576　3584
8	4655　4663
9	4700　4707　4708　4722　4725　4735
10	4964　4974　4983　4992
11	5585　5593
12	5906　5917

通过上述对比可以看出：对于转向操作数据，按照核心动作次数聚类，聚类结果与所期望的结果差距较大。采用基于时间间隔的层次聚类，虽然准确率不

高，但如果时间间隔取得足够大，聚类结果基本上能够与曲线图形的直观一致，划分的聚类结果虽然准确率不高，但多数都能包含多组数据，后续可通过匹配的方法进一步识别。因此可以采用基于时间间隔的层次聚类方法来分割转向操作数据。

5.4.3 挡位组合动作分割示例

离合器组合动作关系较为简单，每组离合器动作基本上都是由踩离合、保持分离、松开、保持结合等四五个状态组成，虽然一组动作内偶尔有个别动作重复，但总体核心动作数量较为稳定，比较适合于指定类别数量的划分聚类方法或者基于时间间隔的层次聚类方法。然而挡位组合动作分割就稍微复杂一点，主要体现在每一组换挡动作中，重复动作太多，有的动作组别可能只换了一次挡位；但有的动作组别可能会包含多次换挡，如图5-14中的第2、3组换挡，在10s时间内，有多次换挡动作，实际上驾驶员意图可能只是从1挡连续换到4挡，此时把这些动作聚类到同一组别十分有意义。无论在驾驶类教材还是驾驶训练实际中，尤其是静止状态下挡位操作练习时，常常会存在这种连续换挡行为，连续换挡时，驾驶员的目的是为了达到这个挡位系列的边界挡（最高挡或者最低挡）。因此针对连续换挡行为，最好的分析结果应该是挡位系列数值的边界，如图5-14所示的换挡组合动作曲线中第2组换挡行为，最好能够分割为1组换挡行为，换挡类型为1挡换3挡，而不应该识别为D0D1、D1D2、D2D3等3次换挡行为，当然更不应该识别成D0D1、D1D0、D0D2、D2D0、D0D3等5次换挡行为。总之，针对换挡组合动作分割，单纯靠换挡核心动作计数，换挡次数会远远超过真正的分组类别。

从图5-14所示的换挡曲线直观感觉看，4min左右时间内，大概计有7~10次左右换挡动作，符合驾驶训练常识；但是如果按照核心动作次数计，次数就很多了，不太符合驾驶操作实际情况。

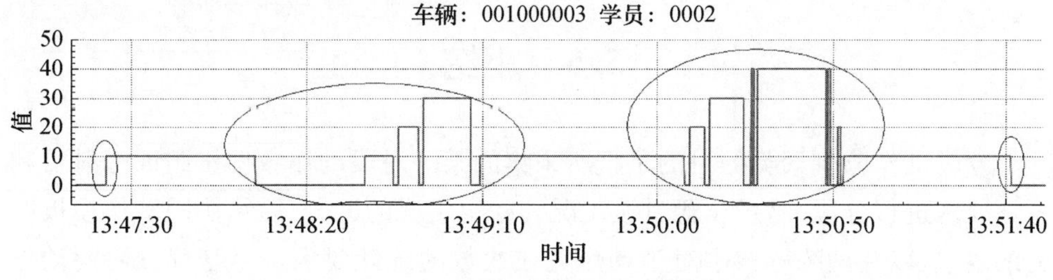

图5-14 换挡组合动作样本曲线

按照层次聚类方法来处理与图 5 - 14 对应的换挡动作数值,按照前面所讲的单一动作识别流程,该曲线单一动作识别结果为 D0 220;D1 221;D1 1289;D0 1290;D0 2063;D1 2064;D1 2269;D0 2270;D0 2302;D2 2303;D2 2450;D0 2451;D0 2484;D3 2485;D3 2818;D3 2818;D0 2886;D1 2887;D1 4341;D0 4342;D0 4379;D2 4380;D2 4489;D0 4490;D0 4525;D3 4526;D3 4763;D0 4764;D0 4814;D4 4815;D4 4817;D0 4818;D0 4824;D4 4825;D4 4834;D0 4835;D0 4857;D4 4858;D4 5348;D0 5349;D0 5363;D4 5364;D4 5380;D0 5381;D0 5431;D2 5432;D2 5449;D0 5450;D0 5472;D1 5473;D1 6687;D0 6688。从计数结果看,共有 52 次挡位动作。

依旧采用基于时间间隔的层次聚类方法,聚类谱系图如图 5 - 15 所示。选定的时间分别为 <490 、<773、<1068,对应的聚类类别数量分别为 5、4、3,把类别数量为 4 的聚类结果标示在图中,可以看出:该聚类结果基本能够反映出各组换挡动作之间的时间分布,便于后续匹配处理。对于像转向、换挡这种随机组合的动作而言,基本上没有理想的预期划分结果,只要能够把较为密集的动作数据段切割出来,或者说,能够把短时间内车辆过渡工况和稳定工况区分开来,就能达到数据分割的目的。

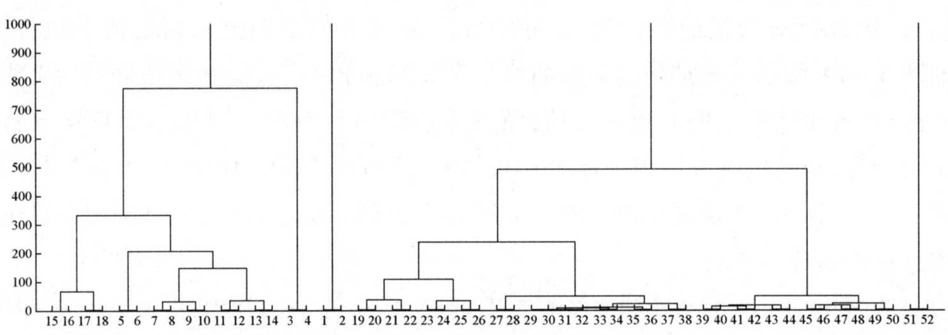

图 5 - 15　换挡组合动作聚类谱系图

5.5　小结

驾驶动作分割聚类的目的是把所采集的某一时段动作数据按照训练科目和考评要求进行分段,满足车辆过渡工况和稳定工况的区分、后续协同动作模板匹配的要求,以及训练考核中对于动作完成次数的统计要求。尽管驾驶协同动作或者组合动作构成较为复杂,但输入数据只能是单一动作名称和动作时刻两个要素，也只能依据时间相关性对这些动作数据进行分割。相对于其他复杂数据处理，常用的层次聚类、划分聚类和 k 均值聚类方法就已经足够，因此不再引入更复杂的聚类分割方法。

驾驶动作数据分割中，换挡类的协同动作、时间间隔分布较为稳定，同一组换挡协同动作内部和不同组别换挡动作之间的时间间隔有较为明显的时间间隔差，采用基于时间间隔的层次聚类方法，多数情况下能够将一组或者多组换挡动作从整个时间序列里完整切割出来，再配合后续动作模板匹配分析，基本能够达到较高的动作分割和识别准确率。

驾驶动作数据分割时，对于连续转向等与路况关系密切而对于时间间隔不明显的动作，采用基于核心动作次数的划分聚类方法效果不理想。采用时间间隔层次聚类时，能够把相对较为密集的动作数据分割出来，实现稳定工况和过渡工况的区分，虽然基本上也能够实现数据分割的目的，但协同动作模板匹配时，动作模板的构建也更为复杂，不能够直接依赖分割结果获取动作次数。

通过聚类分割得到的数据片段在后续模式匹配时，会有两种结果：一类能够与动作词典相匹配，判断为正确；另一类可能大于或者小于词典给定的动作组合，大于时仍能够匹配部分动作，小于时则无法不匹配，但因为此时数据片段已经足够小，可以人工识别，给出人工判断，同样可以给出识别结果。

第6章 驾驶动作相似性评估

动作词典、动作识别和模板匹配等挖掘方法适用于对已定义的动作序列进行分割、识别和准确性评价;聚类适用于对时间间隔符合统计规律但未定义的动作序列进行分割,分词及新词发现适用于重复出现且存在相互关联的未定义动作序列标识。这些方法主要针对单一动作识别结果,即编码和时间,重点处理驾驶动作编码的“时序”的关系,匹配计算结果只有 0-1 判定,缺少近似或相似性判断。但在实际驾驶中,由于路况和车辆工况的复杂性,即使技能高超的驾驶员做一些标准动作序列时,也会根据车况路况存在多踩或者少踩一脚油门、重复挂挡等情景,此时不能因为这些动作与标准动作序列不匹配而简单判定为动作错误,而应该根据一定的判定原则进行近似评估。把这一类问题归结为不同驾驶动作之间相似性问题。

6.1 时间序列距离度量

时间序列的距离度量是时间序列相似性度量的基础,通过距离数值体现序列间的相似程度,是对序列进行模式匹配的常用方法。两个序列的距离度量值越小,表明相似度越高。时间序列间有着多种距离定义方式,常见的距离定义包括欧式距离和动态时间弯曲距离,在以符号或者字符串表示的序列中,编辑距离也是一种常用的距离定义方式。

6.1.1 欧式距离

欧式距离是两点或者两条曲线间最常见、最直观的一种距离度量方法,也是最容易理解的一种距离度量方式。欧式距离衡量多维空间中各个点之间的绝对距离,计算方法如下:

$$\mathrm{dist}_{\mathrm{weighted}_{\mathrm{euclidean}}}(X,Y)=\sqrt{\sum_{i=1}^{n} w_i(x_i-y_i)^2} \tag{6-1}$$

欧式距离计算各维度特征的绝对数值,要求各维度指标具有相同的度量指标和刻度级别。当这些度量指标和刻度级别不相同时,可以采用加权的方法。欧式距离具有直观、简单和高效的优点,被广泛地研究和应用,其主要缺点是它在计算时严格地按照时间轴进行点对点的依次计算,对于时间序列而言,只能计算等长序列之间的距离,对序列点的错位和移位等比较敏感,限制了该方法的应用。

6.1.2　动态时间弯曲距离

欧氏距离严格按照时间轴进行点对点依次计算的要求限制了该方法的应用。实际驾驶训练动作中,同样的驾驶动作,不同的人或者同一个人不同时间做起来,都会有快有慢,在相同的采集频率下,该组动作获得的采样点数就会有多有少,此时即使动作序列完全相同的两组动作,也无法计算它们之间的欧式距离,无法准确反映两组动作间的相似性。针对两组时间轴长度不严格对等的曲线,可以用动态时间弯曲距离(Dynamic Time Warping,DTW)来反映其动作差别。

设有长度分别为 m 和 n 的时间序列 A 和 B:$A=\{A_1,A_2,A_3,\cdots A_m\}$ 和 $B=\{B_1,B_2,B_3,\cdots B_n\}$,可构造一个 $m\times n$ 的矩阵,其中第(i,j)个元素是 A、B 序列中点 A_i 和 B_j 的距离,记作 d_{ij}。根据欧氏距离计算方法,$d_{ij}=(A_i-B_j)^2$。如图 6-1 所示,弯曲路径可看作是序列 A 和 B 之间的一种映射关系,用 W 表示;W 是由矩阵所有元素构成的,W 的第 k 个元素的坐标被定义为 $w_k=(i,j)_k$,由此得到路径集 $W=\{w_1,w_2,w_3,\cdots,w_k \mid \max(m,n)\leqslant k<m+n+1\}$。

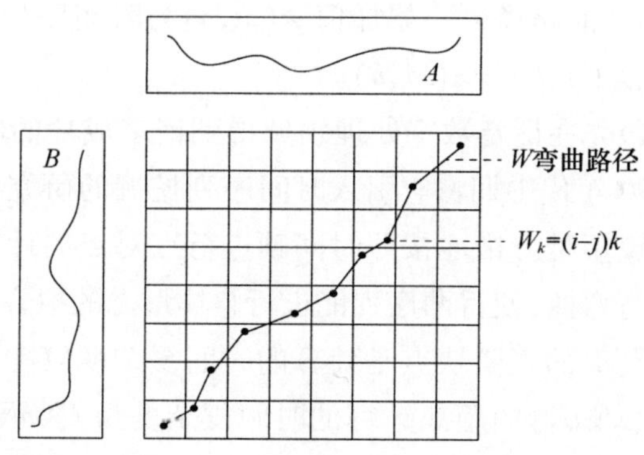

图 6-1　动态弯曲距离路径示意图

路径 W 满足以下条件限制:

(1)边界条件:$W_1=(1,1)$且 $W_k=(m,n)$,弯曲路径的起点必须是矩阵第一行第一列元素，终点必须是矩阵的最后一行最后一列元素。

(2)连续性：给定 $W_k=(a,b)$ 和 $W_{k-1}=(a_{k-1},b_{k-1})$，要求 $a-a_{k-1}\leqslant 1$ 且 $b-b_{k-1}\leqslant 1$，即要求弯曲路径中相邻点在数学意义上是连续的。

(3)单调性：给定 $W_k=(a,b)$ 和 $W_{k-1}=(a_{k-1},b_{k-1})$，要求 $a-a_{k-1}\geqslant 0$ 且 $b-b_{k-1}\geqslant 0$。即要求路径必须在时间轴上是单调的，也就是说路径通过点 (i,j) 时还必须至少通过点 $(i-1,j-1)$、$(i-1,j)$ 或 $(i,j-1)$ 中的一个。

满足以上限制条件的路径有很多条，计算每条路径由起点到达终点时的累积距离之和，累积距离最小的路径称为最佳路径，即

$$\min\left\{\sqrt{\sum_{k=1}^{K}\alpha_k/K}\right\} \tag{6-2}$$

式中：a_k 为路径 W 通过第 k 个元素 $(i,j)_k$ 时 2 个时间序列对应点 A_i 和 B_j 之间的距离 d_{ij}；K 为路径 W 的长度，用于消除不同弯曲路径长度的影响。基于动态最优化原理可知，设点 (i,j) 在最佳路径上，那么从点 $(1,1)$ 到点 (i,j) 的子路径也是局部最优解，也就是说从点 $(1,1)$ 到点 (m,n) 的最优路径可以由时间起始点 $(1,1)$ 到终点 (m,n) 之间的局部最优解通过递推获得。构造累积距离矩阵 $\boldsymbol{\lambda}$，点 (i,j) 计算公式为

$$\boldsymbol{\lambda}(i,j)=d_{ij}+\min\begin{cases}\lambda(i-1,j-1)\\\lambda(i-1,j)\\\lambda(i,j-1)\end{cases} \tag{6-3}$$

其初始条件为 $\boldsymbol{\lambda}(1,1)=d_{11}$。从起始点 $(1,1)$ 开始迭代计算点 (i,j) 的累计距离，最终时间序列弯曲路径最小累加值 $\boldsymbol{\lambda}(m,n)$ 为时间序列 A 和 B 最佳路径的 DTW 距离，即 $D_{\mathrm{DTW}}(A,B)=\boldsymbol{\lambda}(m,n)$。

动态弯曲距离最先在话音数字处理领域得到诸多成功的应用，由 Berndt 和 Clifford 于 20 世纪 90 年代中期将它引入时间序列挖掘的研究中，取得了巨大的成功。动态弯曲距离不是严格地按照时间轴进行点对点的计算，允许时间序列在时间轴方向上进行弯曲，使得两序列能进行整体形态的拟合，具有较高的度量准确度。动态弯曲距离的主要缺点是计算的时间复杂度较高，对于长度分别为 n 和 m 的时间序列，动态弯曲距离计算的时间复杂度为 $O(n\times m)$，并且它不满足距离的三角不等式性质，这在一定程度上限制了它的应用范围。

6.1.3 字符串编辑距离

由于驾驶动作均采用了字符编码的表示形式，因此引入字符串编辑距离来

描述不同驾驶动作组合之间的距离。字符串编辑距离是一种字符串之间相似度计算的方法,编辑距离(Edit Distance),英文名称也称 Levenshtein Distance,是指两个字符串之间由一个转成另一个所需要的最小编辑操作次数。许可的编辑操作包括将一个字符替换成另一个字符,插入一个字符,删除一个字符等。一般来说,编辑距离越小,两个串的相似度越大。给定两个字符串 S、T,将 S 转换成 T 所需要的删除、插入、替换操作的集合就叫作 S 到 T 的编辑路径,而最短的编辑路径就叫作字符串 S 和 T 的编辑距离。前面动作模式匹配中,两个完全相同的字符串,其编辑距离为 0。

编辑距离按照以下算法计算:

(1)设字符串 S 长度为 n,s 为每个字符串的索引序号排列,$s=[1,2,\cdots,n]$;同样字符串 T 长度为 m,$t=[1,2,\cdots,m]$,构造行数为 $m+1$、列数为 $n+1$ 的矩阵,用来保存完成某个转换需要执行的操作的次数,将串 $s[1,2,\cdots,n]$ 转换到串 $t[1,2,\cdots,m]$ 所需要执行的操作次数为 matrix[n][m]的值;如 S = jary,T = jerry,则 $m=4$,$n=5$,转换矩阵为

		j	a	r	y
	0	1	2	3	4
j	1	0	1	2	3
e	2	1	1	2	3
r	3	2	2	1	2
r	4	3	3	2	2
y	5	4	4	3	2

(2)从源串的第一个字符(j)开始,从上至下与目标串进行对比。如果两个字符相等,则在从此位置的左、上、左上三个位置中取出最小的值;若不等,则在从此位置的左、上、左上三个位置中取出最小的值再加上 1;第一次,源串第一个字符 j 与目标串的 j 对比,左、上、左上三个位置中取出最小的值 0,因为两字符相等,所以加上 0;接着,依次对比“j”→“e”“j”→“r”“j”→“r”“j”→“y” 到扫描完目标串。表中用灰色阴影表示此步骤。

(3)遍历整个源串与目标串对比,直至扫描完最后一列,图中分别用左斜线、右斜线和网栅点画线的阴影表示三次扫描过程,最后一个数值“2”为两个字符串的最短编辑距离。

求出编辑距离后,两个字符串的相似度 Similarity = (Max(x,y) − Levenshtein)/Max(x,y),其中 x、y 为源串和目标串的长度,即图中所举字符串示

例的相似度为60%。

6.1.4 各距离方式适用性分析

单一驾驶动作主要依靠操作件的运动速度和位移特征进行识别,有些动作有着明确的位移特征和识别标准,如挡位操作、离合操作、转向操作,只要达到一定的运动速度或者处于一定的位置就能识别出动作结果,形成一种动作状态描述。状态识别过程中,各操作件位移数据的绝对值几乎没有实质性意义,因此这种单一动作编码和识别以及后续处理措施都十分有效,对于此类以编码为主的动作描述,两组动作之间的相似性采用编辑距离比较合适,但要考虑动作的核心特征。也就是说,同样1挡换2挡的动作编码,少加一脚油门、多踩一次离合,都应该判断为动作基本正确,然后给出相似度;但是,如果没有1挡换2挡中核心的挡位动作编码,两个动作字符串就没有比较的意义。

驾驶操作中还有一类动作数据,没有明确的位移和速度判定准则,也无所谓正确与否,如油门动作和制动动作,尽管前面也对这两类动作根据动作幅度和运动速度进行了编码,并且这种编码也适合对初级驾驶员进行考评评价,但在实际驾驶过程中,油门和制动控制十分复杂,踏板位置、开度大小、踩踏速度的快慢都会影响车辆运动效果,在实际驾驶过程中,油门控制十分重要,且是驾驶习惯的一个重要反映,有人喜欢一直保持大油门高速,加油速度也是快松快踏,类似于动力性优先的驾驶策略;有人喜欢小油门缓加速,突出发动机转速的平稳性,类似于经济性优先的策略。这两种动作习惯没有正确与否的判定,因此单纯用编码来描述其状态,是远远不够的,此时可以用动作曲线来描述其特征,一个人踩油门的操作习惯,尽管时间有长短,但曲线基本形状所反映的操作习惯有一致性,因此可以用动态时间弯曲距离来衡量油门或者制动操作习惯之间的相似性。

基于这种不同类型的动作数据识别准则,我们引入两种距离概念来衡量不同操作人员各种驾驶动作或者驾驶习惯的相似性。对于有动作要领中有明确位置判定要求的协同动作,引入编辑距离计算两个协同动作或者操作习惯的相似性;对于没有明确位置要求和判定准则的油门和制动器动作,则引入动态弯曲距离计算两者的相似性。前面所说的模式匹配实质上就是两个协同动作编码的编辑距离为0;计算不同操作人员或者动作习惯之间的相似性,目的在于筛选出高水平的驾驶训练人群。当然也可以采用两种距离加权的方式更加全面地反映不同驾驶员操作习惯之间的差距。

6.2　协同动作的编辑距离

编辑距离主要用于处理以动作编码为表现形式的协同动作之间的相似性问题，是对模板匹配方法更普遍性的描述。但是，驾驶动作编码之间的编辑距离，不能完全等同于常见的文字字符编辑距离，有一些驾驶动作是构成某些协同动作的核心要素，只有在具备基本核心动作要素的基础上，才能考虑动作相似性和编辑距离；如果动作要领要求不一致，只能判定为错误动作。

6.2.1　样本数据

按照动作词典要求设定标准协同动作编码，以常见的升挡操作为例，仅选取离合和挡位动作曲线见图6-2，其中较为标准的换挡协同动作顺序为踩离合(C3)、离合踩到底(C2)、摘1挡至空挡(D1D0)、挂2挡(D0D2)、松离合(C4)、离合松到底(C0)；其中挡位工作根据换挡顺序不同可以分别是1挡换2挡、2挡换3挡、3挡换4挡或者减挡动作等。但是驾驶员并不是每个动作都能按照标准动作完成，图中“○”内标注的两个换挡动作，均存在着多次换挡行为，前一个“○”内换挡动作识别结果为C3 C2 D3 D0 D0 D4 D4 D0 D0 D4 D4 D0 D0 D4 C4 C0，离合器动作中间包括4次挂挡行为，后一个“○”内换挡动作识别结果为C3 C2 D4 D0 D0 D4 D4 D0 D0 D2 D2 D0 D0 D1 C4 C0，是一个由4挡摘至2挡再摘至1挡的连续换挡行为。显然标准协同动作中永远都不会有这种换挡动作，但驾驶员根据路况和车速选择合适挡位也是可以的，这种情况下换挡动作的近似性评估显得十分必要。

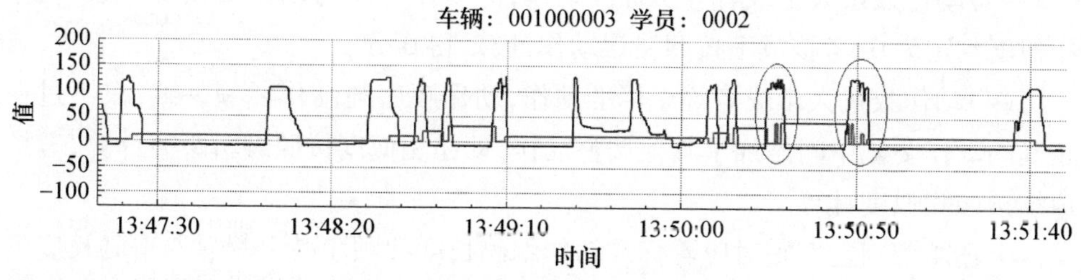

图6-2　升挡动作样本曲线

总结驾驶训练中的常见协同动作，除了多数人按照动作要领完成的标准协同外，由于动手能力、协调能力、感知能力以及车辆状况的差异，还会存在一些例

外情况,包括:

(1)动作数量不够。动作要领包括8个动作,驾驶员只做了6个、5个或者更少,多出现在基础训练或者驾驶椅训练阶段,驾驶员不能熟记动作要领;以常见的2挡换3挡为例,标准协同动作编码顺序为C3 C2 D2 D0 D0 D3 C4 C0,应包括8个动作编码。如果驾驶员忘了挂3挡,动作编码序列就可能为C3 C2 D2 D0 C4 C0,只完成了6个动作。

(2)动作数量够,但与动作要领不匹配。单从动作数量看,识别结果可能会大于标准动作,动作要领中规定的动作缺失或者顺序错误,驾驶动作中最常见的不匹配动作是离合器未踩到底就开始换挡,如识别出的一组协同动作编码为C3 D2 D0 C2 D0 D3 C4 C0,挡位动作(D2D0)出现在离合器动作(C2)之前,虽然也是8个动作,但与动作要领不匹配。

(3)动作数量够,动作要领中规定的动作和顺序正确,只不过在规定动作之间增加了一些重复性动作,如有的3挡换4挡动作,识别结果为C3 C2 D3 D0 D0 D4 D4 D0 D0 D4 D4 D0 D0 D4 C4 C0。

6.2.2 判定准则

对于驾驶过程中存在的上述三种与标准动作不符的情况,设定基本判定准则如下:

(1)动作数量和动作顺序与标准动作完全相同,动作相似度判定为100%,考核成绩按照完全正确动作计算,得满分。

(2)动作数量少于标准动作,无论顺序正确与否,动作相似度判定为0,考核成绩按照错误动作计算,得0分。

(3)动作数量大于或者等于标准动作,但动作顺序与动作要领不一致,动作相似度判定为0,考核成绩按照错误动作计算,得0分。

(4)动作数量大于或者等于标准动作,动作顺序与动作要领一致,只不过在正确的动作要领中间添加了其他调整动作,动作相似度按照编辑距离计算,考核成绩按照相似度计算。

上述4条判定准则对应着标准动作编码长度和顺序两个参数。编码长度可以直接计数获取,顺序关系则可以通过编辑距离进行计算。

针对两个动作字符串的编码长度和编辑距离之间的关系,引入下面的定理:假定字符串A的长度为lengthA,字符串B的长度为lengthB,必然有 $\mathrm{dist}(A,B) \geqslant |\mathrm{lengthA}-\mathrm{lengthB}|$。其中,$|\mathrm{lengthA}-\mathrm{lengthB}|$ 表示两个字符串长度差的绝对

值。假设 $\text{length}A \leqslant \text{length}B$ 当且仅当 A 中的字符都在 B 中,并且字符在 A 中的顺序和 B 中的顺序相同时,才会出现 $\text{dist}(A,B) = |\text{length}A - \text{length}B|$。此时要将 A 编辑成 B,只要在 A 中插入 $|\text{length}A - \text{length}B|$ 个字符即可。显然如果 B 中所包含 A 的字符缺少或者顺序不对,都会出现 $\text{dist}(A,B) > |\text{length}A - \text{length}B|$ 的情况。

利用这一定理来解决驾驶员实际动作和标准动作的近似性计算问题。假定标准动作字符串为 B,实际动作字符串为 A,上述 4 条判定准则转变如下:

准则 1:$\text{length}A = \text{length}B, \text{dist}(A,B) = |\text{length}A - \text{length}B| = 0$,此时动作完全正确,得满分。

准则 2:$\text{length}A < \text{length}B, \text{dist}(A,B) = |\text{length}A - \text{length}B| > 0$,此时动作错误,得 0 分。

准则 3:$\text{length}A \geqslant \text{length}B, \text{dist}(A,B) > |\text{length}A - \text{length}B|$,此时表明字符串 B 不仅来自于对字符串 A 的添加,而且存在动作替换或者顺序调整情况。此时动作错误,得 0 分。

准则 4:$\text{length}A > \text{length}B, \text{dist}(A,B) = |\text{length}A - \text{length}B|$,此时表明字符串 B 仅仅来自于对字符串 A 的添加,动作基本正确,相似度和得分均按 lengthA/lengthB 计算。

6.2.3　计算实例

依据上述计算方法和判断准则,在已知标准协同动作编码的基础上,对 4 组实际协同动作编码进行相似性计算,结果如表 6-1 所列。

表 6-1　不同样本升挡动作间编辑距离与相似度判断结果

协同动作编码	包含的单一动作编码	字符长度	编辑距离	动作结果判定	相似度
G1(标准)	C3 C2 D3 D0 D0 D1 C4 C0	8	0	完全正确	100
G1(标准)	C3 C2 D3 D0 D0 D1 C4 C0	8			
G1(标准)	C3 C2 D3 D0 D0 D1 C4 C0	8	2	错误	0
G2(参考)	C3 D3 D0 C2 D0 D1 C4 C0	8			
G3(标准)	C3 C2 D1 D0 D0 D2 C4 C0	8	4	近似正确	8/12
G4(参考)	C3 C2 D1 D0 D0 D2 D2 D0 D0 D2 C4 C0	12			
G5(标准)	C3 C2 D3 D0 C4 C0 C3 C2 D0 D1 C4 C0	12	7	错误	0
G6(参考)	C3 C2 D3 D0 D0 D4 D4 D0 D0 D4 D4 D0 D0 D4 C4 C0	16			

6.3 油门动作的动态时间弯曲距离

编辑距离用于描述动作字符串之间的相似性,可以判断驾驶员对动作要领中各动作顺序关系的掌握程度,适用于挡位离合类有明确判定标准的动作近似性计算,但在实际驾驶中,还有一类动作没有明确的位移和速度判定准则,也无所谓正确与否,如油门动作、踏板初始位置、开度大小、踩踏速度的快慢都会影响车辆运动效果,但却没有一个明确的判定标准,单纯用编码来描述其状态,是远远不够的,此时可以用动作曲线来描述其特征,用动态时间弯曲距离来衡量油门操作习惯之间的相似性。

6.3.1 样本数据

选取 A、B 两名驾驶员换挡前加油冲车时的油门踏板曲线作为样本数据,每名驾驶员选取 4 组油门操作曲线,每段曲线包括了从加油到松油门的一组全过程数据,如图 6 - 3、图 6 - 4 所示。对于每名驾驶员所对应的油门踏板曲线,分别编号为 A1、A2、A3、A4、B1、B2、B3、B4。从图中可以看出,针对不同的挡位加油冲车时,驾驶员加油时踏板的初始位置、加油时间、动作幅度甚至循环次数都有所区别。但是直观感觉上,驾驶员踩加油踏板过程中,受身高、腿部力量、踏板位置、踏板阻力以及油门初始装配要求等方面的影响,每个驾驶员应该有自己独特的加油动作。下面用动态完全时间距离(DTW)来分析两名驾驶员的操作情况。

6.3.2 动态弯曲距离计算

输入的油门动作曲线每两组间无论是最低点还是最高点都不相同,为了降低绝对数值对距离的影响,对所有动作数值进行了归一化处理,对一组曲线而言,统一以该组曲线的最大值作为 100%,所有数值转换为与最大值的比值。

采用 6.4.1 节的 DTW 函数代码计算任意两组油门动作曲线的 DTW 距离,首先计算驾驶员 A 不同动作间的距离。图 6 - 5 是 A1、A2 两组动作的原始曲线和经 DTW 计算后的距离曲线。从图中可以看出:尽管原始曲线中,两组油门动

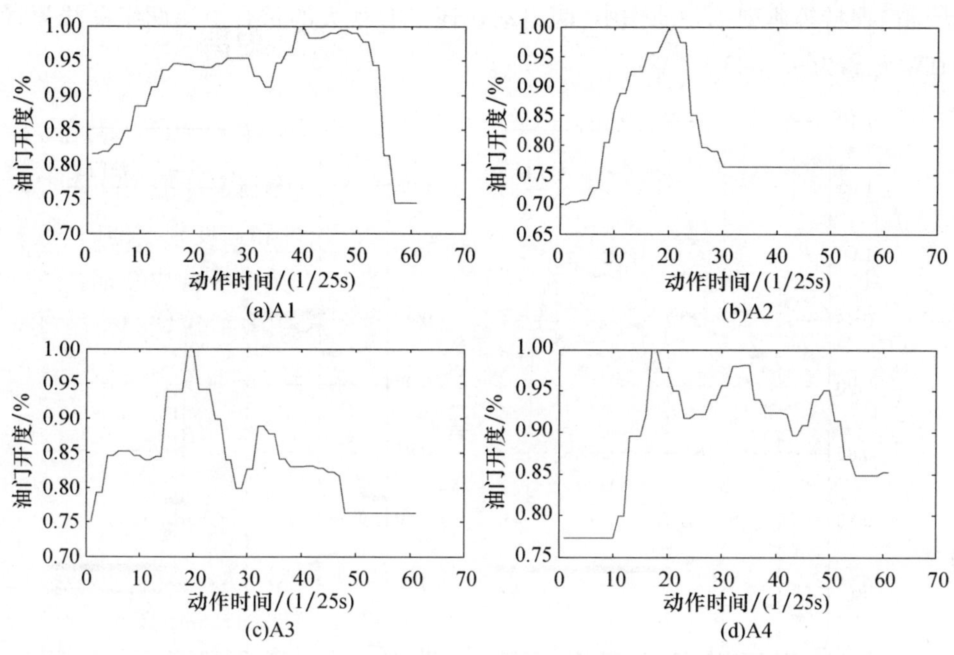

图6-3　驾驶员A油门动作曲线

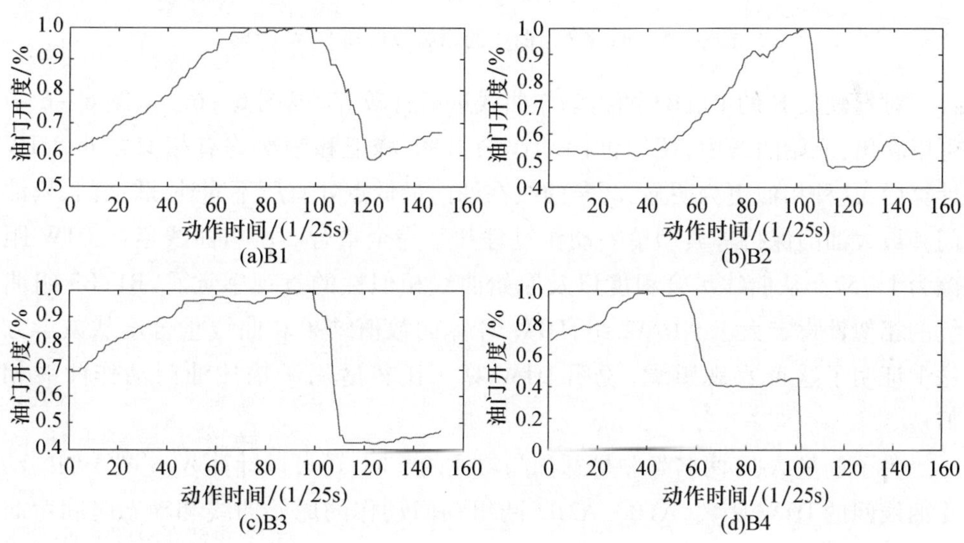

图6-4　驾驶员B油门动作曲线

作的斜率、峰值和频次均有所不同，但是经过 DTW 计算，在踩油门、松油门和最大油门保持等典型单一动作中，两组动作还是有很大的重合点。两组曲线累计 DTW 距离为 9.3823。

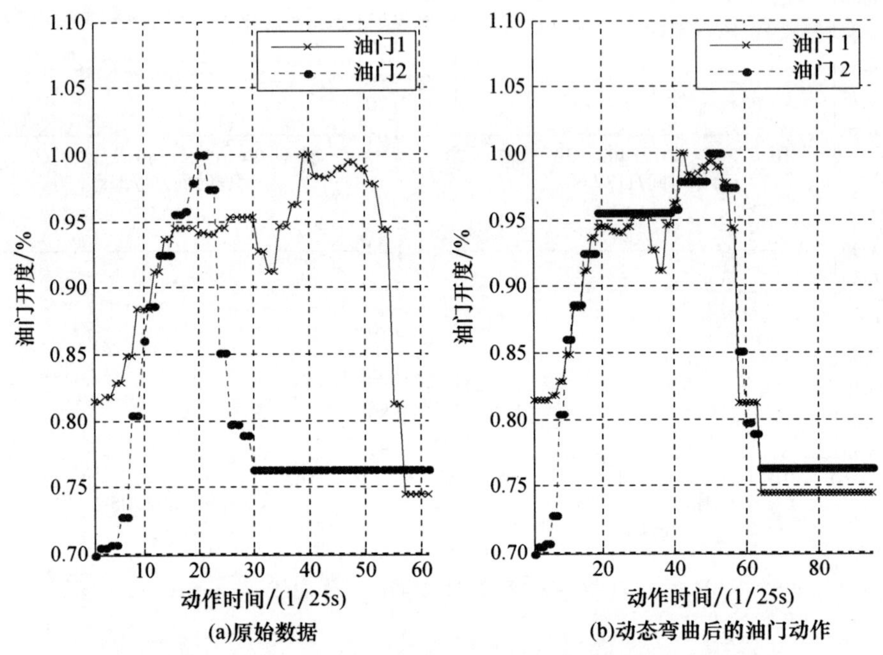

图 6-5　A1、A2 组曲线的原始数据和 DTW 距离

对驾驶员 B 的 B1、B3 两组动作曲线进行计算，生成图 6-6。从图 6-6 中可以看出：原始曲线中，两组油门动作的斜率、峰值和频次均有相似之处，DTW 计算后，这种相似更为明显，两条曲线在油门最低点处有所不同外，踩油门、松油门和最大油门保持等典型单一动作过程几乎完全重合。两组曲线累计 DTW 距离为 1.757。从曲线重合程度以及原始曲线相似性的直观感觉看，B1、B3 组曲线的相似性肯定大于 A1、A2 组，DTW 计算的数值结果和曲线重合度从数学方法上证明了这种直观感觉，说明 DTW 算法比较适用于描述油门动作曲线相似性。

为了衡量 A、B 两名驾驶员踩油门习惯的不同，还可以计算 A、B 两人油门动作曲线间的 DTW 距离，A1B3、A2B2 两组油门动作的原始曲线和动态时间弯曲后形成的相似性曲线如图 6-7、图 6-8 所示。从图中更可以看出 DTW 距离在计算动作曲线相似性方面的优势。首先，从两组原始数据曲线中可以看出：两名驾驶员动作时间长度不一样，驾驶员 A 动作速度快，采样时间短，时长只有驾驶员

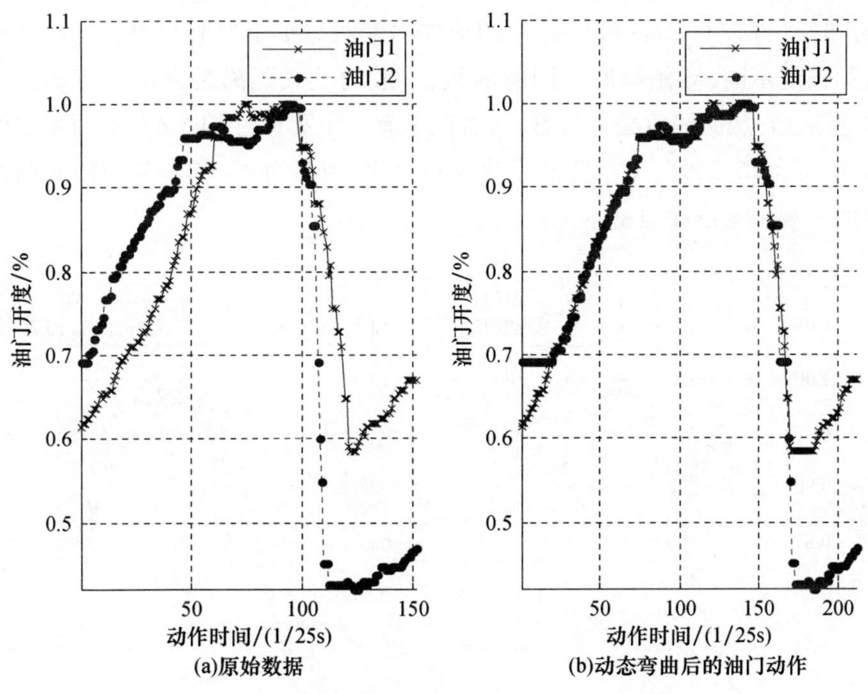

(a)原始数据 (b)动态弯曲后的油门动作

图 6-6 B1、B3 组曲线的原始数据和 DTW 距离

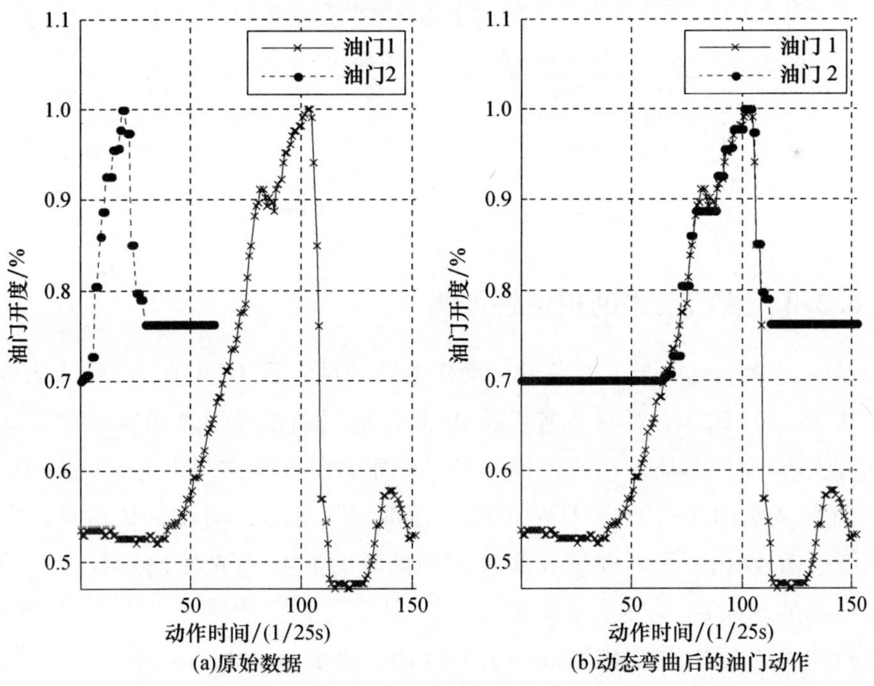

(a)原始数据 (b)动态弯曲后的油门动作

图 6-7 A3、B1 油门动作曲线 DTW 距离

B 动作时间的 1/3 左右；驾驶员 A 的动作幅度明显小于驾驶员 B。针对这种采样数据长度不同、动作幅度不同的曲线，一般的欧式距离是无法计算的。采用 DTW 算法后，从曲线重叠部分看，两者还是有一定相似性的。A3B1 两条曲线的 DTW 距离为 15.5595，A2、B2 两条曲线的 DTW 距离为 20.42。与我们对曲线相似性的直观感觉排序也基本一致。

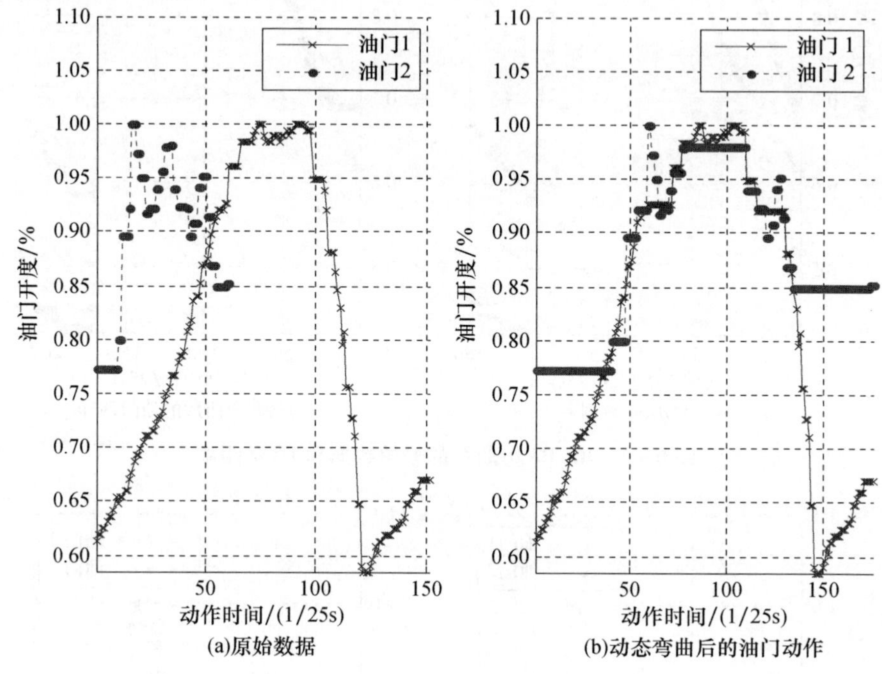

图 6－8　A2、B2 油门动作曲线 DTW 距离

6.3.3　油门动作的相似性聚类

对 A、B 两名驾驶员的 8 条油门动作曲线两两计算 DTW 距离，列入表 6－2 中。从表中可以看出：对同一名驾驶员而言，油门动作尽管时间有长有短，动作幅度有大有小，但本质的动作习惯上还是有很大的相似之处。尤其是对于驾驶员 B 而言，4 组曲线的平均 DTW 距离只有 2.547，显示其动作水平相对稳定，驾驶技能可能较好；对于驾驶员 A 而言，4 组曲线的平均 DTW 距离只有 21.762，相对于驾驶员 B 而言，动作水平稳定性较差，从实际操作曲线也可以看出：该驾驶员换挡冲车过程中，多次出现油门上下波动。对于两个人油门操作水平差异而言，A、B 两人动作曲线间的平均距离为 26.692，既大于 A 组间的平均距离，也大

于B组间的平均距离，说明不同驾驶员之间的动作曲线DTW距离要大于驾驶员自身不同组别动作之间的距离。

表6-2　两名驾驶员油门动作间的DTW距离列表

<table>
<tr><th>曲线编号</th><th>A1</th><th>A2</th><th>A3</th><th>A4</th><th>B1</th><th>B2</th><th>B3</th><th>B4</th></tr>
<tr><td>A1</td><td>0</td><td></td><td></td><td></td><td colspan="4" rowspan="4">A组曲线平均DTW距离:21.762
B组曲线的平均DTW距离:2.5473
AB曲线的平均DTW距离(表中阴影):26.692</td></tr>
<tr><td>A2</td><td>9.382</td><td>0</td><td></td><td></td></tr>
<tr><td>A3</td><td>9.544</td><td>12.734</td><td>0</td><td></td></tr>
<tr><td>A4</td><td>38.835</td><td>36.698</td><td>23.374</td><td>0</td></tr>
<tr><td>B1</td><td>9.76</td><td>27.777</td><td>15.559</td><td>52.053</td><td>0</td><td></td><td></td><td></td></tr>
<tr><td>B2</td><td>6.6019</td><td>20.42</td><td>15.297</td><td>52.633</td><td>2.104</td><td>0</td><td></td><td></td></tr>
<tr><td>B3</td><td>8.2896</td><td>24.6453</td><td>16.960</td><td>53.585</td><td>1.757</td><td>1.375</td><td>0</td><td></td></tr>
<tr><td>B4</td><td>12.439</td><td>29.7243</td><td>20.105</td><td>61.220</td><td>2.116</td><td>4.669</td><td>3.260</td><td>0</td></tr>
</table>

基于不同驾驶员之间的动作曲线DTW距离大于驾驶员自身动作间的DTW距离这一设想，对所求得的A、B两人8组油门曲线进行聚类，采用最小离差平方(Error Sum of Square)方法对聚类对象逐步合并；类簇合并后的离差平方和应当最小，然后小类簇逐步合并为大类簇，直到所有的样本合并为一个大类簇为止。

采用Matlab绘制聚类过程中的谱系图，如图6-9所示，从图中可以看出：根据各类簇之间的距离，对于驾驶员B的动作，4/6/7/8对应的A4/B2/B3/B4组可以视情聚为一类，A1/A2与B组曲线距离较远。从聚类结果看，同一个驾驶员动作曲线之间距离较近；不同驾驶员操作曲线间距离较远；不同驾驶员按要领操作时，曲线之间的距离也比较接近。因此，可以根据DTW距离对驾驶技能和驾驶操作习惯进行分类分析。

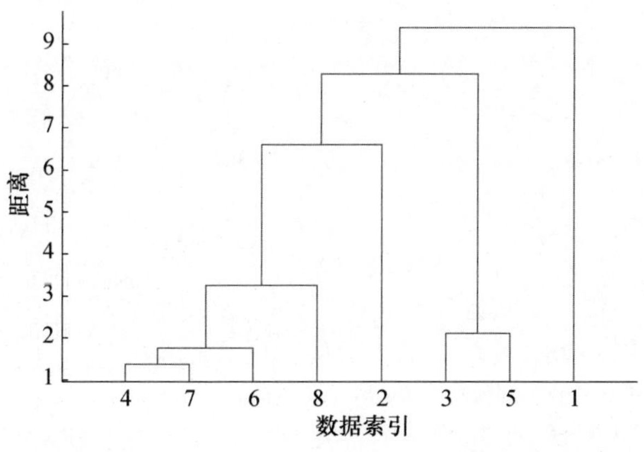

图6-9　油门动作曲线DTW距离聚类谱系图

6.4 算法代码

6.4.1 动态弯曲距离度量算法

动态弯曲距离度量算法如下：

```
[row,M] = size(r);if(row > M)M = row;r = r';end;
[row,N] = size(t);if(row > N)N = row;t = t';end;
d = sqrt((repmat(r',1,N) - repmat(t,M,1)).^2);
D = zeros(size(d));
D(1,1) = d(1,1);

for m = 2:M
    D(m,1) = d(m,1) + D(m - 1,1);
end
for n = 2:N
    D(1,n) = d(1,n) + D(1,n - 1);
end
for m = 2:M
    for n = 2:N
        D(m,n) = d(m,n) + min(D(m - 1,n),min(D(m - 1,n - 1),D(m,n - 1)));
    end
end

Dist = D(M,N);
n = N;
m = M;
k = 1;
w = [M N];
while((n + m) ~ =2)
    if(n - 1) = =0
        m = m - 1;
    elseif(m - 1) = =0
        n = n - 1;
```

```
    else
      [values,number] = min([D(m-1,n),D(m,n-1),D(m-1,n-1)]);
      switch number
      case 1
        m = m-1;
      case 2
        n = n-1;
      case 3
        m = m-1;
        n = n-1;
      end
  end
    k = k+1;
    w = [m n;w];
end
```

6.4.2 编辑距离度量算法

编辑距离度量算法如下：

```
function[V,m,n] = EditDist(string1,string2)
m = length(string1);
n = length(string2);
v = zeros(m+1,n+1);
for i = 1:1:m
    v(i+1,1) = i;
end
for j = 1:1:n
    v(1,j+1) = j;
end
for i = 1:m
    for j = 1:n
        if(string1(i) = = string2(j))
            v(i+1,j+1) = v(i,j);
        else
            v(i+1,j+1) = 1+min(min(v(i+1,j),v(i,j+1)),v(i,j));
```

```
        end
    end
end
V=v(m+1,n+1);
end
```

6.5 小结

编辑距离能够反映正确和错误动作编码之间的差距,而动态弯曲距离则可以反映整段曲线之间的差异,且更加注重采样点的分布特征而不强调动作时间上的一一对应。两种方法单独或者结合起来,解决了驾驶员不同技能水平或者不同动作习惯之间的定量描述问题,是对动作模式精确匹配方法的有益扩充,可以为挑选训练质量和操作技能较高的乘员提供更符合驾驶操作实际情况的技术支持。

第7章　行驶轨迹数据融合

驾驶训练的目的是使驾驶员熟练驾驶车辆,迅速平稳地通过各种限制路和障碍物。其中驾驶动作的熟练程度可在动作识别、模板匹配基础上对驾驶动作相关参数进行统计得到,但是否平稳通过了限制路和障碍物,则需要依赖车辆的定位和轨迹进行判断。目前,训练车辆上常见的轨迹相关设备主要包括车速传感器和 GPS 模块等,两类设备获取的数据各有特点,但定位精度不能满足训练考评要求,因此需要考虑各种轨迹数据的融合方法进一步提高车辆的定位精度。

7.1　车速与航迹推算

目前常用的车辆定位技术按照所使用的传感器设备不同,包括基于磁传感器阵列的定位技术、航迹推算(Dead Reckoning,DR)、惯性导航(Inertial Navigation)、卫星定位、视觉定位、基于激光雷达的定位技术等,具体系统实现过程中,各种定位技术可以相互独立使用,也可以多种技术相互组合使用。定位按照结果可以简单分类为绝对定位(Absolute Localization)和相对定位(Relative Localization),相对定位依赖上一时刻的定位结果和采样间隔内的车辆位移来进行推算,往往存在累积误差。绝对定位则没必要预先知道车辆初始位姿,每一时刻的定位结果都是在固定坐标系下绝对的位姿。由于这一时刻跟上一时刻没有必然的联系,所以绝对定位不存在累积误差。多种技术相互组合定位的目的之一就是要尽可能减小甚至消除累积误差的影响,达到绝对定位的结果。

7.1.1　车速数据

车速传感器是各种车辆的标配设备,履带车辆一般在两侧主动轮各安装一个霍尔传感器,通过齿轮计数的方法来获取两侧车轮转速,然后转换为以 km/h 为单位的车速数据,计算方法为:车速 = 齿轮计数频率/周长齿轮数 ×3.14 × 主动轮直径 ×3600/1000(km/h)。合计每个齿对应的行驶距离为 0.04m(假定直径为 0.75m，周长齿轮数为 60），即车速测量的单位约为 4cm；转向时，由于两侧主动轮转速不同，此时车辆显示车速为两侧主动轮转速的平均值。选择一组主动轮车速，采集的速度数据点数为 13000 点左右，生成的速度曲线如图 7-1 所示。从图中可以看出，大部分时间内，车辆直线行驶，两侧车轮速度一致；个别时间段内，两侧车轮之间存在一定速度差，表示车辆转向。图 7-2 放大了其中一段转向过程，从图中可以看到，车辆转向过程中，右轮车速逐渐降为 0，左轮车速先下降，然后逐渐恢复到转向前车速。靠两侧车轮带动的履带速度差转向是履带车辆转向的基本原理。

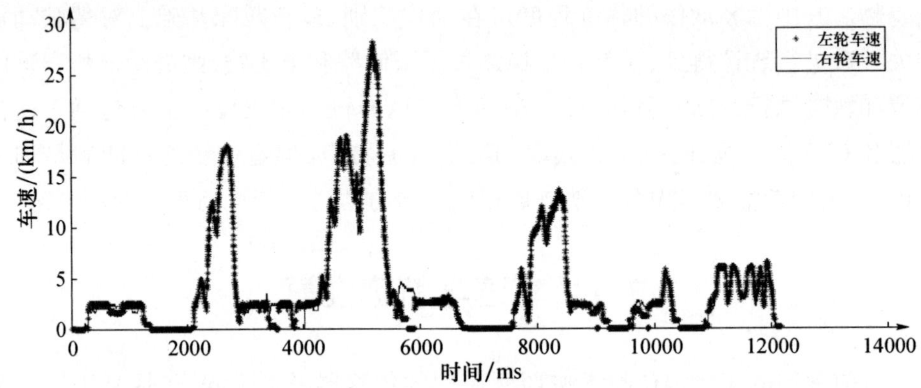

图 7-1　左右轮速曲线

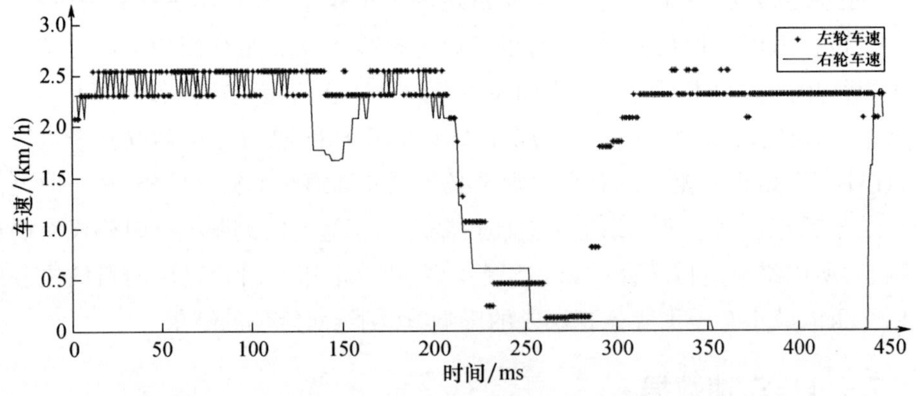

图 7-2　局部放大的左右轮速曲线

7.1.2　单点轨迹推算

航迹推算是在上一时刻的车辆位置信息基础上，根据车辆速度、方向和运行时间,对下一时刻车辆位置进行估计的一种通用方法。对于履带车辆而言,已知两侧主动轮行驶速度后,可以分别根据速度差来推测下一时刻的行驶距离和转向角度以及到达的位置。在两侧履带主动轮处安装转速传感器,按照给定的频率采集两侧主动轮转速,得到(v_{L0},v_{R0}),(v_{L1},v_{R1}),(v_{L2},v_{R2}),…,(v_{Li},v_{Ri}),…,(v_{Ln},v_{Rn})的转速数据列表。设转速采样频率为f,则每两组速度数据间的时间间隔 $t=1/f(s)$。可根据上述转速数据列表求解车辆的运动轨迹。

以车辆初始位置为基准,建立坐标系,如图 7-3 所示。设车辆中心点 G_0的初始坐标为(x_0,y_0),初始转向中心为 M_0,此时车头前进方向为 X 轴正方向,垂直于 X 轴的左侧履带方向为 Y 方向,履带中心距为 B。在第 1 个很短的单位时间内,两侧履带分别以 v_{L0}、v_{R0}的速度转动,车辆中心点由 G_0点移至到 G_1点。现在需要根据测得的转速$(v_{L0}$、$v_{R0})$,求解 G_1点的坐标(x_1,y_1),以便绘出车辆在第一个单位时间段内的运动轨迹 G_0G_1。

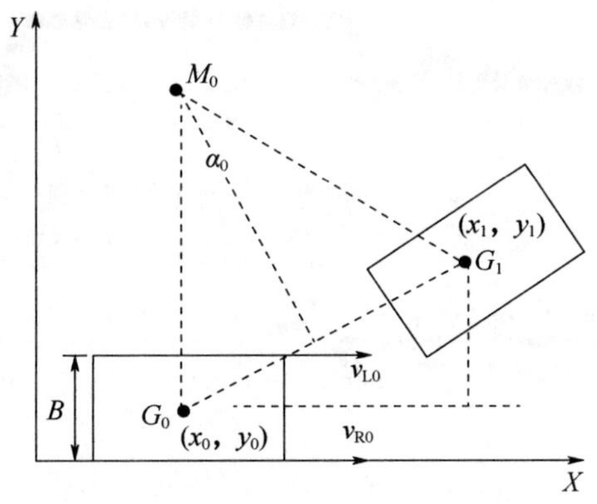

图 7-3　初始转向点的坐标关系

假定当前时刻两侧主动轮车速测量值分别为(v_{L0},v_{R0}),则车辆的转向半径为

$$r_0=\frac{v_{L0}+v_{R0}}{v_{L0}-v_{R0}}\cdot\frac{B}{2} \tag{7-1}$$

转向角速度为

$$\omega_0=\frac{v_{L0}-v_{R0}}{B} \tag{7-2}$$

一个采集周期 t 内,相对于起始点,车辆在此时间段内的转向角为

$$\alpha_0=\omega_0\cdot t \tag{7-3}$$

后续对应每一组车速数据,都会有

$$\begin{cases} r_n = \dfrac{v_{Ln} + v_{Rn}}{v_{Ln} - v_{Rn}} \cdot \dfrac{B}{2} \\ \omega_n = \dfrac{v_{Ln} - v_{Rn}}{B} \\ \alpha_n = \omega_n \cdot t \end{cases} \tag{7-4}$$

把经过 n 次连续转向后车辆与初始位置的夹角称为此时车辆的方向角 β_n，以便和第 n 次转向的转向角 α_n 进行区别。由方向角和转向角的定义可知：

$$\begin{cases} \beta_n = \alpha_0 + \alpha_1 + \alpha_2 + \cdots + \alpha_{n-1} + \alpha_n \\ \beta_0 = \alpha_0 = 0 \end{cases} \tag{7-5}$$

对图 7－2 给出的样本数据,按照车速记录,求取其转向角变化,并与操纵杆动作位移曲线进行对比,如图 7－4、图 7－5 所示。

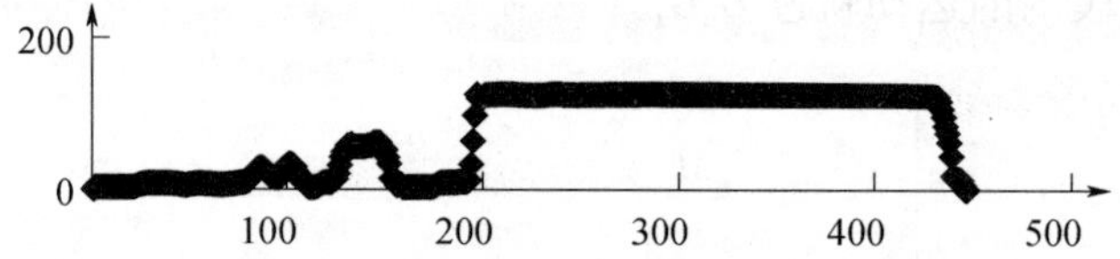

图 7－4 转向侧操纵杆动作位移曲线

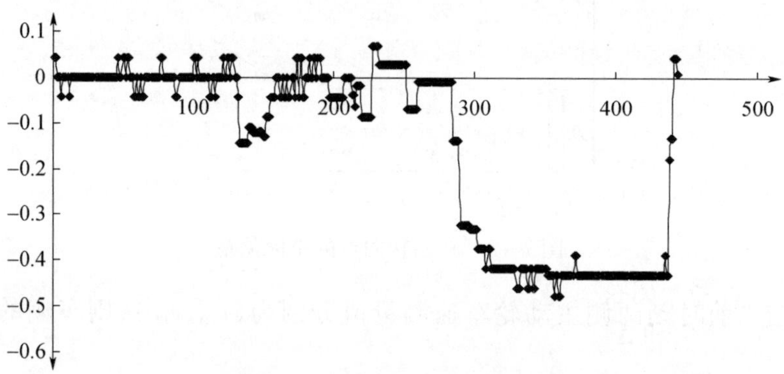

图 7－5 转向过程中航向角变化

从图中可以看出,基于左右主动轮车速计算出的转向角变化特点是:每两个车速采样点之间的航向角变化都很小,对车速变化较为敏感,当两轮车速差别不大时,航向角还会有转向方向的跳动变化;但总体变化趋势与操纵杆的动作幅度相对应。

对车辆转向过程中的航向角进行累计,得到车辆转向终了与转向开始时的累计方位角变化情况,如图 7－6 所示。从图中可以看出:所截取的这一段转向数据样本中,从开始转向到转向结束,车辆方位角累计转过 70°左右。

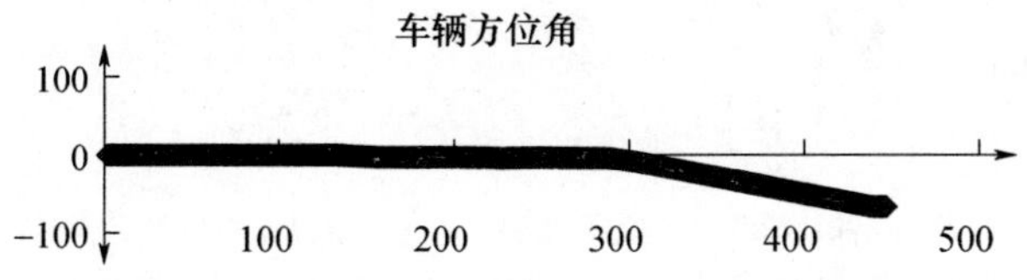

图 7－6　车辆转向过程中的方位角变化曲线

7.1.3　累计轨迹推算

以车辆初始位置为基准,建立本地坐标系,如图 7－6 所示。设车辆中心点 G_0 的初始坐标为(x_0, y_0),初始转向中心为 M_0,此时车头前进方向为 X 轴正方向,垂直于 X 轴的左侧履带方向为 Y 方向,履带中心距为 B。在第 1 个很短的单位时间内,两侧履带分别以 v_{L0}、v_{R0}的速度转动,车辆中心点由 G_0点移至到 G_1点。则根据履带车辆转向运动学原理可知,下一个点 G_1点的坐标(x_1, y_1)为

$$\begin{cases} x_1 = x_0 + 2r_0 \sin\dfrac{\alpha_0}{2}\cos\dfrac{\alpha_0}{2} \\ y_1 = y_0 + 2r_0 \sin\dfrac{\alpha_0}{2}\sin\dfrac{\alpha_0}{2} \end{cases} \tag{7-6}$$

式中:$r_0 \alpha_0$ 分别为该点处的转向半径和航向角;后续每一个车辆中心点由 G_{n-1}点运动到 G_n点时,由于车速的变化,其转向中心会从 M_{n-1}点移动到 M_n点,如图 7－7 所示。由转向中心的概念可知,M_n点必定在 $G_{n-1}M_{n-1}$的延长线上。同时,第 n 次转向过程中,所计算的转向半径、转向角和行驶距离所表示的转向运动学关系仍旧成立。

设已求得第 n 次转向前 G_{n-1}点的坐标为 $G_{n-1}(x_{n-1}, y_{n-1})$,则由坐标转换原理和 $\Delta M_n G_{n-1} G_n$和 $\Delta G_{n-1} G_n K$ 之间的函数关系可知:

$$\begin{cases} x_n = x_{n-1} + 2r_n \sin\dfrac{\alpha_n}{2}\cos\left(\beta_{n-1} + \dfrac{\alpha_n}{2}\right) \\ y_n = y_{n-1} + 2r_n \sin\dfrac{\alpha_n}{2}\sin\left(\beta_{n-1} + \dfrac{\alpha_n}{2}\right) \end{cases} \tag{7-7}$$

根据式(7－7)和转向角的概念可知:车辆行进时,无论转向是顺时针还是逆时针,车体各点横、纵坐标增减变化可由转向角 β_n 决定。由式(7－5)～式(7－7)逐步迭代,可得到与(v_{L0}, v_{R0}),(v_{L1}, v_{R1}),$(v_{L2}, v_{R2})\cdots(v_{Ln}, v_{Rn})$转速数据列对应的车辆运动轨迹。

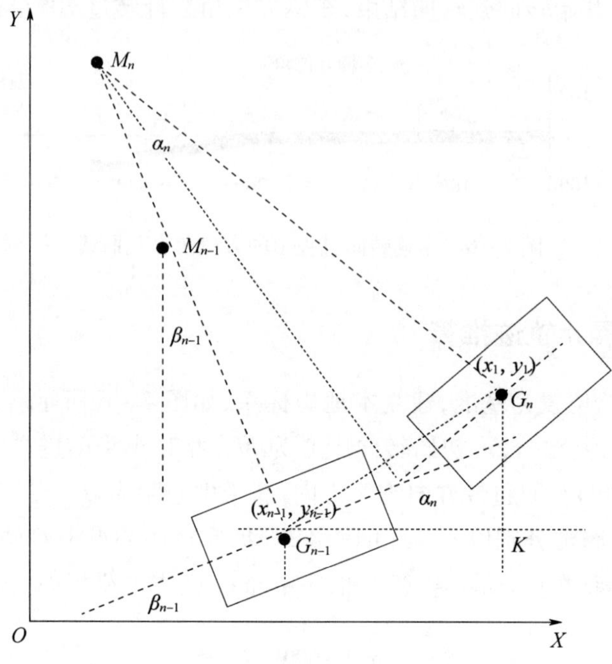

图 7-7 连续转向轨迹点坐标关系

当车辆直线行驶时，车辆两侧履带速度相等，即 $v_{Ln} = v_{Rn}$。此时，$r_n = \infty$，$\alpha_n = 0$，$\beta_n = \beta_{n-1}$，则第 n 点坐标为

$$\begin{cases} x_n = x_{n-1} + v_{Ln}\cos\beta_n \\ y_n = y_{n-1} + v_{Rn}\sin\beta_n \end{cases} \tag{7-8}$$

根据车速数据和行驶轨迹之间的计算关系，推算前文样本数据 1（图 7-1 对应的 13000 点速度数据）和样本数据 2（图 7-2 对应的转向数据）的行驶轨迹，如图 7-8 所示。

从两组航迹推算结果看，基于车速计算车辆行驶轨迹，轨迹数据和转向角度较为连续且光滑，因为速度采样周期（每秒采集 25 次，后续时间单位均以此为基准，1/25s）小，即使按照 3.6km/h 计算，每两个速度点之间的计算距离为 4cm 左右，距离计算的精度较高。

把各点车速按照采样时间累加起来，得到各行驶路径的距离。样本数据 1 的左轮行驶距离为 538m，右轮行驶距离为 549m；样本数据 2 的左轮行驶距离为 10.06m，右轮行驶距离为 6.09m。与航迹推算的轨迹绘图结果大体相符。说明本书所列举的航迹推算方法基本准确有效。

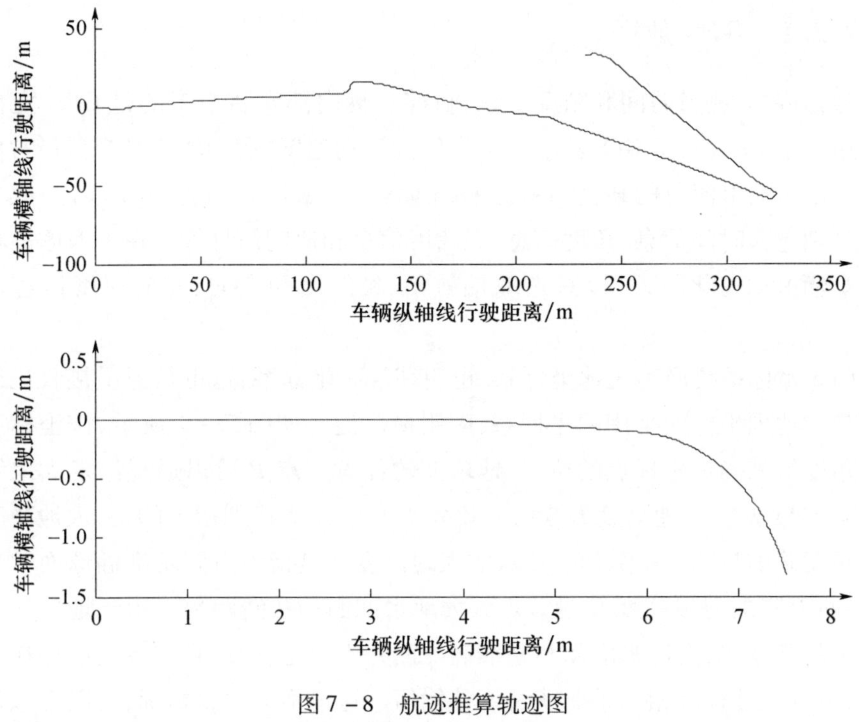

图7-8 航迹推算轨迹图

7.2 GPS运动轨迹

随着卫星定位系统的普及和成本降低,很多车辆装有简易的定位系统,目前比较成熟且已正式投入运营使用的包括美国的全球卫星定位系统(GPS),俄罗斯"格洛纳斯"系统(GLONASS)和中国的"北斗"卫星导航系统(BDS)。在信号良好的情况下,GPS能提供5~20m的定位精度。目前国内GPS提供的定位精度普遍小于10m,为得到更高的定位精度,通常采用差分GPS技术:将一台GPS接收机安置在基准站上进行观测。根据基准站已知精密坐标,计算出基准站到卫星的距离改正数,并由基准站实时将这一数据发送出去。用户接收机在进行GPS观测的同时,也接收到基准站发出的改正数,并对其定位结果进行改正,从而提高定位精度。按系统处理的方式(数字模型)分类,当前的差分系统主要分为坐标差分、伪距差分、载波相位差分、伪距差分载波相位差分组合等类型。坐标差分可达±5m的精度,伪距差分可达±(1~3)m级精度,以载波相位方式可达±(1~3)cm的精度。

7.2.1 GPS 数据

考虑成本、测量时间和精度要求,目前车辆内部安装最多的是 GPS,定位精度普遍小于 10m,基于 GPS 获取移动车辆的运动速度、运动轨迹是当前最常用的方法。以市面上流行的某公司差分 GPS 而言,其采样频率为 10Hz/s,一般采样数据分别包含时间信息、角度信息、经纬度信息和速度信息等。在不考虑高程变化和车辆振动变化时,可以只选取偏航角、经纬度和东向、北向速度信息进行计算。

GPS 坐标系统简称大地坐标系,也叫纬经高坐标系,这也是卫星接收机返回给用户的地理坐标所采用的坐标系,应用最广泛。如图 7-9 所示,该坐标系统通过角度值来确定坐标点的位置,地球上的任意一点 P 可以通过给定大地纬度 ϕ、大地经度 λ 和大地高度 h 来唯一确定。其中需要特别指出的是,大地高度和海拔高度并不是同一个数值。P 点的大地高度 h 是指该点到基准椭球面的法线距离,而 P 点的海拔高度 H 是该点到大地水准面的法线距离。由于地球是一个不规则的椭球体,大地水准面和基准椭球面并不一定重合,且在各地区存在一些差异,可以通过查阅相关手册获得该补偿值。这里不需要太精确,所以近似认为 $h=H$。

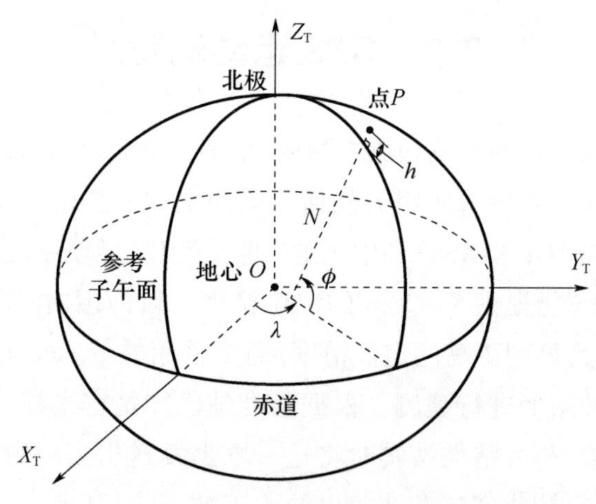

图 7-9 GPS 坐标系原理

7.2.2 行驶轨迹

把样本数据中存储的 GPS 坐标数据连接起来,绘制该车辆的行驶轨迹,样本数据1中对应13000个速度数据点采集到的GPS坐标轨迹如图7－10(a)所示,样本数据2的转向轨迹如图7－10(b)所示。

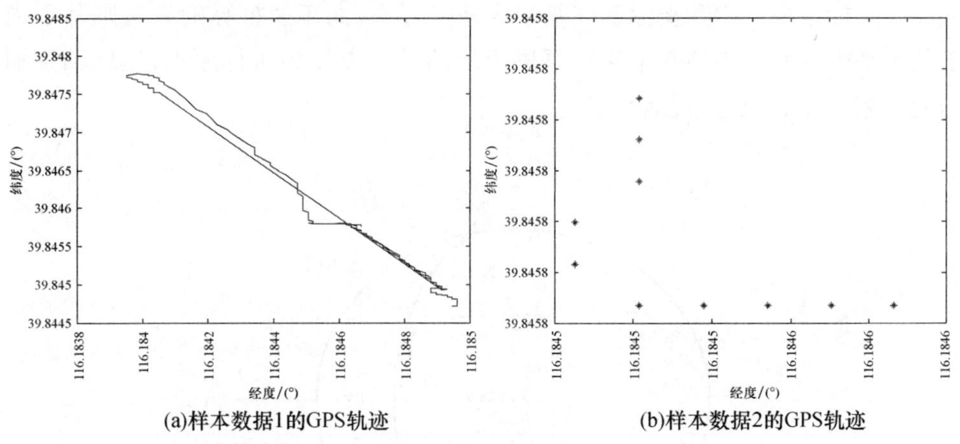

(a)样本数据1的GPS轨迹　(b)样本数据2的GPS轨迹

图7－10　基于GPS坐标点的轨迹绘制

通过对GPS轨迹图的进一步分析,可知:

(1)GPS精度以m计算,图7－10(a)曲线中,经度共有62个不同数值,累积变化距离为86.162m;纬度共有235个值,累积距离为339.4605m,从GPS记录精度看,只有车辆行走距离超过1～2m后GPS坐标数据才能变化;当GPS坐标数据点较多时,能大致看出车辆的行驶路线。

(2)当GPS数据点较少时,对轨迹描述的详细程度不够。从图7－10(b)的轨迹点看,当采集的数据点过少时,轨迹则会有断续,无法描述两个测量数据间车辆行驶轨迹。也就是说微观层面上,对应样本数据2的GPS坐标点基本不能描述车辆轨迹。

(3)GPS数据点能够基本反映车辆行驶轨迹,对同一点或同一条轨迹多次测量的前提下,GPS数据都会围绕该位置的“真值”跳动,能够总体反映车辆轨迹的真实情况,没有累积误差的困扰。尤其在大量GPS数据点的前提下,GPS描述的轨迹较为接近真实情况,而在数据点偏少、车辆运行状态复杂(多次转向)时,GPS坐标点不能满足车辆运动状态的描述要求。

7.2.3　坐标转换

由于GPS坐标在设定精度范围内能够大致描述车辆行驶轨迹,而基于航迹推算的结果则可以在高于GPS坐标精度的条件下更为精细地描述车辆运动状态,因此在车辆定位技术中,多采用车速和 GPS 坐标点两种数据融合的方法来得到更高精度、更为准确的运动轨迹数据。数据融合时,首先要把两组数据放到同一个坐标系中。GPS 坐标系统基于大地坐标系,而车速推算的轨迹则基于当地的水平坐标系。当地水平坐标系以当地的某一点作为坐标原点,坐标轴分别指向正东、正北以及垂直地面指向上,如图 7 – 11 所示。

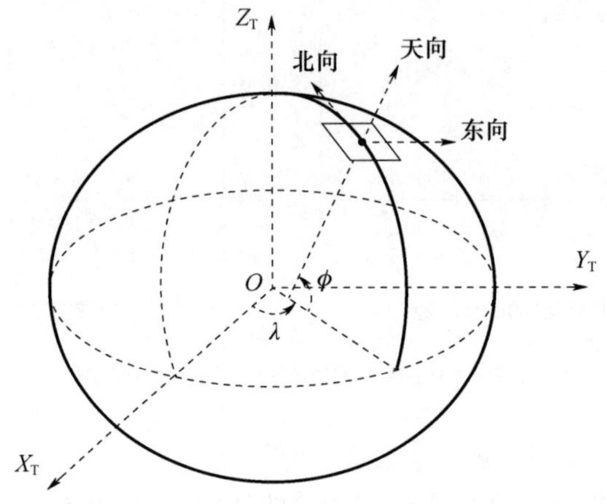

图 7 – 11　当地水平坐标系

要把 GPS 经纬度坐标转换为当地的以 m 为单位的当地水平坐标系,有成熟的转换方法,如可以通过地心地固直角坐标转换,如图 7 – 12 所示。在对精度要求不高时,也可以把经纬度直接看成训练场的平面坐标,把车辆初始第一个点的经纬度坐标视作原点,然后把经纬度变化转换为平面距离。计算方法:假设地球半径为 6371000m,则地球周长为 $2 \times 6371000\text{m} \times \pi = 40030173\text{m}$。对应 GPS 坐标所记录的经度位置地球周长为 $40030173 \times \cos a$,这里取经度数值的平均值,设定地球周长为 $40030173\text{m} \times \cos 39.85 = 30733940.43\text{m}$。按此技术数值计算,训练场地内东西方向上 1m 距离对应的经度变化为 $360°/30733940.43 = 0.000011713°$;南北(纬度)方向 1m 距离对应的纬度变化为 $360°/40030173\text{m} = 8.993216192195822 \times 10^{-6} = 0.00000899°$。按照上述对应关系,求解出任意两个 GPS 坐标点之间的距离,这样把经纬度坐标点转换为当地以 m 为单位的坐标,原点为车辆起始位置。

GPS 数据和车速数据融合时,不仅 GPS 数据要转换为当地水平坐标系,基于车速推导的轨迹也要转换为当地坐标系。航迹法推导行驶轨迹时的初始设定为:以车辆初始点为原点,以车速从原点出发的方向为 x 轴正方向。与 GPS 变换

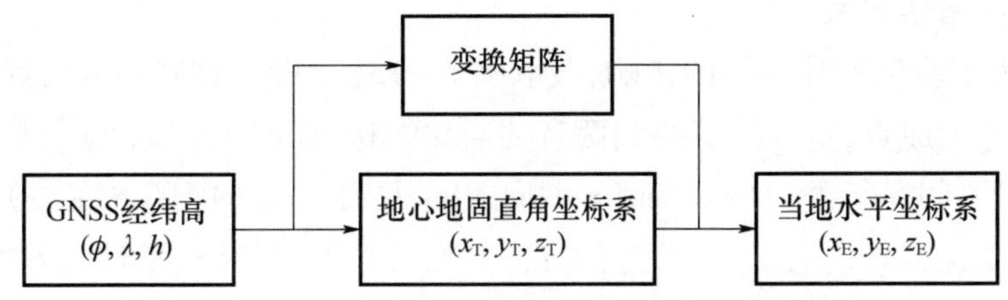

图 7－12　GPS 坐标和当地水平坐标之间的转换

过后的当地水平坐标相比,原点位置是一样的,但行进的方向不一致,因此需要把航迹推算的轨迹按照一定的夹角转换到与当地坐标系中,实际上就是转过初始两个 GPS 坐标点连线和纬度(x 轴)之间的夹角。

设航迹推算的点组合为(x_1,y_1),围绕原点(0,0)旋转 a 角度,则旋转后的坐标求解算法为

x_0 = 0;y_0 = 0;% 设定旋转中心点,即原点

M = [1 0 x_0; 0 1 y_0;0 0 1;]

p_0(1,:) = x_1;p_0(2,:) = y_1;p_0(3,:) = 1;% 需要输入的待旋转坐标点

M1 = [cos(a)　sin(a)　0;　-sin(a)　cos(a)　0;　0　0　1;]

p_1 = M_1 × M × p_0;% 输出的旋转后坐标集合。

7.2.4　航迹对比

按照上述坐标转换的方法,绘制出给定的样本数据 1 和样本数据 2 的车辆行驶轨迹对比图,如图 7－13 所示。图 7－13(a)对应小样本数据 2 短暂的转向行驶轨迹;7－13(b)是另一组少量轨迹数据对比;图 7－13(c)为大样本数据 1 中全程对应轨迹;图 7－13(d)为(c)图中对应的偏差方向较大的轨迹以中间转向点为原点,重新计算绘制的轨迹。

(1)从图 7－13(a)、(b)图中可以看出:直线行驶时,GPS 坐标点和航迹推算结果基本相符,无论行驶方向和行驶距离两者重合度均较好;但是转向行驶时,由于车速较慢,GPS 坐标点的跳动较大,忽左忽右跳动看不到车辆真实的行驶轨迹;而航迹推算结果数据连续,行驶曲线光滑,更符合车辆行驶的实际情况,可信度较好一些。在 GPS 误差范围内,基本能够覆盖航迹推算结果。

(2)从图 7－13(c)、(d)图中可以看出:随着行驶距离的增大,转向次数的增多,航迹推算的累计误差(无论是航向角还是累计距离)越来越大,行驶轨迹已经明显脱离了 GPS 坐标点的误差范围。尤其是航向角误差,同车辆的真实轨

迹几乎已经南辕北辙。

(3)为了验证累计误差的影响,截取图7-13(c)图中偏转部分的数据,以新的起始点作为原点,重新计算绘制两者的对比轨迹,如图7-13(d)所示,发现从初始点开始,同样行进大概100m(x 方向40m左右,y 方向100m左右),出现一次或者两次连续转向后,车速轨迹的方向开始脱离原定轨道,累计误差的效果开始显示。

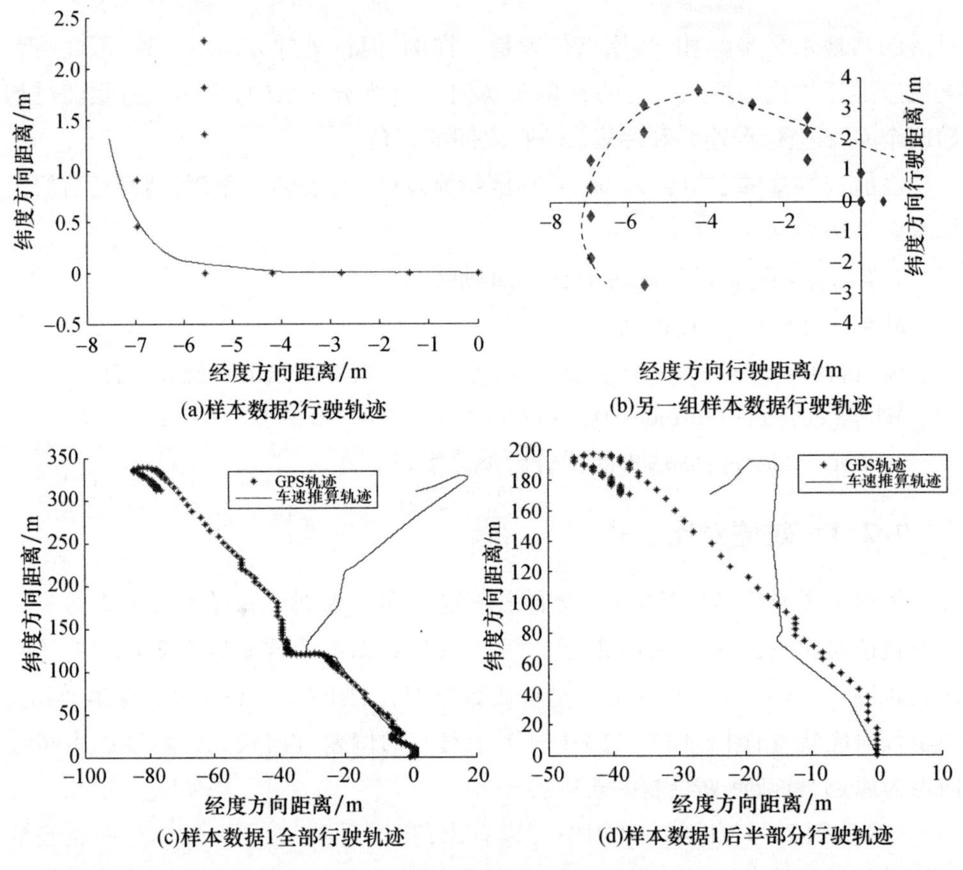

图7-13 GPS坐标和航迹推算结果对比

基于GPS数据和车速数据,计算了样本数据1累计行驶距离和误差,如图7-14所示。从图中可以看出,GPS数据为372m,航迹推算为412m,相差约10%。以两者之间的距离作为误差,随着行驶距离的增大,航迹推算结果与GPS轨迹之间的误差越来越大,如图7-15所示。400m距离累计误差达到50m左右。但在短距离行驶时,两者之间的误差基本稳定,都在2m左右跳动,并且这种误差不会线性累加,表明短时间内航迹推算的误差还可以接受,时间延长会越来越大。

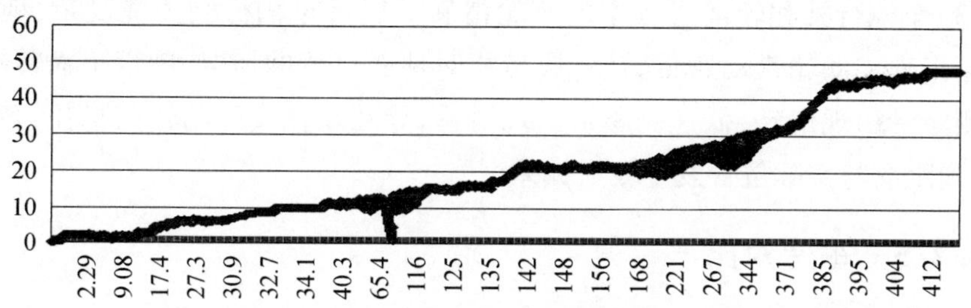

图 7－14　400m 行驶距离累计误差变化

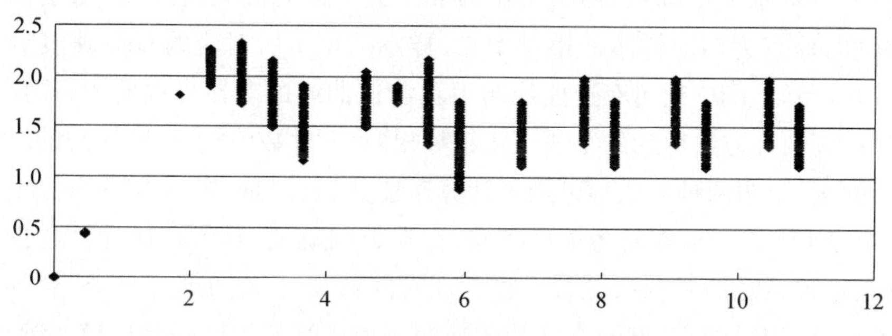

图 7－15　10m 行驶距离累计误差变化

从轨迹对比结果可知:卫星定位是一种绝对定位,虽然总体定位精度不高,但回归性好,没有误差累积,适宜描述车辆总体运动趋势和最终运动结果,但是车辆运动过程中的细节表现不够,尤其是无法获取车辆转向的细节数据;基于车速数据进行航迹推算的结果恰恰相反,是一种相对定位方法,短时精度好,对车辆转向过程中的瞬时速度、瞬时转角和转向半径等计算准确,但累计误差大,随着行驶时间延长、数据点增多,车辆行驶轨迹、行驶距离和累计转向角度的累计误差都会越来越大,甚至超出了用户可接受范围。基于卫星定位和航迹推算两种情况,引入数据融合算法,取长补短。既要保证整体趋势和最后结果描述正确,同时对中间过程也要映射到每一个动作细节,便于针对具体科目的计算和评估。

导致航迹推算结果出现误差的主要原因包括:

(1)传感器自身的误差。霍尔传感器依靠磁电感应对单位时间内转过的齿轮数量进行计数,自身误差主要包括温度误差和零位误差,高精度传感器可通过温度补偿和电路补偿的方法解决。

(2)地面高度变化。航迹推算基于平面,但车辆行驶过程中地面凹凸不平,会导致车轮转速和车辆行驶距离的不一致。

(3)车辆行驶和转向过程中的车轮滑转。履带车辆行驶环境复杂,地面打滑时会出现主动轮带动履带转动,履带相对地面打滑的情况,履带车辆转向时,高速侧履带出现滑转,低速侧履带出现滑移,导致车辆实际的转向半径、转向角度、行驶距离与实际位置发生较大偏差。

7.2.5 车速对比

把车辆行驶过程中经纬度的变化转变为以 m 为单位的车速时,可以把坐标转换到当地水平坐标系,衡量单位为 m。横坐标对应大地经度,纵坐标对应大地纬度,原点为当前样本的第一个点,样本数据 1 所对应的 GPS 速度分布如图 7-16 所示。图中通过车速曲线与卫星测速曲线的对比可以看出:采用 GPS 和航迹推算两种方法得到的车速变化趋势相同,速度数值相近,所得到的结果可以相互验证,说明两种方法均可用来计算车速数据;但是,根据 GPS 坐标求解车速时,由于 GPS 以 2m 左右为单位存储,存在数据跳变,导致车速计算数据不稳定,噪点较多,数据不连续,尤其是在低速转向行驶时,跳变现象明显,会导致车速严重失真;相对而言,基于主动轮转速的车速计算精细度高且比较连续,整个曲线在实验过程中没有发生跳变,如实反映了车辆的车速状态。比较结果说明:计算中采用车速传感器获取的数值计算车速更为可靠,尤其是在 GPS 定位点数据少、行驶时间短和车辆转向过程中。

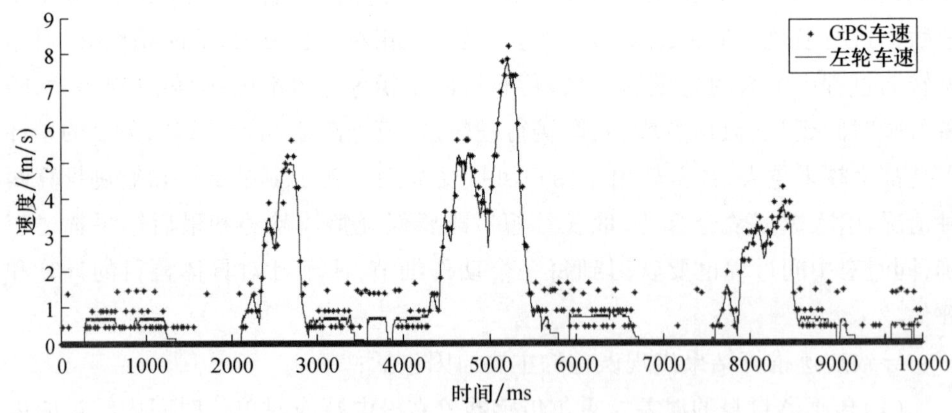

图 7-16 GPS 所测得车速和车轮车速之间的对比

7.2.6 航向角对比

利用GPS能够直接获取每一个航迹点东北天方向的航向角,某些不具备测角功能的GPS传感器,也可根据相邻两个坐标点间的距离直接计算。计算方法是:下一个点减去上一个点的斜率,作为上一个点的航向角。这样 n 个点,共求取 $n-1$ 个航向角。计算时,需要注意,沿 y 轴方向直线行驶时,分母为0,无法计算,通常对于GPS坐标中横坐标相同的点,分别按顺序增加0.000000001的做法,会求出此时航向角为89.99999°,程序处理时直接转换为90°。

$$\alpha = \arctan\left(\frac{y_2 - y_1}{x_2 - x_1}\right) \tag{7-9}$$

航向角方向判定:以纬度方向为正方向,航向角顺时针为正,逆时针为负。首先计算坐标增量 D_X,D_Y(两个对应坐标分量相减,终点的减去始点的)。若 D_X、D_Y 中有一个为零时,根据另一个的正负决定方位角。若 D_X、D_Y 都不为零,则计算 $A = \arctan(|D_Y/D_X|)$,当 $D_X>0$、$D_Y>0$ 时,方位角 $=A$;当 $D_X<0$、$D_Y>0$ 时,方位角 $=180-A$;当 $D_X<0$、$D_Y<0$ 时,方位角 $=180+A$;当 $D_X>0$、$D_Y<0$ 时,方位角 $=360-A$。

以车辆转向过程中所获取的GPS样本数据2,以图7-17为例,从轨迹点分布可以看出:其航向角的变化多数都是0°、90°,只有个别数值在20°左右;而基于车速计算时,由于两侧车速数据较为连续,角度变化更为精细敏感,因此更能反映车辆行驶的真实情况。把样本数据1所测得的航向角变化和航迹推算得到的航向角变化列入图7-18中,可以看出:基于GPS数据推算航向角时,总体趋势似乎可信,但基本没有实用价值;而基于车速推算的航向角数值则连续,可以描述车辆的各种转向行为,因此适宜用基于车速所推算的航向角数据描述车辆运动轨迹。

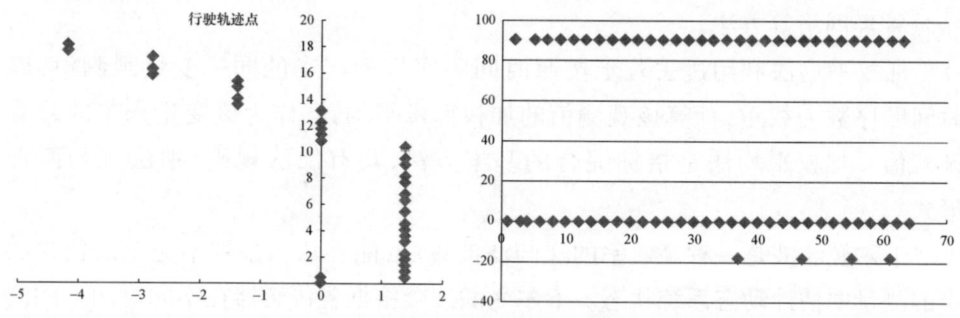

图7-17 GPS轨迹数据和航向角对比

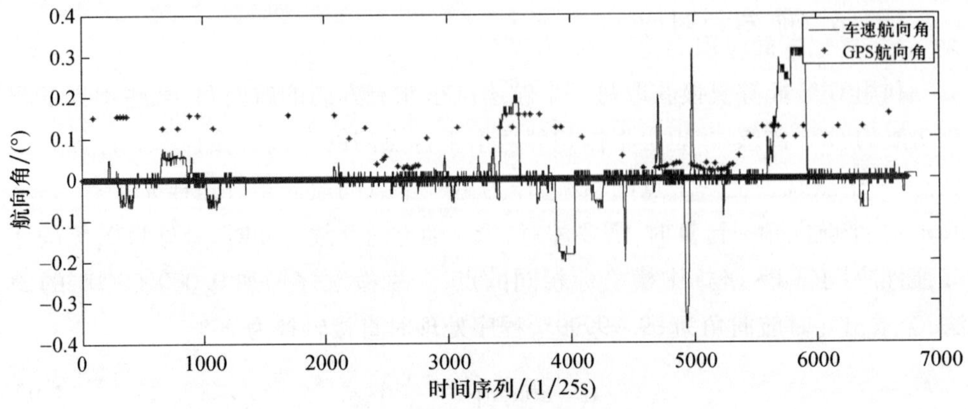

图 7-18　GPS 所测得航向角和航迹推算航向角数值间对比

7.3　数据融合和卡尔曼滤波

7.3.1　传感器数据融合方法

无论是基于车速传感器还是 GPS 的采集数据,两者的计算结果(速度、位置、轨迹、转向角、行驶距离)都在不断接近车辆行驶的真值,但都不是需要测量的真值;并且两类传感器所获取的数据在速度、距离、航向角和轨迹点计算等方向都有不同的精度,因此需要考虑一种方法把两类传感器数据融合起来,得到对车辆状态更为详细和准确的描述。传感器数据融合的基本原理是:通过对各种传感器及人工观测信息的合理支配与使用,将各种传感器在空间和时间上的互补与冗余信息依据某种优化准则或算法进行组合,产生对观测对象的一致性解释和描述。常用的传感器数据融合方法包括加权平均、卡尔曼滤波(Kalman filter)、神经网络等方法。

加权平均法利用过去若干按照时间顺序排列起来的同一变量观测值,以时间顺序数为权重,计算该观测值的加权算术平均数,作为该变量未来的趋势预测值。加权平均法是指标综合的基本方法,具有加法规则、乘法规则两种形式。

卡尔曼滤波是一种高效率的递归滤波算法,能够从一系列不完全及包含噪声的测量中估计动态系统状态。卡尔曼滤波会根据各传感器在不同时间下的测量值,考虑各时间下的联合分布,产生对未知变数的估计,因此会比只以单一测量值为基础的估计方式要准确。卡尔曼滤波在飞行器导航控制、机器人运动规划、轨迹优化方面应用广泛。

神经网络具有很强的容错性以及自学习、自组织、自适应能力，能够模拟复杂的非线性映射，能够满足多传感器数据融合处理要求。在多传感器系统中，各信息源所提供的环境信息都具有一定程度的不确定性，对这些不确定信息的融合过程实际上是一个不确定性推理过程。神经网络根据当前系统所接受的样本相似性确定分类标准，即网络的权值分布。同时，可以采用经典学习算法来获取知识，得到不确定性推理机制。利用神经网络的信号处理能力和自动推理功能，实现多传感器数据融合。

7.3.2 卡尔曼滤波原理

卡尔曼滤波器用于估计离散时间过程的状态变量 $x \in R^n$。这个离散时间过程由以下离散随机差分方程描述：

$$\boldsymbol{x}_k = \boldsymbol{A}\boldsymbol{x}_{k-1} + \boldsymbol{B}\boldsymbol{u}_{k-1} + \boldsymbol{w}_k \tag{7-10}$$

定义观测变量 $z \in R^n$，得到量测方程：

$$\boldsymbol{z}_k = \boldsymbol{H}\boldsymbol{x}_k + \boldsymbol{v}_k \tag{7-11}$$

随机信号w_k和v_k分别表示过程激励噪声和观测噪声。设它们为相互独立、正态分布的白色噪声，服从如下多元高斯分布：

$$P(\boldsymbol{w}) \sim N(0,\boldsymbol{Q}) \tag{7-12}$$

$$P(\boldsymbol{v}) \sim N(0,\boldsymbol{R}) \tag{7-13}$$

实际系统中，过程激励噪声协方差矩阵 $\boldsymbol{Q}$ 和观测噪声协方差矩阵 $\boldsymbol{R}$ 可能会随每次迭代计算而变化，这里假设为常数。

当控制函数 u_{k-1}或过程激励噪声 w_{k-1}为零时，差分方程式(7-10)中的 $n \times n$ 阶增益矩阵 $\boldsymbol{A}$ 将上一时刻 $k-1$ 的状态线性映射到当前时刻 k 的状态。实际中 $\boldsymbol{A}$ 可能随时间变化，但在这里假设为常数。$n \times 1$ 阶矩阵 $\boldsymbol{B}$ 代表可选的控制输入 $u \in R^1$的增益。量测方程式(7-11)中的 $m \times n$ 阶矩阵 $\boldsymbol{H}$ 表示状态变量 $\boldsymbol{x}_k$ 对测量变量 $\boldsymbol{z}_k$ 的增益。实际中 $\boldsymbol{H}$ 可能随时间变化，但在这里假设为常数。

定义：$\hat{\boldsymbol{x}}_k^- \in R^n$（-代表先验，^代表估计）为在已知第 k 步以前状态情况下第 k 步的先验状态估计。

$\hat{\boldsymbol{x}}_k \in R^n$ 为已知测量变量 z_k 时第 k 步的后验状态估计，由此定义先验估计误差和后验估计误差：

$$e_{\bar{k}} \equiv x_k - \hat{x}_{\bar{k}} \tag{7-14}$$

$$e_k \equiv x_k - \hat{x}_k \tag{7-15}$$

先验估计误差的协方差：

$$P_{\bar{k}} = E\left|e_{\bar{k}} e_{\bar{k}}^{\mathrm{T}}\right| \tag{7-16}$$

后验估计误差的协方差：

$$P_k = E\left|e_k e_k^{\mathrm{T}}\right| \tag{7-17}$$

式(7-18)构造了卡尔曼滤波器的表达式，先验估计 $\hat{x}_{\bar{k}}$ 和加权测量变量 z_k 及其预测 $H\hat{x}_{\bar{k}}$ 之差的线性组合构成了后验状态估计 $\hat{x}_k$：

$$\hat{x}_k = \hat{x}_{\bar{k}} + K(z_k - H\hat{x}_{\bar{k}}) \tag{7-18}$$

式中：测量变量及其预测之差$(z_k - H\hat{x}_{\bar{k}})$称为测量过程的革新或残余，反映预测值和实际值之间的不一致程度，残余为 0 表明二者完全吻合。

$n \times m$ 阶矩阵 K 称为残余增益或混合因数，作用是使式(7-17)中的后验估计误差协方差最小。K 的一种表示形式为

$$\begin{aligned} K_k &= P_{\bar{k}} H^{\mathrm{T}} \left(H P_{\bar{k}} H^{\mathrm{T}} + R\right)^{-1} \\ &= \frac{P_{\bar{k}} H^{\mathrm{T}}}{H P_{\bar{k}} H^{\mathrm{T}} + R} \end{aligned} \tag{7-19}$$

由式(7-19)可知，观测噪声协方差 R 越小，残余增益越大，K 越大。R 趋向于零时，有

$$\lim_{P_k \to 0} K_k = H^{-1} \tag{7-20}$$

另外，先验估计误差协方差 $P_{\bar{k}}$ 越小，残余增益 K 越小。$P_{\bar{k}}$ 趋向于 0 时，有

$$\lim_{P_{\bar{k}} \to 0} K_k = 0 \tag{7-21}$$

增益 K 另一种解释是：随着测量噪声协方差 R 趋于 0，测量变量 z_k 的权重越来越大，预测值 $H\hat{x}_{\bar{k}}$ 权重越来越小。反之，随着先验估计误差协方差 $P_{\bar{k}}$ 趋于零，测量变量 z_k 的权重越来越小，预测值 $H\hat{x}_{\bar{k}}$ 的权重会越来越大。

7.3.3 经典卡尔曼滤波算法

卡尔曼滤波器用反馈控制的方法估计过程状态：滤波器首先估计过程某一时刻的状态，然后以(含噪声)测量变量的方式获得反馈。因此卡尔曼滤波器可分为两个部分：时间更新方程和测量更新方程，如图 7-19 所示。时间更新方程负责及时向前推算当前状态变量和误差协方差估计的值，以便为下一个时间状态构造先验估计。测量更新方程负责反馈，将先验估计和新的测量变量结合以

构造改进的后验估计。时间更新方程也可视为预估方程,测量更新方程可视为校正方程。最后的估计算法成为一种具有数值解的预估－校正算法,时间更新方程将当前状态变量作为先验估计及时地向前投射到测量更新方程,测量更新方程校正先验估计以获得状态的后验估计。

时间更新方程将状态估计和协方差估计从 $k-1$ 时刻向前推算到 k 时刻。$\boldsymbol{A}$ 和 $\boldsymbol{B}$ 来自式(7－10),$\boldsymbol{Q}$ 来自式(7－12)。测量更新方程计算时,首先要计算卡尔曼增益$\boldsymbol{K}_k$,其次计算测量输出以获得 z_k,再次产生状态的后验估计,最后估计状态的后验协方差。计算完时间更新方程和测量更新方程,整个过程再次重复。上一次计算得到的后验估计被作为下一次计算的先验估计。

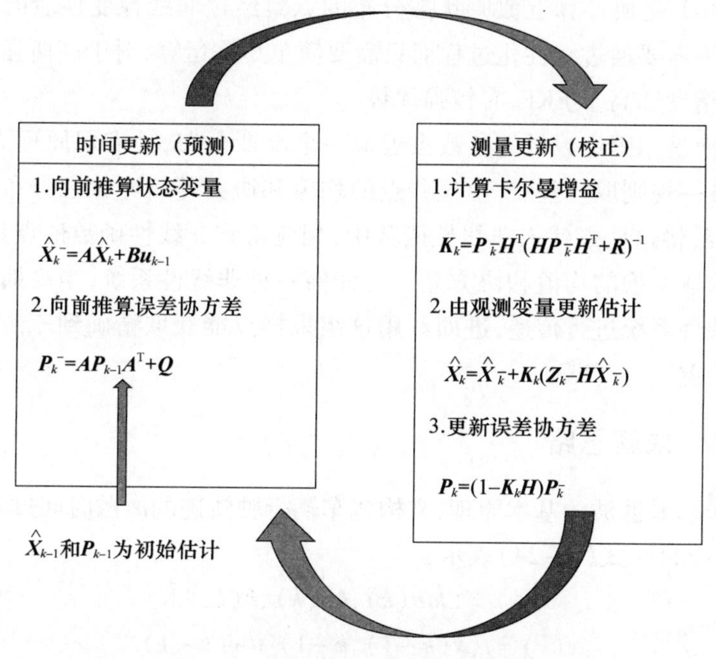

图 7－19　卡尔曼滤波器工作原理图

7.4　行驶轨迹无迹卡尔曼滤波方法

卡尔曼滤波在导航领域的典型应用是从一组有限的对物体位置的观察序列(包含噪声,如不太准确的 GPS 坐标)中预测出更为准确的位置,因为从各种传感器获取的车辆位置和速度测量值都包含有噪声信息,卡尔曼滤波可以利用目标的动态信息设法去掉噪声的影响,得到关于目标位置的好的估计。

7.4.1 无迹卡尔曼滤波原理

经典卡尔曼滤波理论只适用于线性系统,随后 Bucy 和 Sunahara 等人提出并研究了扩展卡尔曼滤波(Extended Kalman Filter,EKF),将卡尔曼滤波理论进一步在非线性领域内得到发挥。EKF 算法利用非线性函数泰勒展开式对非线性模型做近似线性化,有可能会引入线性化误差;当线性化假设不成立时,EKF 算法会导致滤波器的性能下降甚至造成发散。所以,EKF 滤波算法适用于弱非线性模型。为了解决 EKF 所存在的问题,Julier 和 Uhlmann 提出了一种适合于非线性系统的滤波无迹卡尔曼滤波器(Unscented Kalman Filter,UKF)。利用少量采样点,通过 UT 变换计算近似原状态分布的点集经过非线性变换后的均值和方差,该算法不需要通过线性化过程而只需要简单矩阵运算,对于高斯强非线性系统,其估计精度远高于 EKF,有较强优势。

UT 变换是用固定数量的参数去近似一个高斯分布,其实现原理为:在原先分布中按某一规则取一些点,使这些点的均值和协方差与原状态分布的均值和协方差相等;将这些点代入非线性函数中,相应得到非线性函数值点集,通过这些点集可求取变换的均值和协方差。对任何一种非线性系统,当高斯型状态微量经由非线性系统进行传递,进而利用这组采样点能获取精确到三阶矩的后验均值和协方差。

7.4.2 求解思路

参照卡尔曼滤波的基本原理,来构建车辆行驶轨迹的离散时间过程,状态方程由式(7-22)~式(7-24)表示:

$$\boldsymbol{x}(k)=(\boldsymbol{lon}(k),\boldsymbol{lat}(k),\boldsymbol{b}(k))^{\mathrm{T}} \tag{7-22}$$

$$\boldsymbol{x}(k)=f(\boldsymbol{x}(k-1),k-1)+\boldsymbol{w}(k-1) \tag{7-23}$$

$$\boldsymbol{Q}(k)=\begin{bmatrix}\boldsymbol{\sigma}_q^2\boldsymbol{I}_{2\times2} & 0\\ 0 & 0\end{bmatrix} \tag{7-24}$$

其中:状态量为($\boldsymbol{lon}(k)$,$\boldsymbol{lat}(k)$,$\boldsymbol{b}(k)$),分别代表车辆主动轮中心点经度坐标、纬度坐标、中点速度与世界平面夹角。$f(\boldsymbol{x}(k-1),k-1)$通过 $k-1$ 时刻坐标点,结合左右轮速度,分速度相等和一般转向两种情况,计算 k 时刻坐标点,因此函数为非线性函数,故选择无迹卡尔曼滤波,扩展卡尔曼滤波需要求出函数偏导,在本研究中不适合采取。

σ_q 为过程误差方差,已知速度航迹推算误差不超过 0.1m,由 $3-\sigma$ 原则大致估算，$\sigma_q \approx 0.1/3 = 0.033$。由于角度的计算过程没有误差存在，故设置为 0。

以 GPS 经纬度测量值作为观测量，可表示为

$$\boldsymbol{z}(k) = (\boldsymbol{lon}_{\text{gps}}(k), \boldsymbol{lat}_{\text{gps}}(k))^{\mathrm{T}} \tag{7-25}$$

因此，测量方程可表示为

$$\begin{aligned}\boldsymbol{z}(k) &= \begin{pmatrix} lon_{\text{gps}}(k) \\ lat_{\text{gps}}(k) \end{pmatrix} = \boldsymbol{M}_1 \times \begin{pmatrix} 1 & 0 & 0 \\ 0 & 1 & 0 \end{pmatrix} \times \begin{pmatrix} lon(k) \\ lat(k) \\ b(k) \end{pmatrix} + \boldsymbol{v}(k) \\ &= h(\boldsymbol{x}(k), k) + \boldsymbol{v}(k)\end{aligned} \tag{7-26}$$

式中：$\boldsymbol{M}_1$ 为旋转矩阵，旋转角度需计算，可以看到本研究中测量方程为线性方程。

测量噪声协方差矩阵为

$$\boldsymbol{R}(k) = \boldsymbol{\sigma}_r^2 \boldsymbol{I}_{2\times 2} \tag{7-27}$$

式中：σ_r 为测量误差方差，已知 GPS 误差为 2 ~ 5m，由 $3-\sigma$ 原则大致估算，$\sigma_r \approx 5/3 = 1.67$。无迹卡尔曼滤波的求解过程有着较为通用的程序，一般使用时只需要更改状态空间表达式及初始化，即可求解最终结果。

7.4.3 计算过程

1. 初始化

$$\begin{cases} E(\boldsymbol{x}_0) = \hat{\boldsymbol{x}}_0 \\ \operatorname{cov}(\boldsymbol{x}_0) = E[(\hat{\boldsymbol{x}}_0 - \boldsymbol{x}_0)(\hat{\boldsymbol{x}}_0 - \boldsymbol{x}_0)^{\mathrm{T}}] \end{cases} \tag{7-28}$$

2. Sigma 点的选取和权重

$$\begin{cases} \boldsymbol{\chi}_{k-1|k-1}^{0} = \hat{\boldsymbol{\chi}}_{k-1|k-1} \\ \boldsymbol{\chi}_{k-1|k-1}^{i} = \hat{\boldsymbol{\chi}}_{k-1|k-1} + \left(\sqrt{(n+\lambda)\boldsymbol{P}_{k-1}}\right)_i^{\mathrm{T}} (i = 1, 2, \cdots, n) \\ \boldsymbol{\chi}_{k-1|k-1}^{i} = \hat{\boldsymbol{\chi}}_{k-1|k-1} - \left(\sqrt{(n+\lambda)\boldsymbol{P}_{k-1}}\right)_i^{\mathrm{T}} (i = n+1, n+2, \cdots, 2n) \end{cases} \tag{7-29}$$

$$\begin{cases} \omega_0^m = \lambda/(n+\lambda) \\ \omega_0^c = \lambda/(n+\lambda) + (1 - \alpha^2 + \beta) \\ \omega_i^m = \omega_i^c = 1/[2(n+\lambda)] (i = 1, 2, \cdots, 2n) \end{cases} \tag{7-30}$$

这里，$\boldsymbol{\chi}_{k-1|k-1}^{i}$ 是 k 时刻选择的 Sigma 点；$\hat{\boldsymbol{\chi}}_{k-1|k-1}$ 和 $\boldsymbol{P}_{k-1}$ 是 $k-1$ 时刻的后验估计状态矢量和误差协方差矩阵；n 代表系统的状态维度；ω_i^m、ω_i^c 分别是 Sigma 点的均值和协方差的权重；$\lambda = \alpha^2(n+\kappa) - n$ 代表比例因子，α 决定 Sigma 点集

与相应平均值之间的距离，通常是一个非常小的正数，本研究中令 $\alpha=0.001$。β 通常用于整合随机变量的先验信息，$\beta=2$ 对于高斯分布是最佳的。

3. 状态预测

根据非线性状态方程 $\boldsymbol{\chi}_{k|k-1}^{i}=f(\boldsymbol{\chi}_{k-1|k-1}^{i})$，状态前验估计和误差协方差可以通过式(7－31)和式(7－32)得到，即

$$\hat{\boldsymbol{x}}_{k|k-1}=\sum_{i=0}^{2n}\boldsymbol{\omega}_{i}^{m}\boldsymbol{\chi}_{k|k-1}^{i} \tag{7-31}$$

$$\boldsymbol{P}_{k|k-1}=\sum_{i=0}^{2n}\boldsymbol{\omega}_{i}^{c}(\boldsymbol{\chi}_{k|k-1}^{i}-\hat{\boldsymbol{x}}_{k|k-1})(\boldsymbol{\chi}_{k|k-1}^{i}-\hat{\boldsymbol{x}}_{k|k-1})^{\mathrm{T}}+\boldsymbol{Q}_{k} \tag{7-32}$$

4. 测量预测

根据测量方程 $z_{k|k-1}^{i}=h(\chi_{k-1|k-1}^{i})$，测量前验估计和误差协方差可以通过式(7－33)～式(7－35)得到：

$$\hat{\boldsymbol{z}}_{k|k-1}=\sum_{i=0}^{2n}\boldsymbol{\omega}_{i}^{m}\boldsymbol{z}_{k|k-1}^{i} \tag{7-33}$$

$$\boldsymbol{P}_{zz,k}=\sum_{i=0}^{2n}\boldsymbol{\omega}_{i}^{c}(\boldsymbol{z}_{k|k-1}^{i}-\hat{\boldsymbol{z}}_{k|k-1})(\boldsymbol{z}_{k|k-1}^{i}-\hat{\boldsymbol{z}}_{k|k-1})^{\mathrm{T}}+\boldsymbol{R}_{k} \tag{7-34}$$

$$\boldsymbol{P}_{xz,k}=\sum_{i=0}^{2n}\boldsymbol{\omega}_{i}^{c}(\boldsymbol{\chi}_{k|k-1}^{i}-\hat{\boldsymbol{x}}_{k|k-1})(\boldsymbol{z}_{k|k-1}^{i}-\hat{\boldsymbol{z}}_{k|k-1})^{\mathrm{T}} \tag{7-35}$$

5. 更新

卡尔曼增益：

$$\boldsymbol{K}_{k}=\boldsymbol{P}_{xz,k}\boldsymbol{P}_{zz,k}^{-1} \tag{7-36}$$

状态量后验估计：

$$\hat{\boldsymbol{x}}_{k|k}=\hat{\boldsymbol{x}}_{k|k-1}+\boldsymbol{K}_{k}(z_{k}-\hat{\boldsymbol{z}}_{k|k-1}) \tag{7-37}$$

误差协方差后验估计：

$$\boldsymbol{P}_{k|k}=\boldsymbol{P}_{k|k-1}-\boldsymbol{K}_{k}\boldsymbol{P}_{zz,k}\boldsymbol{K}_{k}^{\mathrm{T}} \tag{7-38}$$

综上，通过状态预测、测量预测和更新，可以不断进行估算，最终得到融合后的状态量，即车辆位置。

7.4.4 计算结果

对样本数据 1 所采集的 GPS 经纬度坐标和航迹推算得到的坐标点按照上述过程计算数据融合结果，得到的轨迹曲线如图 7－20 所示。图中，* 号点所描述的轨迹为 GPS 测得轨迹，实线为无迹卡尔曼滤波后的轨迹。从图中可以看出：滤波曲线大体上和原始的 GPS 定位轨迹重合。局部放大到米级还会发现，

卫星定位所存在的小范围跳动从而导致的“锯齿现象”在融合的曲线上是没有的，融合后的轨迹无论是准确性还是精确性都得到了提升。由于没有更高精度的差分 GPS 作参照，针对拐点处的限制杆位置和距离进行计算，融合后的轨迹精度均小于 1m，基本能够满足驾驶训练中的轨迹判定要求。

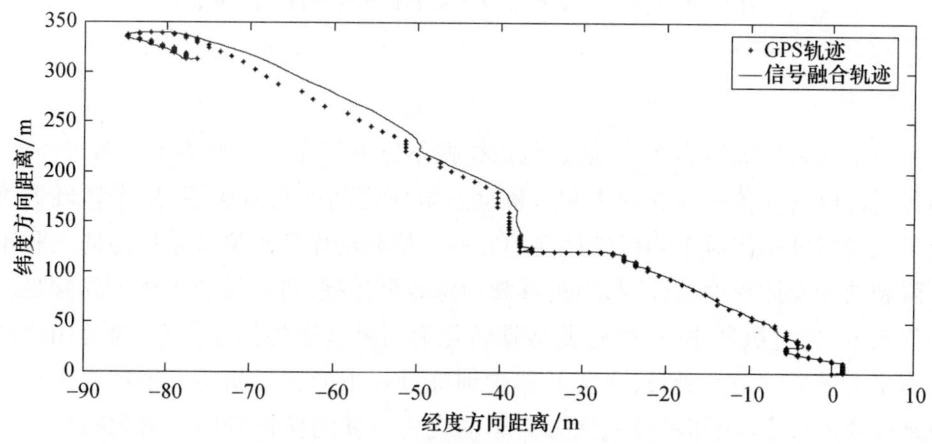

图 7 - 20　样本数据 1 轨迹融合结果

7.5　小结

本章针对当前车载 GPS 精度不足以支撑驾驶动作考评的现状，介绍了车辆运动学中基于主动轮车速常用的航迹推算法；针对 GPS 轨迹和航迹推算结果对轨迹表述不一致的现状，引入了卡尔曼滤波方法以及航迹推算坐标、GPS 坐标和当地坐标的转换方法，实现两种行驶轨迹的数据融合，既提高了行驶轨迹的测量精度，又避免了长时间大量数据计算轨迹的累计误差。融合后的轨迹精度均小于 0. 1m，基本能够满足驾驶训练中的轨迹判定要求。

第8章　换挡技能机器学习

对于驾驶训练数据而言，通过数据挖掘不仅可以完成驾驶动作识别与评价，而且还可以建立各种驾驶动作和车辆动态响应之间的对应关系，用来体现训练效果或者驾驶动作对车辆机动性能的影响。驾驶动作和车辆机动性能的关联正是驾驶技能发挥程度的体现，通过驾驶训练数据挖掘，可以筛选出优秀驾驶员的操作数据，通过机器学习，把这些数据转化为驾驶技能的描述模型，再运用这些模型实时反馈给新驾驶员，作为其驾驶训练过程中的智能指导。根据履带车辆机动性能的特点，把驾驶技能区分为车辆直线行驶的换挡技能和转向行驶的转向技能两大类。本章重点介绍基于驾驶员操作数据的换挡技能机器学习过程，运用数据挖掘方法发现大量训练数据中存在的车辆换挡决策，并把学习结果用于对驾驶员操作进行实时自动化换挡提示。

8.1　换挡技能

换挡技能指驾驶员根据车辆运动参数顺利换挡从而充分发挥车辆机动性的能力，可以用换挡时机来描述，换挡时机是指车辆行驶过程中相临两个挡位之间具备换挡（升挡或降挡）可行性的时刻。车辆自动驾驶中，通常简称为换挡策略或者换挡规律，即换挡时机随着车辆控制参数变化的规律。换挡规律可分为单参数换挡规律、双参数换挡规律及三参数换挡规律。驾驶动作数据挖掘中，换挡时机指驾驶员根据车辆运动参数决定换挡的时刻，可以从车辆运动参数和换挡动作关系中挖掘出来。下面首先分析常见的换挡策略概念，然后借用这一概念，从已有的驾驶训练数据中发现人工驾驶车辆的换挡策略。

8.1.1　常见换挡规律

1. 单参数换挡规律

控制参数一般为车速、发动机转速或者变速器输出轴转速等，以车速为控制参数为例，当车速超过某一数值时，车辆自动升挡，当车速低于某一数值时，车辆自动减挡。如图8－1所示，其中实线对应的是各挡位的升挡车速，虚线对应的是各挡位的降挡车速。

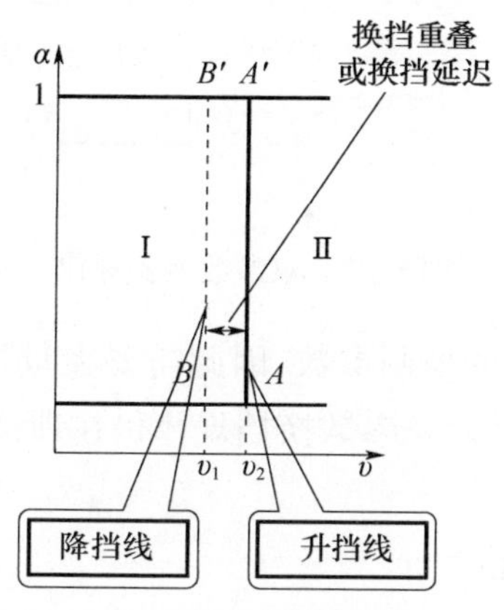

图8－1 单参数换挡规律曲线

单参数换挡规律控制系统相对简单，换挡点与油门大小无关，驾驶员意图对换挡时机干预较小，为了保证车辆的行驶性能，换挡点一般选在发动机转速较高的区域。某些情况下，这种换挡规律会引发不必要的换挡，如在爬坡或超车时，车辆需要高转速大扭矩，而单参数换挡规律的车辆可能会自动升挡，不理会驾驶员意图，单参数换挡规律往往不能兼顾车辆的动力性和经济性。因此，自动变速的车辆一般不会采用这种换挡规律。

2. 双参数换挡规律

双参数换挡规律克服了单参数换挡规律的弊端，是目前车辆上自动变速器应用最为广泛的换挡规律。双参数换挡规律一般以车速和油门开度为控制参数，主要有等延迟型、收敛型、发散型、组合型等种类型，如图8－2所示，根据不同的车辆需求使用不同类型的换挡规律。两参数换挡规律可以识别驾驶员意图，驾驶员通过控制油门可以干预换挡时机，从而提前升挡或降挡，而且通过标定两个控制参数可以实现动力性换挡或经济性换挡，满足不同的换挡需求。

3. 三参数换挡规律

三参数换挡规律是在两参数换挡规律的基础上发展起来的，增加了一个控制参数，一般为车辆的纵向加速度，它能反映车辆在动态过程中的控制，使自动换挡控制更接近于实际换挡状态，进一步提高车辆的动力性与经济性。由于增

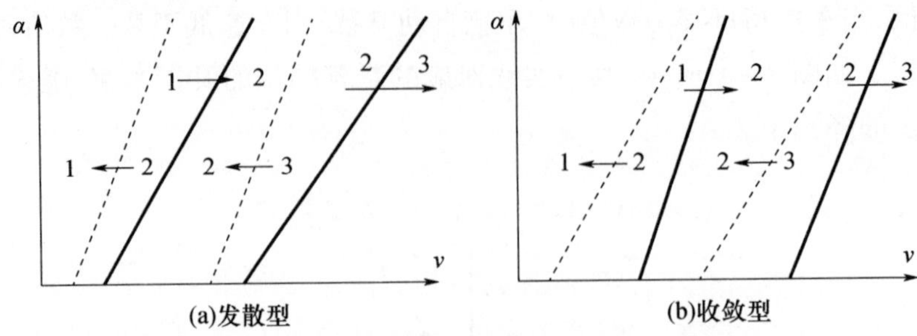

(a)发散型

(b)收敛型

图 8-2　双参数换挡规律

加车辆的加速度作为换挡的控制参数,因此需要大量发动机在非稳定状态下的实验数据和台架实验。目前,三参数换挡规律仍在理论研究阶段,实车上的应用并不多见。

4. 最佳经济性换挡规律

一般以最佳燃油经济性为换挡优化目标,换挡时机的制定以发动机工作在油耗最小的区域为目标,如以车速和油门开度为控制参数时,在相临两个挡位相同油门开度下,燃油消耗率曲线相交的点为换挡点。通过图解法得到最佳经济性换挡规律。

5. 最佳动力性换挡规律

汽车在同样车速下尽量利用低挡位行驶,此时,发动机转速较高,汽车起步、加速等工况动力性好,最佳动力性换挡规律下的体现就是在相同的油门开度下,车速较高时再换入高挡(升挡时)或换入低挡(降挡时)。

车型不同,传动系统结构设计和用户需求不同,车辆变速换挡规律也不一样。本书进行换挡规律数据挖掘并不是为了设计相应的自动变速箱,而是根据已有的训练数据,挖掘优秀驾驶员的换挡规律,提炼优秀驾驶员对换挡时机的把握。当然,挖掘结果也可以用于指导自动变速车辆的设计。

8.1.2　换挡样本数据

驾驶操作要领中,升挡时动作顺序:加油冲车,踏下主离合器踏板,松开加油踏板,将变速杆摘到空挡,挂上高一级排挡,迅速平稳地松回主离合器踏板,加油。降挡时,动作顺序:减油;踏下主离合器踏板;将变速杆放到空挡,挂上低一级排挡;平稳地松回主离合器,同时加油。自动变速箱设计时,均把离合器动作和挡位动作作为换挡动作,而把换挡前后的油门动作作为实现换挡策略而改变车辆当前运动状态的识别信号,因此选择样本数据时,所指的换挡策略或者换挡时机均是指换挡时踏下主离合器踏板之前的车辆状态或者控制参数。

对于以车速为控制参数的单参数换挡规律而言，换挡时机是指离合器动作前由于加油冲车导致的车速增加过程。采集两段样本曲线，分别为样本数据 1 和样本数据 2，车速和挡位对应关系曲线如图 8－3 所示，图中直线部分为挡位动作曲线，曲线部分为车速曲线。从两组车速曲线可以看出：升挡动作前，驾驶员都会有意识增加车速至一个峰值，然后才开始踩离合换挡和松离合动作。因此，当以车速为参数描述换挡规律时，车速应取自换挡前驾驶员有意识冲车的最高车速；同样换低挡时，则取决于摘高挡到位后的最低车速。

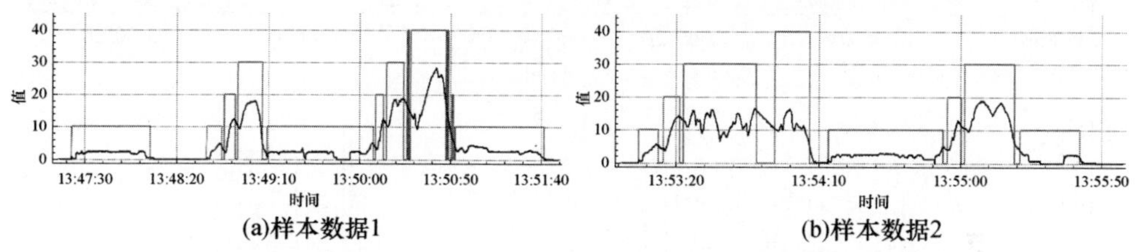

(a)样本数据1　　(b)样本数据2

图 8－3　挡位和车速变化对应曲线

当取两参数换挡策略时，相当于在原单参数（车速）基础上，增加了油门开度与挡位的对应关系，如图 8－4 所示。从油门动作曲线与挡位对应关系看，升挡前，都能够明显看到加大油门冲车的过程，此时，取升挡动作前油门开度的最大值作为升挡策略的对应参数；同理，降挡时，一般要在降挡前把油门松至最小开度（发动机怠速位置），必要时可能还要采取制动动作降低车速，此时，取降挡动作前油门的最小开度作为降挡策略的对应参数。油门参数和前面车速参数共同作为换挡策略的双参数。

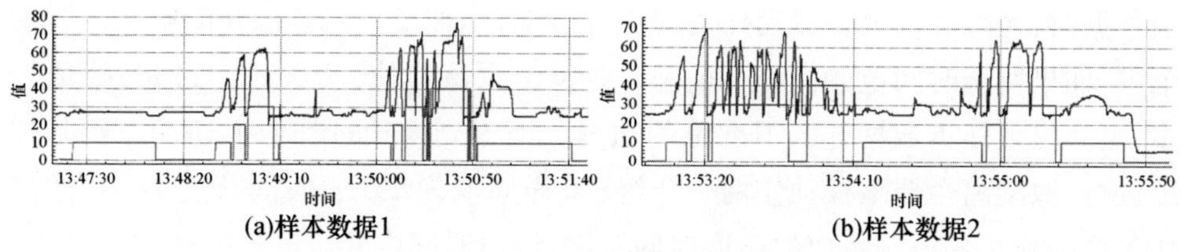

(a)样本数据1　　(b)样本数据2

图 8－4　挡位和油门开度对应曲线

同样当取三参数换挡策略时，相当于在双参数（油门、车速）的基础上，增加了车体纵向加速度与挡位的对应关系，如图 8－5 所示。从图中可以看出，换挡及行驶过程中，车辆加速度变化比较激烈，但从峰值情况看，换挡前，一般都会有一个加速度峰值对应着相应的换挡动作，该峰值同时对应着单参数换挡曲线中车速的峰值转折点。这样,取样本数据的加速度参数时,一般取升挡或者降挡动作前的最大(最小)加速度值;并和前面的车速、油门参数共同作为换挡策略的三参数。

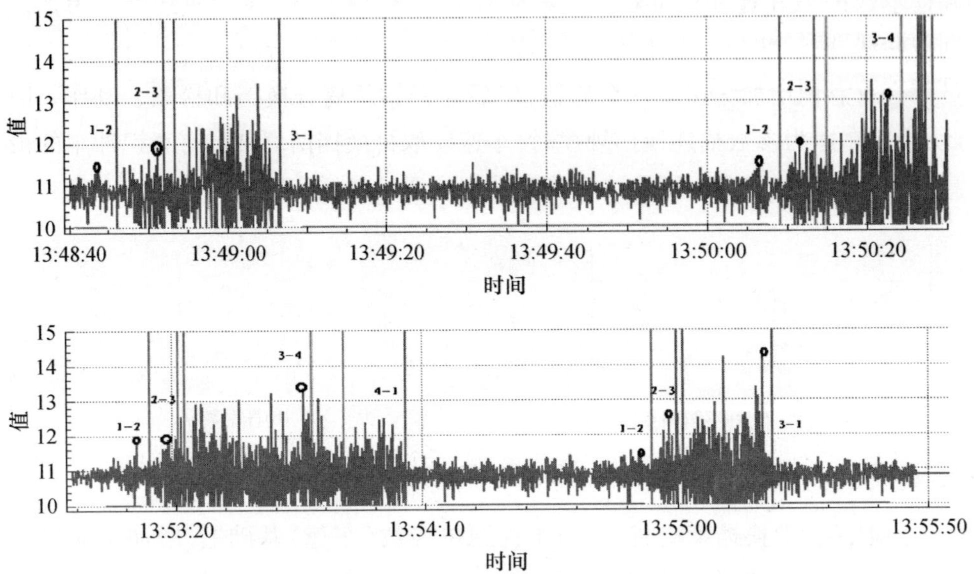

图 8－5　挡位和加速度对应曲线

8.1.3　控制参数选取时机

通过对换挡动作前车速、油门开度和加速度数据的直观分析,可知换挡动作前车辆控制参数都会有一个峰值或者最小值对应着换挡动作,计算机筛选此峰值数据时,通常要以离合器动作为起点,沿着时间轴反方向考虑峰值所在的时间范围,如果所选时间范围过短,可能不会包含到该峰值,所选时间过长,峰值较多,也会出现样本数据选取不准确的情况。考虑到换挡过程中上述动作都是连续进行,取踏离合器踏板动作前 100 组(采样周期为 25Hz,时间长度为 4s)数据作为换挡前车辆控制参数的选取时间范围,该段时间内几组升挡时油门、车速和加速度曲线如图 8－6、图 8－7 所示。从图中可以看出:对于升挡动作而言,无论 D1D2,还是 D2D3,选择 4s 时长的采样数据,均能够选取到换挡前的最大油门开度和最大车速。车体加速度值虽然凌乱些,但最大峰值同样也在选取的时间范围内,且与车速油门峰值位置基本对应。随着挡位升高,D2D3 换挡动作因为有同步器工作,所以车体加速度峰值变化更不明显。

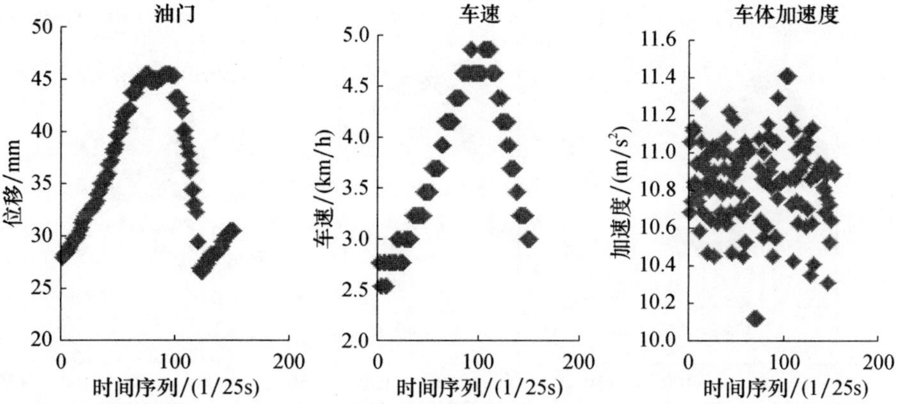

油门　车速　车体加速度

(a)A车

油门　车速　车体加速度

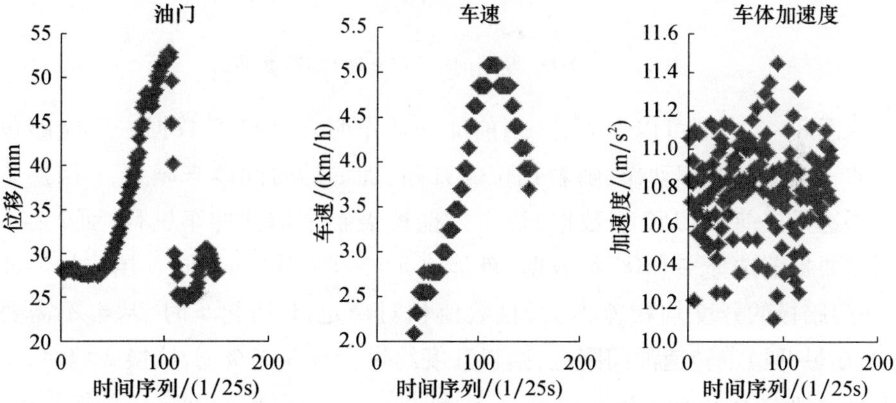

(b)B车

图 8-6　D1D2 换挡前油门/车速/加速度曲线

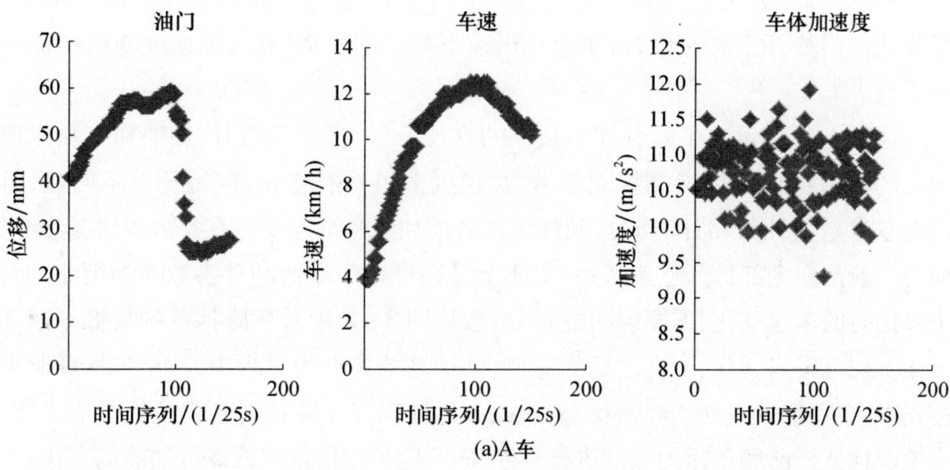

(a)A车

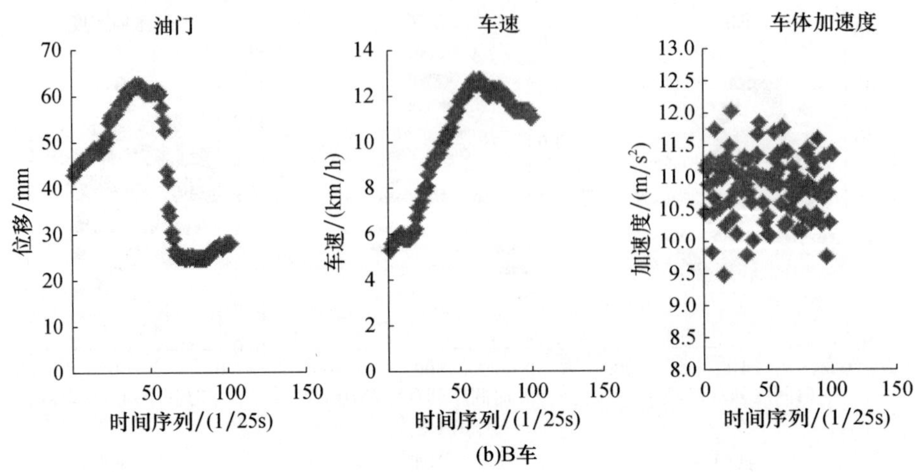

(b)B车

图 8－7　D2D3 换挡前油门/车速/加速度曲线

从图 8－6 中还可以看到:升挡前加油动作明显,100 组数据一定能够包括最近的一组加油冲车动作,随着挡位的升高,加油的时间越来越短,1 挡换 2 挡均需要选择提前 6s(150 组数据)以上才能覆盖整个加油冲车过程;而 2 挡升 3 挡则需要提前选择 4s(100 组数据)就能满足要求。升挡时,同一挡位加油冲车时,油门踏板的开度均相差不大,且数值相对稳定;1 挡起车时,基本不需要加油,均在最低稳定转速油门附近,踏板开度约为 26% ~27%;1 挡换 2 挡时,踏板开度最大值约为 45% ~50%;2 挡换 3 挡时,踏板开度约为 60%;3 挡换 4 挡时,踏板开度在 70% 以上。

选取两组降挡前的油门、车速和加速度数值,绘制曲线如图 8－8 所示。从图 8－8 中可以看出:降挡时,无论从哪个挡位降至 1 挡,也可能所有降挡动作,都要把油门松开至怠速位置;车速将迅速下降。同时降挡时,加速度峰值特征并不明显。

通过上述少量人工驾驶样本数据的直观分析,可知升挡时,加油冲车和车速变化的峰值可以作为换挡控制参数,加速度值虽然有变化,但特征并不明显,可建立双参数换挡策略;降挡时,同样可以考虑油门和车速变化双参数策略,但此时油门一般都在全部松开怠速状态,实质上是一种基于车速的单参数换挡策略。对于降挡时的车速变化,需要说明的是,虽然从图 8－8 中看到降挡前的最低车速并不在 1 挡范围内,但因为在之后的踩离合、摘高挡等动作过程中,甚至包括踩制动过程中,车辆都一直处于降速状态,所以如果准确建立降挡时各挡位的对应车速,应该以挂低挡前的车速为基准进行判断,而不应该仅仅依赖踩离合器前的车速。

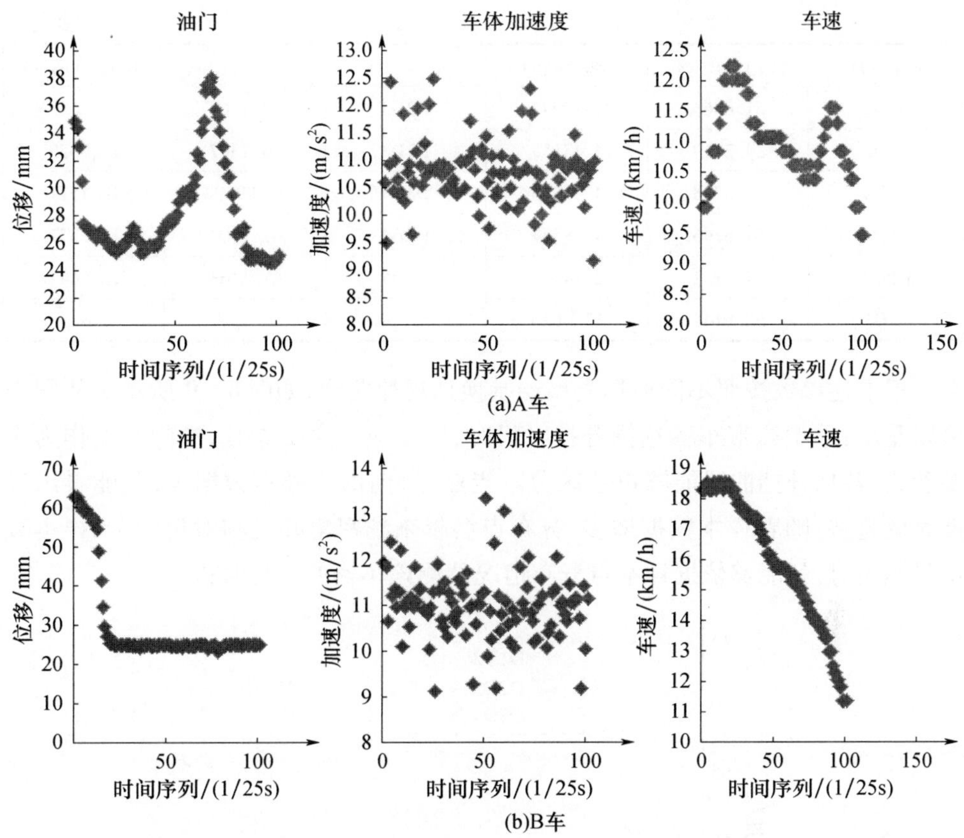

图8-8 降挡换挡油门/车速/加速度变化曲线

8.1.4 升挡样本数据筛选

基于单一驾驶动作、协同驾驶动作匹配结果,以踩离合器动作C3作为换挡动作开始,沿时间轴反方向推进4s(100组数据),从中选取车速、油门作为换挡控制参数,对于升挡动作而言,选取此时间段内的最大值;对于降挡动作而言,选取此时间段内的最小值,作为对应换挡动作的控制参数,列入表8-1。这些数据将作为后续换挡技能机器学习的训练样本。

表8-1 升挡动作控制参数样本数据表

动作顺序	油门开度/%	车速/(km/h)	动作顺序	油门开度/%	车速/(km/h)
D1D2	45.47	4.847	D2D3	62.5323	12.6944
D1D2	52.71	5.078	D2D3	58.3282	10.6172
D1D2	45.478	4.73158	D2D3	58.2765	11.2635

续表

动作顺序	油门开度/%	车速/(km/h)	动作顺序	油门开度/%	车速/(km/h)
D1D2	51.8863	4.77774	D2D3	53.7468	8.81689
D1D2	54.2119	4.43153	D2D3	64.2377	11.9559
D1D2	48.5788	4.06223	D3D4	72.09302	18.1571
D1D2	51.6796	4.38537	D3D4	62.7907	14.8872
D1D2	54.3152	2.74662	D3D4	65.1163	16.0643
D2D3	58.9147	12.4636			

把上述参数按照不同换挡类型绘制换挡规律曲线,如图 8-9 所示。从图中可以看出:重型履带车辆选择升挡时机时,以车速为主要参数,油门开度作为次要参数,各挡升挡曲线能够单独区分。当然,目前由于样本数据少,只能看出升挡大概趋势,随着样本数据增多,分布点会越来越密集并且相对集中,当样本数量足够大时,就能够依据样本点分布情况估测该车辆的换挡时机。

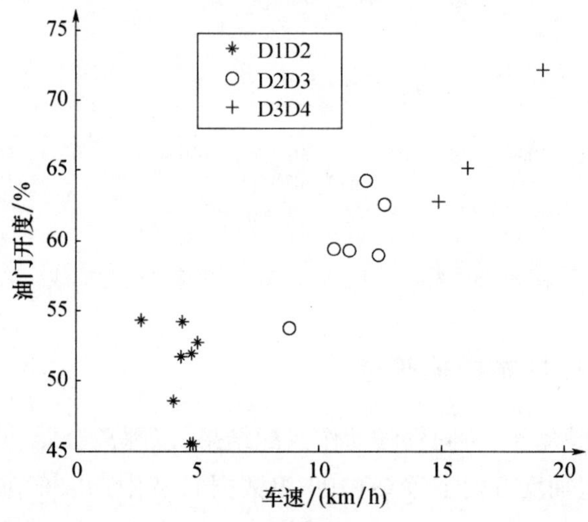

图 8-9　升挡策略样本点分布

8.1.5　降挡样本数据筛选

降挡动作要领与升挡基本相同,只是把升挡的加油动作改为减油,但实际驾驶过程中,多数驾驶员降挡时都要通过制动器来控制车速,如图 8-10 所示。图中类似脉冲峰值的曲线为离合器动作,直线为挡位,挡位内所包含的曲线为车速。从图中可以看出,几乎每一次降挡动作都伴随着制动器动作,因此考虑降挡策略时，如果忽略制动器动作，仍旧以离合器动作时机为基准，所筛选出的车速动作很难与驾驶实际情况相符。

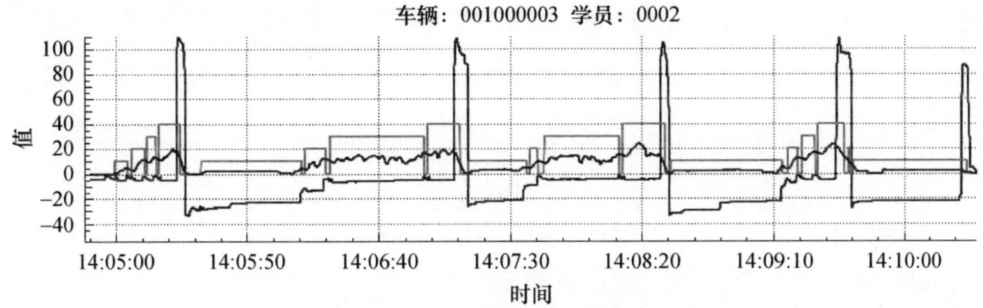

图 8－10　降挡时的制动器动作和车速曲线

图 8－11 放大了一组制动降挡动作，在原来离合挡位的基础上增加了制动器动作，图中先踩的曲线为制动器曲线；第二次踩的有波动情况的曲线为离合器曲线，从图中可以看出：一般情况下的降挡动作时序为驾驶员首先踩下制动器，车速开始下降；然后踩下离合，摘下当前挡位，靠制动器作用控制车速；当车速降至预期挡位车速范围内时，松开制动器，挂上预期挡位，松开离合器，车辆开始按预期挡位行驶。

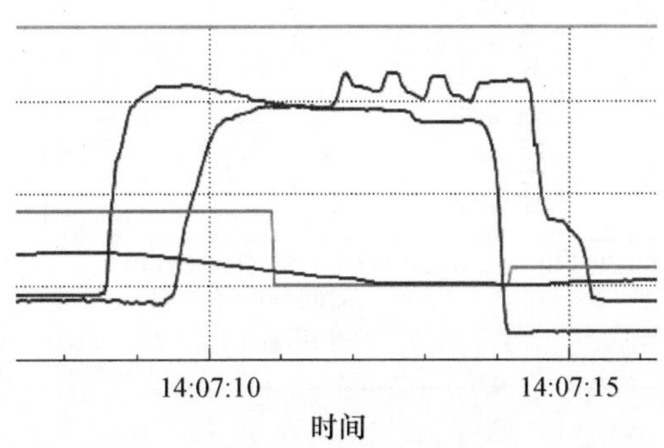

图 8－11　降挡时制动离合挡位和车速变化时序

为了对制动换挡过程的动作时序、车速之间的对应关系有更为普遍的认识，把图 8－11 中前 4 次制动换挡动作曲线进一步提取放大显示，从更加细致微观的角度来看一般情况下驾驶员的制动换挡动作规律。根据单一动作识别结果，对每组制动换挡数据从踩下制动器或者离合器动作开始，到离合器完全结合为止，观察在此期间各操作件（制动、离合、挡位）的动作时序关系以及和车速、发动机转速之间的对应关系，如图 8－12 ~ 图 8－15 所示。

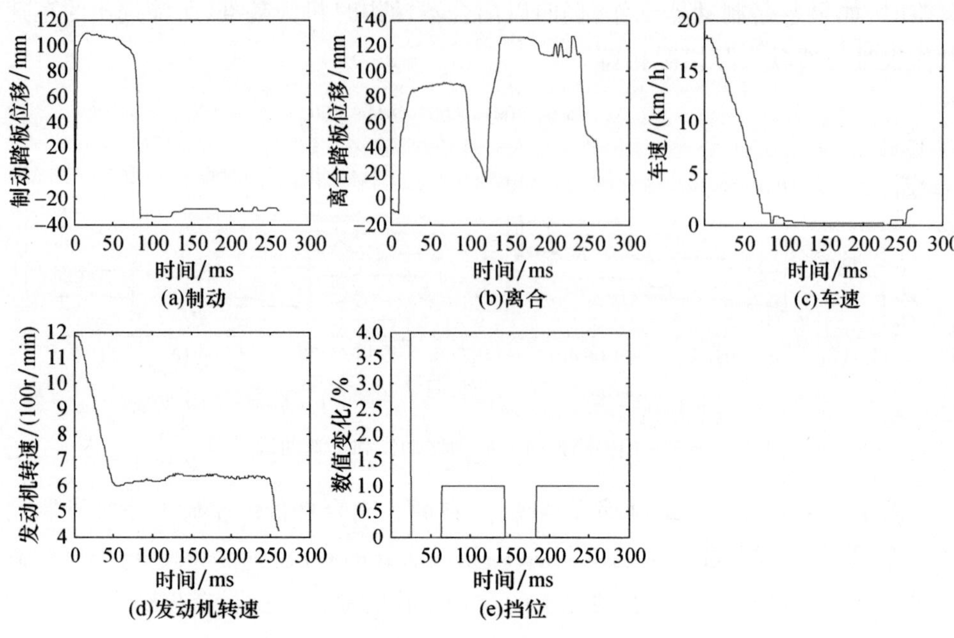

图 8－12　第 1 组制动换挡协同动作中各操作件单一曲线

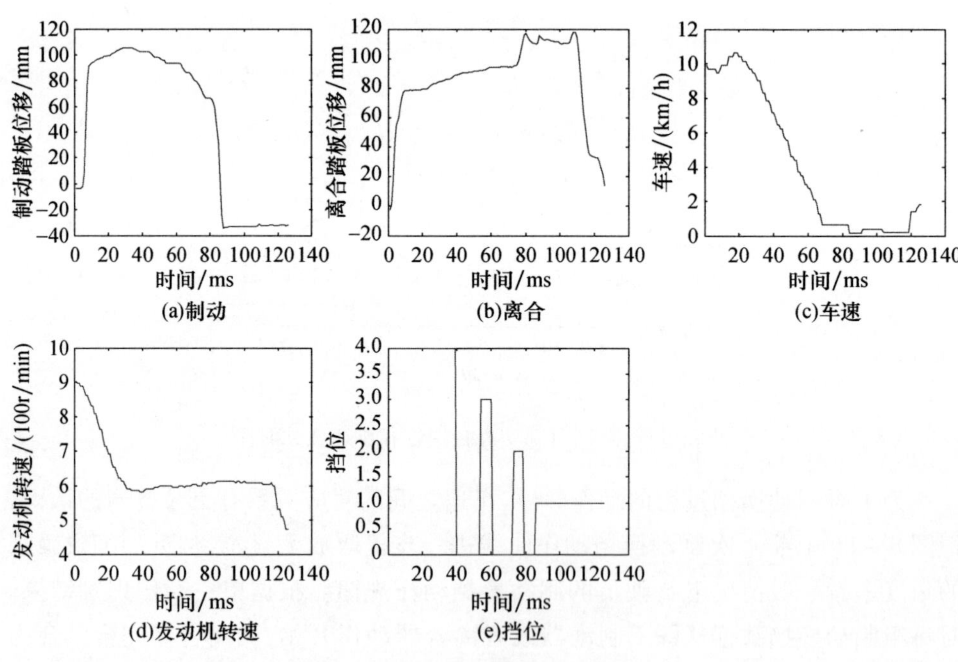

图 8－13　第 2 组制动换挡动作曲线

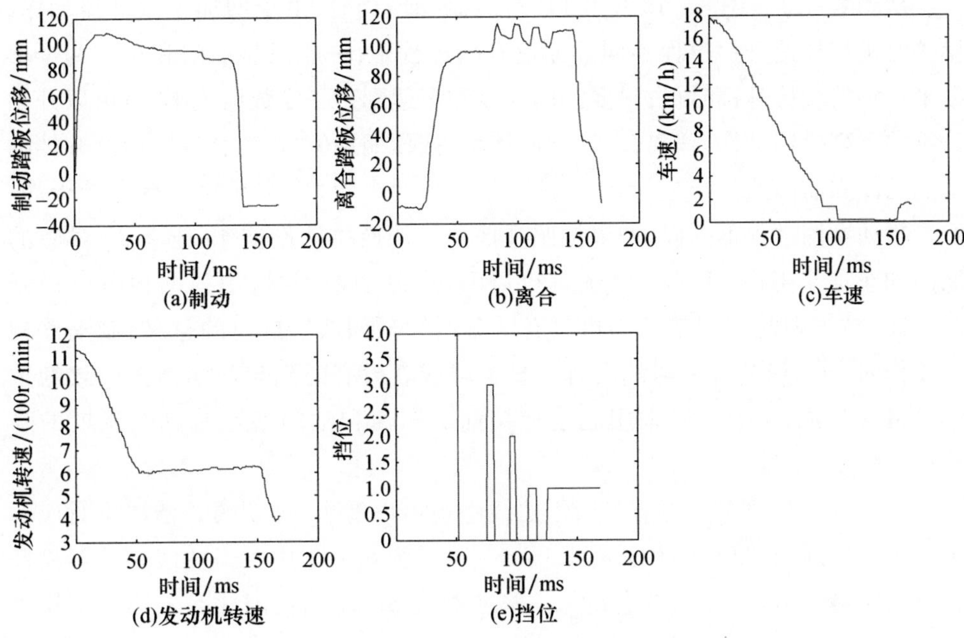

图 8－14　第 3 组制动换挡动作曲线

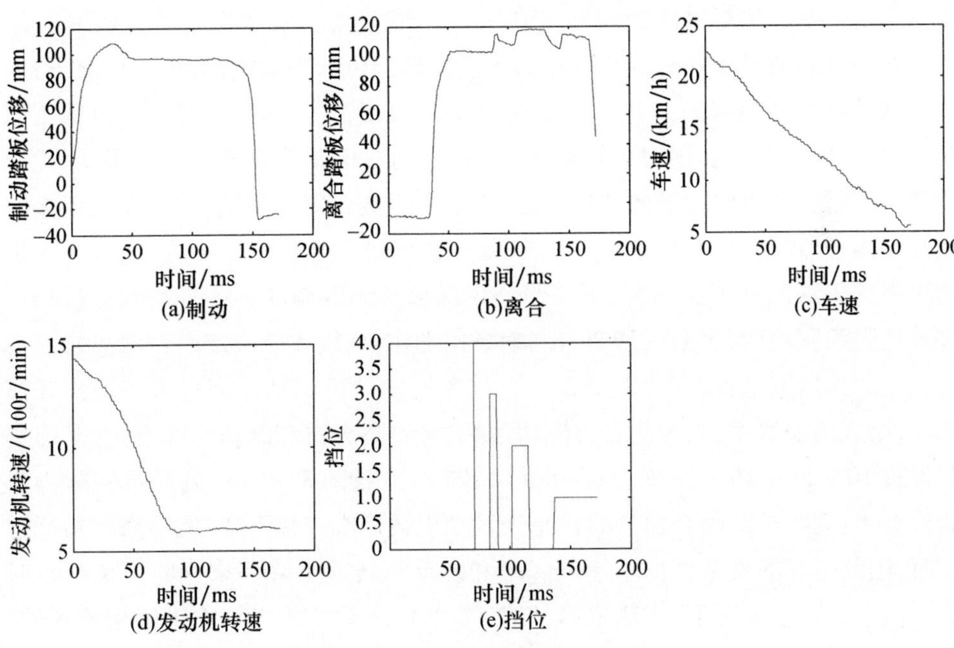

图 8－15　第 4 组制动换挡动作曲线

从图 8－12～图 8－15 中可以看出：制动换挡时，由于增加了制动器动作，换挡时机与加速升挡过程不同。加速升挡过程中，一般只靠油门和车速两个参数来识别驾驶员升挡时机；只要油门开度和车速到达一定数值范围，就可以开始后续的系列换挡动作：踩离合，摘当前挡位，挂预期挡位，松离合等。后续升挡的系列动作和前面油门车速参数是截然分开的两个阶段，相互间没有交叉干涉。但是制动换挡过程不一样，如果按照升挡规律从换挡动作前 4s 或者 2s 对应的油门和车速来考虑，上述 5 张图都可以看出：制动换挡时，油门踏板早已松开至怠速位置，因此油门参数不再具有区分后续预期换挡挡位的意义；制动器初始动作时，无论前后，车速都没有明显下降或者没有降到与预期挡位一致的数值。也就是说，不太可能采用制动换挡前的车速和油门参数来判断预期的降挡挡位。

从各组协同动作中的单一动作曲线中还可以看出：预期的降挡挡位对应的车速实际是制动器松开时的车速，图 8－11～图 8－13 中 3 组曲线制动器松开时，车速均在 1km/h 左右或者更低。第 4 组在 5km 左右；因此除去第 4 组换挡结束时可以选择挂 1 挡或者 2 挡外，其他 3 组只能选择挂 1 挡。4 组数据中的挡位均是从 4 挡逐次降至 1 挡，中间挡位对换挡决策没有影响，只是根据操作要领要求逐次降低挡位至最低挡位。

如果以制动器松开时的车速作为预期换挡挡位的判断依据，正常情况下，应该在制动器松开的瞬间来开始系列换挡动作，如踩离合、摘高挡位等，但从 4 组曲线看，显然不是这样的，所有换挡动作在制动器松开前就已经开始了，因此制动器松开时只能决定预期的挂挡挡位，不能决定离合器和摘挡动作，那么什么时间开始离合器动作呢？从 4 组曲线中离合器和制动器动作顺序看，第 1、3、4 组的顺序是先踩制动再踩离合，第 2 组是先踩离合后踩制动，从一般控制规律看，应该是先踩制动后，表示可能要有制动换挡动作，后续才能决定是否踩离合。自动控制的换挡策略中，有的文献指出可以考虑发动机制动作用尽可能晚地踩离合器，第 2 组曲线中，因为离合器踩得过早，导致离合器和制动均踩下时，车速仍然保持 10～20ms 没有下降；从图 8－12、图 8－14、图 8－15 中驾驶员实际操作曲线看出：驾驶员踩离合器的时机是当发动机转速有较快下降、但未降至最低转速时，因此也有的文献根据车速下降率和发动机转速下降率来判断踩离合器时机。由于离合器未踩下、车辆未换挡时，车速与发动机转速是成比例相关联的，因此可以只选择车速下降率（减速度）一个参数，当车速下降率到达一定数值但发动机转速尚未到最低转速时，来判断踩离合器的时机。

针对上述第1、4组制动减挡动作，计算离合器动作时的车速降低率和发动机转速降低率，绘制如图8－16、图8－17所示。从图中可以看出：踩下制动器后离合器动作时（35ms左右），车速和发动机转速下降率均处在较大峰值期间。图8－16中，发动机转速下降率约为$25r/min^2$，车速下降率约为$0.45km/h^2$。图8－17中，发动机转速下降率约为$25r/min^2$，车速下降率约为$0.25km/h^2$。

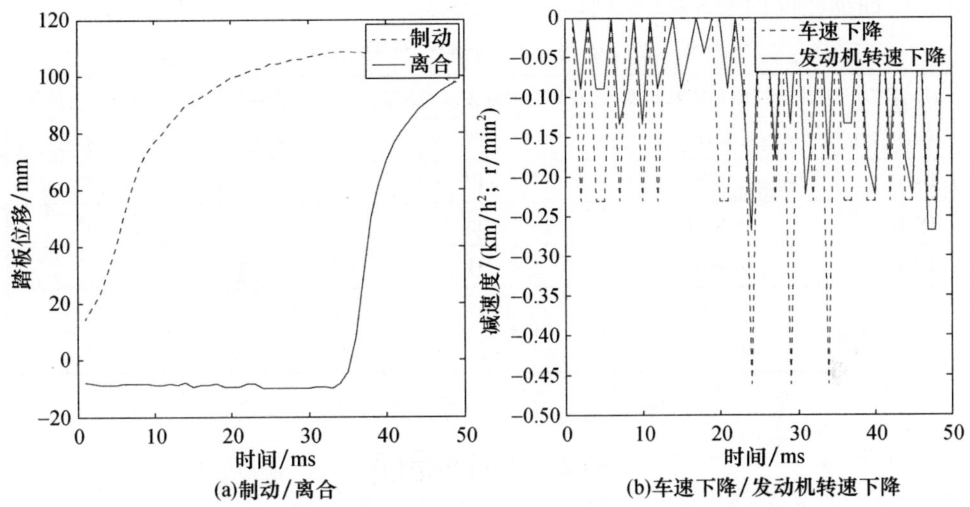

图8－16　第1组减挡换挡离合器动作时机与车速下降关系

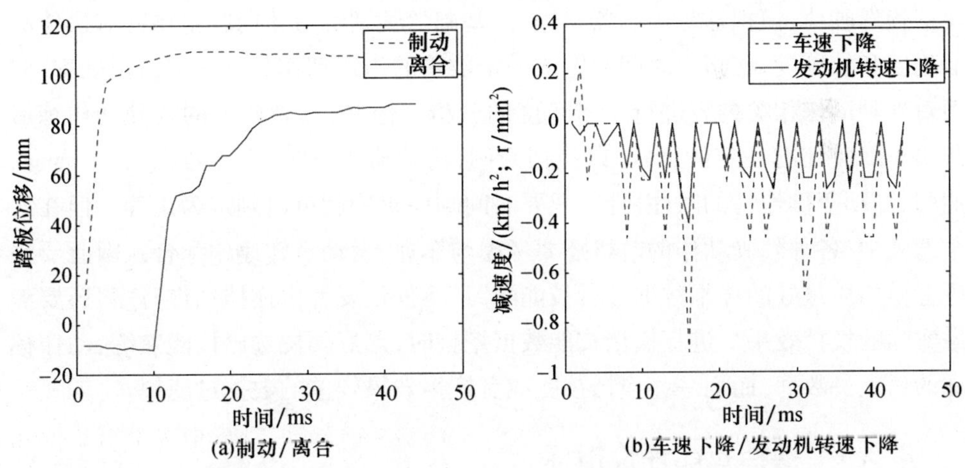

图8－17　第4组减挡换挡离合器动作时机与车速下降关系

根据上述分析过程，把制动减挡动作区分为两个步骤，首先是判断踩下离合器的动作时机，选定三参数，判断条件为：①制动器位移已经踩到底；②车速减速度达到0.25km/h^2左右;③发动机转速尚未下降到稳定转速以下。满足上述三个条件,开始制动减挡动作,动作顺序为踩下离合器,摘高挡,逐步挂低挡。挂低挡动作的终止条件:离合器踏板松开,以此时的车速作为判定条件,按不同挡位的车速对应范围挂入对应挡位。当车速对应范围有重叠时,以训练数据挂入挡位的百分比作为判断条件,挂入百分比较大的挡位数。基于上述参数,筛选制动挂挡的训练数据如表8-2所列。

表8-2 降挡动作训练参数样本数据表

动作名称	踩离合器前车速减速度	踩离合器前发动机减速度	松制动时车速	对应挂入挡位
D4D1	-0.46162	-17.85	1.1425	1
D4D1	-0.46162	-17.85	7.38588	1
D4D1	-0.4616	-35.71	0.2134	1
D4D1	-0.4616	-31.25	0.085	1
D4D1	-0.4616	-17.85	0.3463	1
D4D1	-0.4616	-26.78	2.308	1

8.2 换挡品质

基础驾驶训练的目的是培养驾驶员在各种条件下熟练操控车辆的能力,主要依赖驾驶椅、模拟器等训练器材进行,基础驾驶训练考核内容主要针对操作的准确度和熟练度,在指定时间内完成一定数量的指定动作且有一定的正确率,前面对驾驶动作相关内容进行了多角度的分析。但是,驾驶椅上的驾驶动作练习与实车驾驶还有一定的区别,以换挡为例,驾驶椅练习时,主要考虑挡位、离合、油门、制动等操作件的时序协同,只要时间顺序正确就可以判定为正确。但在实车驾驶中,各种驾驶动作的时机还要考虑与车速、发动机转速的配合。因此要想挑选换挡质量好的样本数据进行技能学习,不仅仅要考虑换挡动作时序,还要考虑实际的换挡效果。进行换挡技能数据挖掘时,最好要挑选出技能熟练、动作标准的驾驶员数据,而把一些换挡技能或者换挡效果较差的数据过滤掉。

8.2.1 换挡技能评价指标

汽车领域,驾驶技能通常通过行车安全性、快捷性和舒适性等性能指标来衡量。驾驶员在驾驶过程中的任何决策或行为都应该是对上述3项性能指标的合理折衷。所谓行车安全性指标,是指行车过程中应确保不与车辆、行人或障碍发生碰撞。后文用轨迹准确性以及与限制路障碍物的距离来衡量。快捷性是指到达目标所用的时间或当前的行车速度与期望行车速度之间的关系，是车辆机动性能发挥程度的反映，在针对某一个科目时，通常用快速完成该科目的时间来衡量。舒适性则是为了确保乘坐人员或其他被运输物体的舒适度而对驾驶过程的一个要求，是乘坐人员的一种主观感受，通常用车辆不同方向的振动加速度来衡量。

现代车辆理论中通常用换挡品质来评价操作效果。所谓换挡品质，主要是指换挡过程中的车辆纵向行驶的平稳性，即换挡能否平稳而没有冲击地进行。无论是自动变速箱还是手动变速箱，都有换挡品质的考核要求，一般考虑两个方面：一是换挡过程应尽量迅速完成，以减少换挡期间摩擦件的磨损，减少因输入功率降低或中断导致的速度损失；二是换挡过程应尽量缓慢平稳，车速过渡应当平稳圆滑，不应有过高的瞬时加速度冲击，以避免乘员感到不舒适，避免动力传动装置各机件中产生过大的冲击动载。

很显然，上述两个方面的要求是相互矛盾的。换挡时间短，就不可避免地产生较大的冲击和动载，破坏换挡过程的平稳性。反之，延长换挡时间，则摩擦元件的滑转时间就会延长，磨滑功增加，导致温度升高，磨损增加。换挡品质评价指标，应主要考虑换挡磨滑功和冲击度之间矛盾平衡。当然，这里所谈的换挡品质，应在驾驶操作熟练、各操作件协同准确的基础上，错误的换挡操作在实车训练中谈不上换挡品质的问题。

目前常见的换挡品质评价指标一般包括换挡持续时间、发动机转速波动量、车速变化冲击度等 3 个指标，为了体现换挡过程中的速度损失，增加换挡期间的平均车速指标，共计 4 个指标评价换挡品质。

1. 换挡持续时间

换挡持续时间是指在实车驾驶中，一次换挡协同动作的完成时间。按照目前的驾驶训练数据采集方案，该时间是指一组换挡协同动作第一个单一动作开始至最后一个单一动作开始的时间间隔。根据前面对换挡协同动作边界特征的讨论，该时间指换挡过程中开始踩下离合器到换挡结束后离合器完全结合的时间。换挡时间越少，动力中断时间越短，动力性越好，换挡品质也就越高。

2. 发动机转速波动量

指发动机在一段工作时间内，发动机最高转速和最低转速之差，反映驾驶员换挡过程中对发动机控制的平稳性。从动力传递关系看，换挡过程中，发动机转速波动分别发生在离合器分离时、离合器半联动结合时和离合器完全结合时，这些时刻车辆传动部分的载荷将卸载或者加载到发动机输出端，容易引起发动机转速变化。从时间关系看，上述 3 个转速波动时刻同样包含在换挡过程中开始踩下离合器到换挡结束后离合器完全结合的时间段内。驾驶过程中起车过猛或者起车不迅速甚至起车熄火，都跟换挡过程中离合器结合速度有关，都会在发动机转速波动量的指标值上有所体现。发动机转速波动量越小，发动机工作越平稳，换挡效果越好。

3. 换挡冲击度

换挡冲击度是指换挡时由于发动机转速与传动部分转速不一致而造成的车辆纵向加速度对时间的导数变化，是车辆正常换挡时动力总成扭矩传输的瞬态变化导致的振动噪声在车内的感应，是车辆起步、换挡时平顺性的评价指标，造成冲击度能反映车辆的平顺性和传动系统的动载荷，过大的冲击度会降低车辆平顺性，增加传动系统的动载荷。很多新驾驶员换挡动作不熟练或者挡位选择不当，导致车辆有明显的前后顿挫感，就是冲击度过大的体现。车速变化冲击度的计算时间同样截取从踩下离合器到换挡结束后离合器完全结合的时间段。车速变化冲击度越小，车辆换挡过程越平稳，换挡效果越好。

4. 换挡时平均车速

换挡时平均车速是指整个换挡过程中的平均车速，取从离合器踩下开始换挡到离合器结合时的平均车速。平均车速越高，车辆机动性发挥越好，换挡品质越高。

换挡时，新训驾驶员经常出现的错误包括：动作不熟练、各动作要领间衔接时间过长，油门离合器配合不得当，导致车速下降很快甚至停车，反映为换挡期间的平均车速过低；离合器松回速度过快，导致发动机熄火，反映为换挡期间发动机转速波动量较大，发动机最低转速为 0；当因发动机转速过低或者车速不匹配时，会完不成换挡动作，使得换挡成功率低或者平均车速低；发动机转速控制不当，由低挡换上高挡后，加油过早，松主离合器踏板前发动机转速很高，会使主离合器主、被动部分转速差很大，当接合主离合器过猛时，便产生很大的惯性力，而使坦克仰动或者俯动，反映为车速冲击度过大。当然，若冲车速度不够，或高挡换低挡动作迟缓，发动机就会负荷过重，加油踏板已踏到底时发动机仍达不到使用转速或转速下降，反映为发动机平均转速过低或者转速为 0。即换挡时间、发动机转速波动量、车速变化冲击度和平均车速等 4 个指标，能够反映驾驶员训练中出现的大部分错误问题。

8.2.2　样本数据

上述指标计算中,涉及到的原始数据包括换挡动作时间、该时间段的发动机转速、车速等 3 个数据。其中,换挡动作时间最为重要,发动机转速和车速均要依据该时间来进行截取。前面已经对换挡协同动作进行了数据分割、模式匹配、模式发现等技术处理,已经能够从驾驶动作单一编码序列中较为准确地找到每一组换挡协同动作编码组合。每一组换挡编码协同组合中踏下离合器动作 C3 和后续离合器结合动作 C0 的两个时刻中间所包含的动作序列、车速和发动机转速数据就是我们所输入的原始数据。

从给定的样本数据中,选取 1 挡起车(C3C2D0D1C4C0)典型动作,通过模板匹配的方式查找到相应动作序列的起止时间,获得该时间段内的发动机转速和车速数据,如图 8－18 所示。

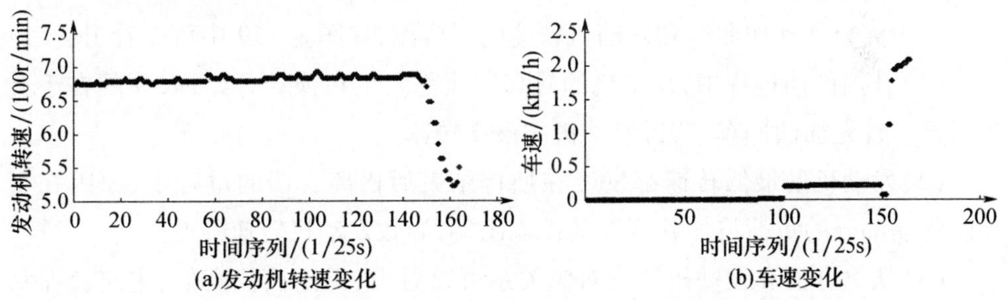

图 8－18　起车时发动机转速和车速变化

8.2.3　计算示例和数值讨论

根据随机选取的换挡组别,输入换挡期间的车速和发动机转速数据,计算换挡品质。计算数据曲线显示时,时间单位为采样频率,即 1/25s,发动机转速的单位是 ×100(r/min),两个主动轮的单位是 km/h。

1. 换挡时间 t

每组换挡动作,从踏下离合器动作 C3 开始,到换挡结束后离合器完全结合的动作 C0 开始。第 4 章驾驶动作模式发现中,对所有换挡动作持续时间进行统计,一般不超过 170 个时间单位(1/25s)。

2. 发动机转速波动量

换挡过程中,发动机最高转速和最低转速之差。设所截取的发动机转速数据为 M,则转速波动量为 $\max(M)-\min(M)$,图 8－19 中 1 挡起车时的转速波动量为 169r/min,1 挡换 2 挡时的发动机转速波动量 919r/min,其他参考组别的转速波动量分别是:1 挡起车时为 129r/min,1 挡停车时为 75r/min,1 挡换 2 挡时为 816r/min,2 挡换 3 挡时为 883r/min,3 挡换 4 挡时为 1040r/min,3 挡换 1 挡时为 459r/min。

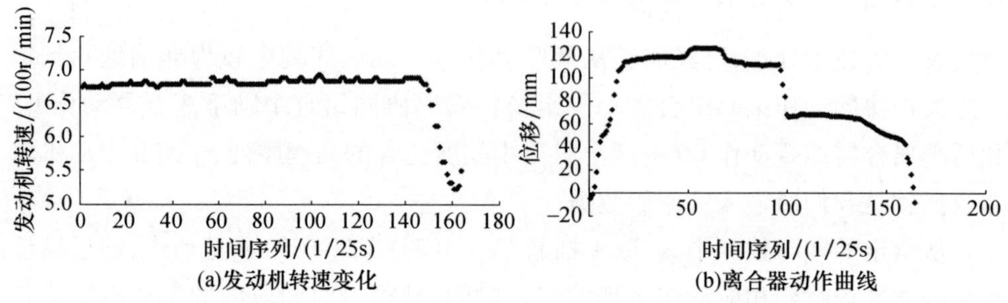

图 8 - 19 起车时发动机转速变化和离合器动作曲线

引入离合器动作曲线和发动机转速的对应图,从图 8 - 19 中可以看出:

(1)升挡换挡过程中,发动机的最高转速都发生在换挡开始前,原因在于升挡时要求首先加油冲车,获得发动机的最高转速。

(2)发动机的最低转速都发生在换挡结束后松离合器的过程中,原因在于此时传动部分的负荷将加载到发动机输出端,导致发动机转速降低。

(3)从离合器和发动机转速对应关系可以看出:无论挡位高低,主离合器结合时,发动机最低转速均在稳定转速附近,稍微大于稳定转速 550r/min 左右。而升挡冲车时获得的发动机最高转速则随着挡位升高不断加大,所以发动机转速波动量随着换挡挡位的升高在不断增大。

(4)降挡时由于没有加油冲车的概念,最大值取决于降挡前的发动机正常转速要求,最小值仍旧是稳定转速,因此降挡的发动机转速波动量相对于升挡,普遍较小。

3. 换挡冲击度计算

换挡冲击度为车辆纵向加速度对时间的导数,即对获取车速的两次求导。计算时车速的单位为 km/h,需要转换为 m/s,求导时,采样间隔期为 1/25s。不同样本数据获得的冲击度分别为:1 挡停车时,车速冲击度为 3.2m/s^3,冲击度最大的时刻点在制动器踏到底的后半阶段,如图 8 - 20 所示。从图 8 - 20 中的点画线可以看出,车速冲击度的最大点恰恰是车速变化的最大点,即车速曲线中出现长距离断点的地方。

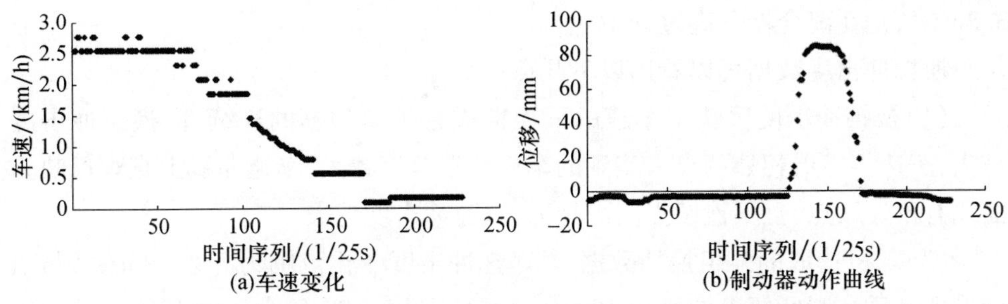

图 8 – 20　起车时发动机转速变化和离合器动作曲线

从车辆驾驶的实际情况看，车速冲击度最大点即车速的突变点，换挡过程中的车速突变往往出现在制动或者离合的结合或者分离点上，车辆由于突然加载而出现速度突变。图 8 – 21 中，3 挡换 1 挡时，车速冲击度为 8.01m/s^3，冲击度最大时刻点在离合器结合的半联动位置，与制动器操作关联性不强。

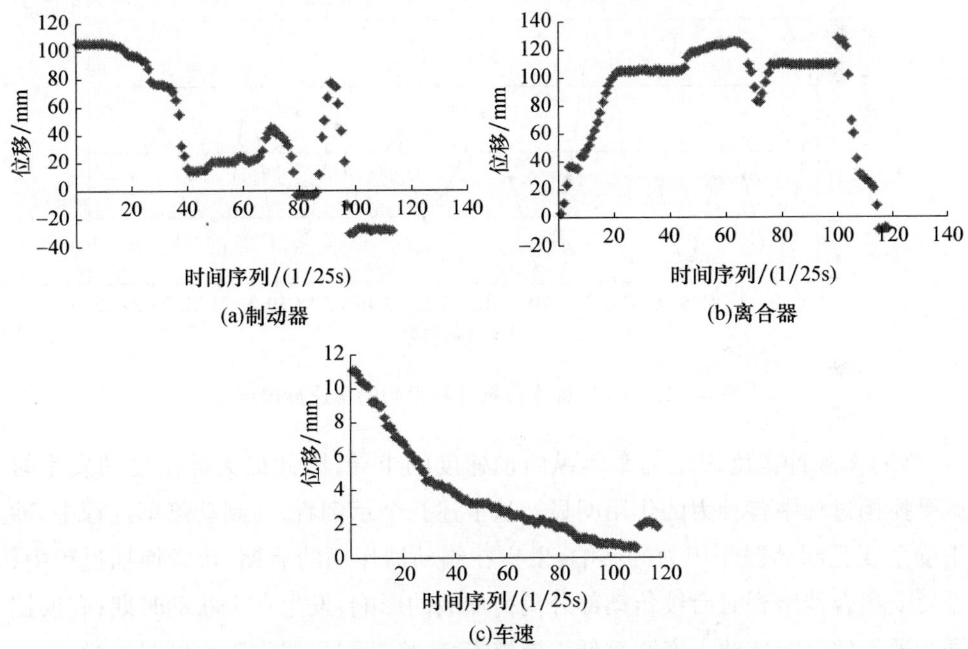

图 8 – 21　3 挡换 1 挡时制动器离合器和车速变化曲线

图 8 – 12 中，1 挡起车时，两组数据的车速冲击度分别为 7.24m/s^3、3.62 m/s^3，冲击度最大时刻点在 153 和 202 索引点之间，均是半联动的终止点。其他情况类似，1 挡换 2 挡换 3 挡的连续性互换过程中，车速冲击度均在 3.2m/s^3 左右，均为主离合器的开始分离点或者半联动终止点。3 挡换 4 挡时，车速冲击度为

3.2m/s³,是在离合器分离过程中。

换挡冲击度数据可以看出以下几点:

(1)换挡冲击度反映了车速的平稳性或者车速数据的连续性,换挡冲击度越大,车速传感器相邻两点采集到的车速数据差值越大,车速曲线上直观反映为曲线有不连续点,且不连续点间隔越大,车速冲击度越大。

(2)随机选取的几组换挡数据,其车速冲击度变化范围为3.2~9m/s³,与当前换挡品质控制所要求的小于10m/s³相符。图8-22给出一组其他文献中履带车辆换挡品质控制策略曲线,认为当其峰值小于10m/s³时,其换挡品质即可满足控制要求。

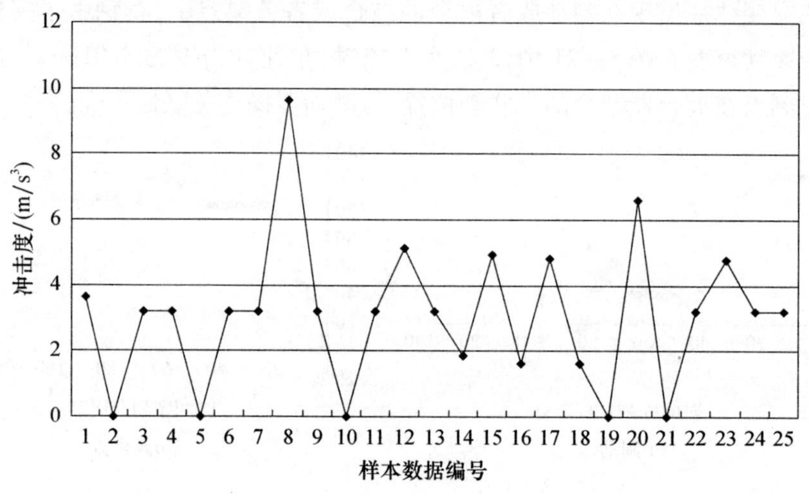

图8-22 25组样本数据计算得到的车速冲击度

(3)车速冲击度表现为车辆纵向加速度的求导,因此最大冲击度的发生时刻受换挡过程中各种力的作用明显。从上述几个示例看,在制动停车过程中,冲击度主要受制动器作用力的影响,发生在制动器作用的后期;正常换挡过程中,主要受离合器结合时后续传动部分负荷加载的影响,发生在半联动时期;有换挡同步器的挡位车速冲击度明显低于换挡齿套;换挡同步器作用效果明显时,换挡冲击度有可能会受地面随机阻力的影响(3、4挡互换)。总之,换挡冲击度的变化基本上能够反映车辆纵向行驶时各种内力外力的作用关系。对收集的2万组数据计算冲击度,冲击度较大的点都与离合器和换挡操作相关。

(4)对冲击度大于7的数值进行筛选,截取对应的离合器位置,共计有12组数据冲击度大于7,对应的离合器位置如表8-3所列。可见换挡过程中,离合器操作不当是产生较大冲击度的主要原因。由于样本选取时,驾驶员制动操作较少,因此产生的冲击度样本数量较少,这里没有详细讨论。

表8-3 离合器位置对车速冲击度的影响

车速冲击度	离合器位置	离合器位置	车速冲击度	离合器位置	离合器位置
7. 24592	48. 47917	半联动	8. 204119	-8. 33333	完全结合
8. 61697	38. 58333	半联动	11. 02626	44. 27083	半联动
11. 72284	27. 60417	半联动	8. 190124	46. 35417	半联动
12. 85598	-8. 33333	完全结合	8. 190124	46. 35417	半联动
10. 33167	-7. 8125	完全结合	10. 43222	-8. 33333	完全结合
8. 206297	-8. 85417	完全结合			

车辆行驶过程中,对给定的16661组车速数据进行冲击度计算,得到其分布如表8-4所列。从表中可以看出:车辆行驶过程中,80%以上的时间内,其冲击度均为0,车速较为平稳;99%以上的时间内,其冲击度均小于4m/s^3,大于国际标准规范10m/s^{3}的数值仅有0.02%。说明驾驶员车辆总体驾驶比较平稳,换挡技能较为高超。

表8-4 车辆行驶过程中的冲击度统计和分布

冲击度变化范围(m/s^3)	冲击度分布	分布百分比/%
0	13540	81. 26
0~1	313	1. 88
1~2	2345	14. 07
2~3	22	0. 13
3~4	381	2. 29
4~5	27	0. 16
5~6	11	0. 07
6~10	20	0. 12
>10	4	0. 02
合计	16663	100

(5)实车驾驶的换挡训练中,发动机转速和车速匹配十分重要,换挡时要求油门和离合器要配合适当。发动机稳定转速不能过低,或者离合器松得过快,都会导致发动机转速下降过快,甚至低于最低稳定转速而熄火,如果是低挡换挡,发动机转速波动量不一定能反映熄火的情况,因此换挡品质评价指标中,增加发动机最低转速这一参数。当最低转速低于发动机稳定转速时,换挡品质较差;而

驾驶过程中经常出现的发动机冲车转速高、起车或者刹车过猛,均可以从车速冲击度指标得到反映。

8.3 SVM 算法

机器学习(Machine Learning,ML)是一门专门研究计算机是怎样模拟或实现人类学习行为的科学,以获取新的知识或技能,重新组织已有的知识结构,使之不断改善自身的性能。基于机器学习的方法提炼换挡规律是人工智能飞速发展的产物,解决问题的思路是运用机器学习算法对优秀驾驶员或标定的专家换挡操作进行数据挖掘,总结这些优秀驾驶员的换挡经验,通过对大量换挡数据的智能学习和训练,构成相应的换挡规律决策模型。当前用于换挡规律的机器学习方法主要包括神经网络和支持向量机。

神经网络(Artificial Neural Network,ANN)早已广泛应用于各类工业智能任务中,也包括智能挡位决策任务,并已经实现一定的商业化应用。神经网络的基本应用过程为通过选择标定好的优秀驾驶员或者专家的换挡操作数据提取训练样本,利用神经网络强大的拟合能力对训练样本进行学习训练,通过对泛化能力的控制来平衡神经网络的性能,训练好的神经网络可以作为换挡决策模型在车辆实际的行驶过程中对输入数据进行判断以选择换挡点。同时随着在线学习技术的广泛使用,使得神经网络对换挡操作的学习得以不断进行,并对模型不断实时调整,并逐步达到适应人、车、路三者因素的最佳换挡规律。

支持向量机(Support Vector Machine,SVM)由 Cortes 和 Vapnik 于 1995 年首先提出一种二分类模型,基本模型是定义在特征空间上的间隔最大的线性分类器,用于解决小样本、非线性及高维模式识别问题。SVM 的学习策略就是间隔最大化,可形式化为一个求解凸二次规划的问题,也等价于正则化的合页损失函数的最小化问题。SVM 的学习算法就是求解凸二次规划的最优化算法。

8.3.1 线性 SVM 算法

SVM 学习的基本想法是求解能够正确划分训练数据集并且几何间隔最大的分离超平面。如图 8 - 23 所示,$w \cdot \boldsymbol{x} + b = 0$ 即为分离超平面,对于线性可分的数据集来说,这样的超平面有无穷多个,但是几何间隔最大的分离超平面却是唯一的。

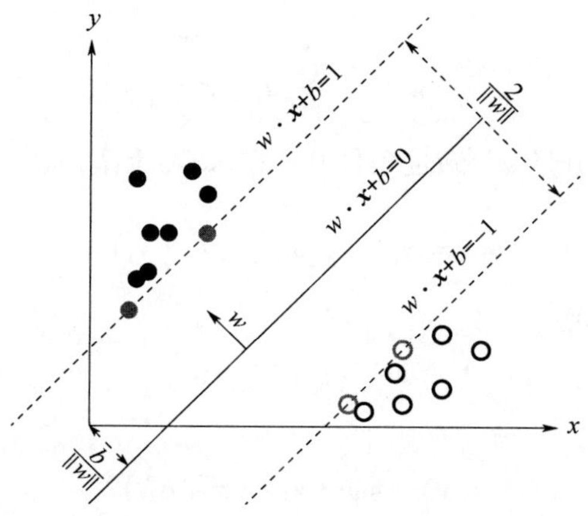

图 8-23　SVM 分类原理

SVM 算法中,几何间隔的定义如下:

假定一个特征空间上的训练数据集 $\boldsymbol{T}=\{(\boldsymbol{x}_1,y_1),(\boldsymbol{x}_2,y_2),\cdots,(\boldsymbol{x}_n,y_n)\}$其中 $\boldsymbol{x}_i\in\boldsymbol{R}^n,y_i\in\{+1,-1\},i=1,2,\cdots,n,\boldsymbol{x}_i$ 为第 i 个特征向量,y_i 为类标记,当它等于 +1 时为正例;等于 -1 时为负例,假设训练数据集线性可分。对于给定的数据集 T 和超平面 $w\cdot x+b=0$,定义超平面关于样本点$(\boldsymbol{x}_i,y_i)$的几何间隔为

$$\gamma_i=y_i\left(\frac{w}{\|w\|}\cdot\boldsymbol{x}_i+\frac{b}{\|w\|}\right)$$

超平面关于所有样本点的几何间隔的最小值为

$$\gamma=\min_{i=1,2,\cdots,N}\gamma_i$$

实际上这个距离就是我们所谓的支持向量到超平面的距离。

线性支持向量机学习算法如下:

输入:训练数据集 $\boldsymbol{T}=\{(\boldsymbol{x}_1,y_1),(\boldsymbol{x}_2,y_2),\cdots,(\boldsymbol{x}_n,y_n)\}$,其中 $\boldsymbol{x}_i\in\boldsymbol{R}^n,y_i\in\{+1,-1\},i=1,2,\cdots,n$。

输出:分离超平面和分类决策函数。

(1)选择惩罚参数 $C>0$,构造并求解凸二次规划问题。

$$\min_{a}\frac{1}{2}\sum_{i=1}^{n}\sum_{j=1}^{n}a_ia_jy_iy_j(\boldsymbol{x}_i\cdot\boldsymbol{x}_j)-\sum_{i=1}^{n}a_i$$

$$s.t.\ \sum_{i=1}^{N}a_iy_i=0(0\leqslant a_i\leqslant C,i=1,2,\cdots,n)$$

得到最优解 $\boldsymbol{a}^*=(a_1^*,a_2^*,\cdots,a_n^*)^{\mathrm{T}}$

(2)计算。

$$\boldsymbol{w}^* = \sum_{i=1}^{N} \boldsymbol{a}_i^* y_i \boldsymbol{x}_i$$

选择 $\boldsymbol{a}^*$ 的一个分量 $\boldsymbol{a}_j^*$ 满足条件 $0 < \boldsymbol{a}_j^* < C$,计算

$$b^* = y_j - \sum_{i=1}^{n} \boldsymbol{a}_i^* y_i (\boldsymbol{x}_i \cdot \boldsymbol{x}_j)$$

(3)求分离超平面。

$$\boldsymbol{w}^* \cdot x + b^* = 0$$

分类决策函数:

$$f(x) = \mathrm{sign}(\boldsymbol{w}^* \cdot \boldsymbol{x} + b^*)$$

8.3.2 非线性 SVM 算法

对于输入空间中的非线性分类问题,可以通过非线性变换将它转化为某个维特征空间中的线性分类问题,在高维特征空间中学习线性支持向量机。由于在线性支持向量机学习的对偶问题里,目标函数和分类决策函数都只涉及实例和实例之间的内积,所以不需要显式地指定非线性变换,而是用核函数替换当中的内积。核函数表示通过一个非线性转换后的两个实例间的内积。具体地,$K(\boldsymbol{x},z)$是一个函数,或正定核,意味着存在一个从输入空间到特征空间的映射 $\boldsymbol{\Phi}(\boldsymbol{x})$,对任意输入空间中的 x、z,有

$$K(\boldsymbol{x},z) = \boldsymbol{\Phi}(\boldsymbol{x}) \cdot \boldsymbol{\Phi}(z)$$

在线性支持向量机学习的对偶问题中,用核函数 $K(\boldsymbol{x},z)$ 替代内积,求解得到的就是非线性支持向量机,即

$$f(x) = \mathrm{sign}\left(\sum_{i=1}^{N} \boldsymbol{a}_i^* y_i \boldsymbol{K}(\boldsymbol{x},\boldsymbol{x}_i) + b^*\right)$$

综合以上讨论,可以得到非线性支持向量机学习算法如下:

输入:训练数据集 $T = \{(\boldsymbol{x}_1, y_1), (\boldsymbol{x}_2, y_2), \cdots, (\boldsymbol{x}_n, y_n)\}$,其中 $\boldsymbol{x}_i \in \boldsymbol{R}^n$,$y_i \in \{+1, -1\}$,$i = 1, 2, \cdots, n$。

输出:分离超平面和分类决策函数。

(1)选取适当的核函数 $K(\boldsymbol{x},z)$ 和惩罚参数 $C > 0$,构造并求解凸二次规划问题。

$$\min_{a} \frac{1}{2} \sum_{i=1}^{n} \sum_{j=1}^{n} \boldsymbol{a}_i \boldsymbol{a}_j y_i y_j K(\boldsymbol{x}_i \cdot \boldsymbol{x}_j) - \sum_{i=1}^{N} a_i$$

$$s.t.\ \sum_{i=1}^{N} \boldsymbol{a}_i y_i = 0(0 \leqslant a_i \leqslant C, i = 1,2,\cdots,n)$$

得到最优解

$$\boldsymbol{a}^* = (\boldsymbol{a}_1^*, \boldsymbol{a}_2^*, \cdots, \boldsymbol{a}_N^*)^{\mathrm{T}}$$

(2)计算。

$$\boldsymbol{w}^* = \sum_{i=1}^{n} \boldsymbol{a}_i^* y_i \boldsymbol{x}_i$$

选择 $\boldsymbol{a}^*$ 的一个分量 $\boldsymbol{a}_j^*$ 满足条件 $0 < \boldsymbol{a}_j^* < C$，计算

$$b^* = y_j - \sum_{i=1}^{n} \boldsymbol{a}_i^* y_i \boldsymbol{K}(\boldsymbol{x}_i \cdot \boldsymbol{x}_j)$$

(3)分类决策函数。

$$f(x) = \mathrm{sign}\left(\sum_{i=1}^{n} \boldsymbol{a}_i^* y_i \boldsymbol{K}(\boldsymbol{x}_i \cdot \boldsymbol{x}_j) + b^*\right)$$

一个常用的核函数高斯核函数为

$$K(x,z) = \exp\left(-\frac{\|x = z\|^2}{2\sigma^2}\right)$$

对应的 SVM 是高斯径向基函数分类器，在此情况下，分类决策函数为

$$f(x) = \mathrm{sign}\left(\sum_{i=1}^{n} \boldsymbol{a}_i^* y_i \exp\left(-\frac{\|x = z\|^2}{2\sigma^2} + b^*\right)\right.$$

8.3.3　SVM 多分类器

SVM 算法最初是为二值分类问题设计的，当处理多类问题时，就需要构造合适的多类分类器。目前，构造 SVM 多类分类器的方法主要有两类。一是直接法，直接在目标函数上进行修改，将多个分类面的参数求解合并到一个最优化问题中，通过求解该最优化问题"一次性" 实现多类分类。这种方法看似简单，但其计算复杂度比较高，实现起来比较困难，只适合用于小型问题中。二是间接法，主要是通过组合多个二分类器来实现多分类器的构造，常见的方法有一对多和一对一两种方法。

1. 一对多法

训练时依次把某个类别的样本归为一类，其他剩余的样本归为另一类，这样 k 个类别的样本就构造出了 k 个 SVM。分类时将未知样本分类为具有最大分类函数值的那一类。假如有 4 类要划分(也就是 4 个 Label)，分别是 A、B、C、D，抽取训练集时，分别抽取 A 所对应的向量作为正集，B、C、D 所对应的向量作为负

集;B 所对应的向量作为正集,A、C、D 所对应的向量作为负集;C 所对应的向量作为正集,A、B、D 所对应的向量作为负集;D 所对应的向量作为正集,A、B、C 所对应的向量作为负集;使用这 4 个训练集分别进行训练,然后的得到 4 个训练结果文件。测试的时候,把对应的测试向量分别利用这 4 个训练结果文件进行测试,最后每个测试都有一个结果 $f_1(x)$,$f_2(x)$,$f_3(x)$,$f_4(x)$,于是最终的结果便是这 4 个值中最大的一个作为分类结果。一对多法的优点是:训练 k 个分类器,个数较少,其分类速度相对较快。缺点在于:①每个分类器的训练都是将全部的样本作为训练样本,这样在求解二次规划问题时,训练速度会随着训练样本数量的增加而急剧减慢;②同时由于负类样本的数据要远远大于正类样本的数据,从而出现了样本不对称的情况,且这种情况随着训练数据的增加而趋向严重,解决不对称的问题可以引入不同的惩罚因子,对样本点来说较少的正类采用较大的惩罚因子 C;③当有新的类别加进来时,需要对所有的模型进行重新训练。

2. 一对一法

做法是在任意两类样本之间设计一个 SVM,因此 k 个类别的样本就需要设计 $k(k-1)/2$ 个 SVM。当对一个未知样本进行分类时,最后得票最多的类别即为该未知样本的类别。Libsvm 中的多类分类就是根据这个方法实现的。假设有 A、B、C、D 4 类。在训练的时候选择 A、B;A、C;A、D;B、C;B、D;C、D 所对应的向量作为训练集,然后得到 6 个训练结果,在测试的时候,把对应的向量分别对 6 个结果进行测试,然后采取投票形式,最后得到一组结果。投票是这样的:

A = B = C = D = 0;

(A,B) - classifier 如果是 A win,则 A = A + 1;否则,B = B + 1;

(A,C) - classifier 如果是 A win,则 A = A + 1;否则,C = C + 1;

...

(C,D) - classifier 如果是 A win,则 C = C + 1;否则,D = D + 1;

The decision is the Max(A,B,C,D)

一对一法的优点是:不需要重新训练所有的 SVM,只需要重新训练和增加话音样本相关的分类器。在训练单个模型时,相对速度较快。缺点是所需构造和测试的二值分类器的数量关于 k 成二次函数增长,总训练时间和测试时间相对较慢。

8.3.4　libSVM 软件包

许多计算软件(Matlab、Python 等)中都可以安装专门的 libSVM 软件包,以 Matlab 2013a 为例,其中包括 LibSVM3.23 版软件包,对于给定的数据,选定训练集和测试集后;可直接使用该软件包中的 svmtrain 函数对给定的训练集进行训练,得到相应的分类器 model,基于训练好的分类器 model,使用 svmpredict 函数对测试集进行分类。

8.4　换挡技能机器学习

8.4.1　升挡时机 SVM 训练结果

根据换挡协同动作识别结果和换挡品质,筛选出用于训练换挡技能的机器学习 SVM 模型,判定车辆行驶过程中是否该换挡,我们用表 8-1 中经过标注的换挡数据来训练 SVM 模型,把 D2D3、D3D4 作为未达到 D1D2 条件的换挡数据,采用一对一的分类方法,训练数据和测试数据随机选取,各取一半。得到的分类曲线如图 8-24 所示。从图中可以看出,对于按照协同动作和换挡品质筛选出的车速和油门数据,SVM 方法能够较好地分类换挡动作,几组换挡数据间几乎没有交叉。

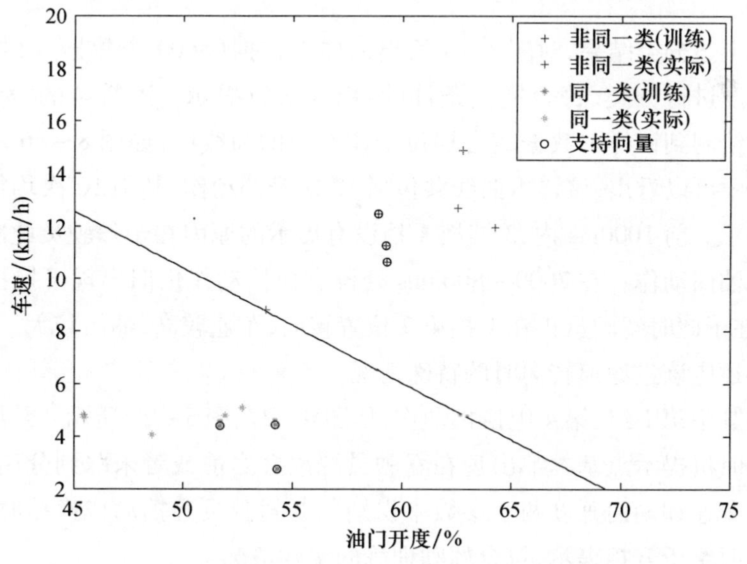

图 8-24　表 8-1 中 D1D2 的 SVM 分类结果

从图 8－24 对应的样本数据中任意选取一些未经处理的油门和车速组合，按照换挡实际情况经过人工标定后，作为训练样本，共计选取 307 个点，SVM 分类结果如图 8－25 所示，从图中可以看出，只有 2 个数据点未被正确分类，占 307 个数据点的 0.6% 左右，即 99% 以上的随机数据点均符合以车速和油门为两参数的对应规律。

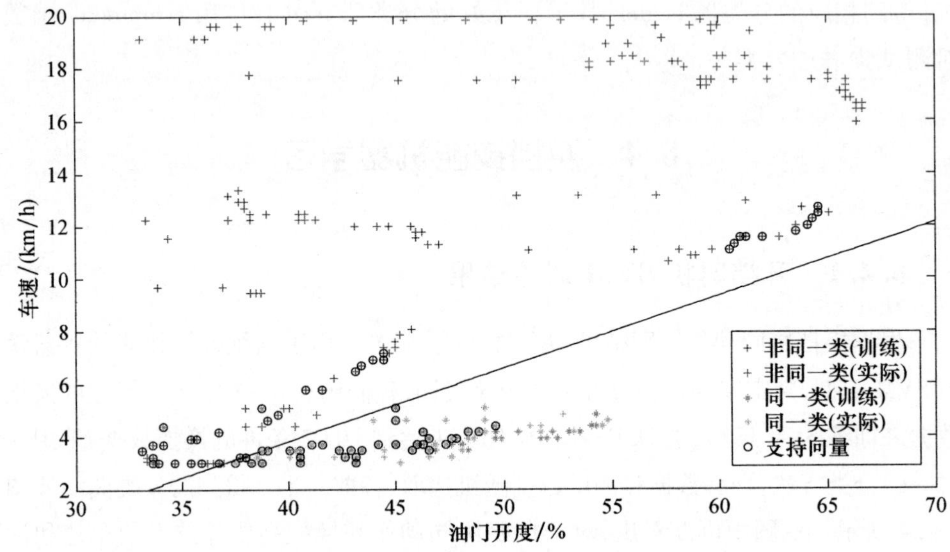

图 8－25　随机样本数据下的 SVM 分类结果(307 个点)

运用上述分类结果，对图 8－3 给出的样本数据(8600 个数据点)按照车速和油门开度进行分类，符合换挡条件的，用 * 进行提示。不符合的，标识为 0。把提示点绘制到该样本数据离合挡位动作对应的曲线中，如图 8－26 所示。从图 8－26 中可以看出，该样本曲线共包括 12 次升挡动作，其中 10 次均得到正确的换挡提示。前 1000ms 内，3 挡换 4 挡没有提示的原因在于驾驶员此次换挡中没有任何油门动作。在 7000～8000ms 处没有换挡动作仍旧出现了换挡提示信号，原因在于此时驾驶员正在 1 挡第 2 位置转向，车速较高，油门较大。因此，后续识别中还应该过滤掉转向时的特殊情况。

放大其中第 1 组、第 4 组换挡动作，如图 8－27、图 8－28 所示。从图中可以看出换挡时机提示点基本都出现在驾驶员踩离合之前或者未踩到分离位置时，表明基于车速和油门开度两个参数来识别判断驾驶员升挡动作换挡时机，并在符合条件时给予升挡提示，符合驾驶训练的实际情况。

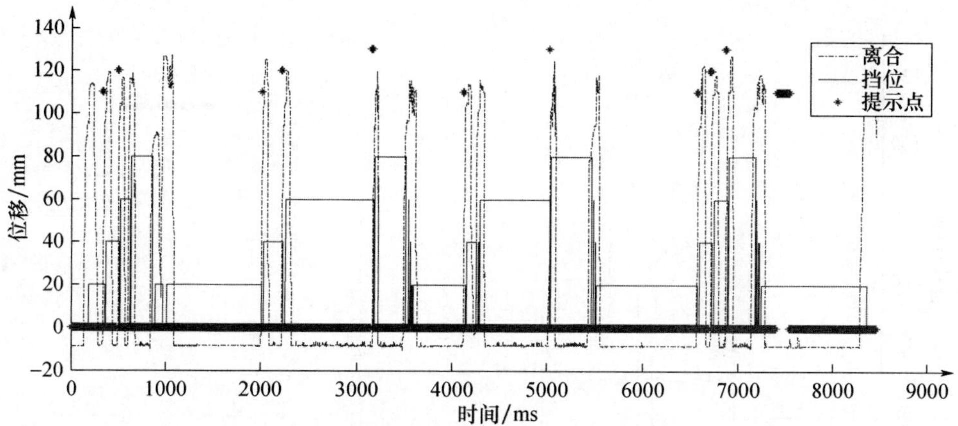

图 8-26　换挡提示点和驾驶员实际动作对应关系

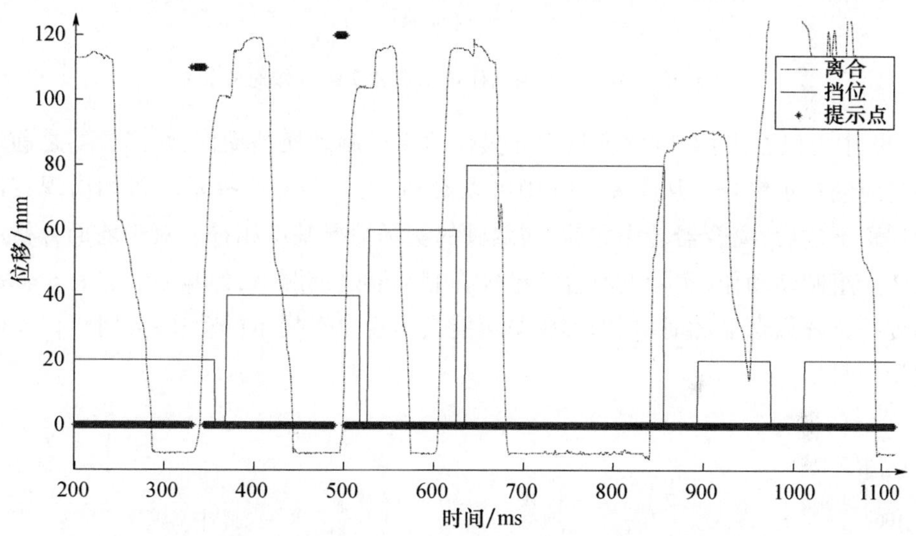

图 8-27　第 1 组换挡动作提示点和实际动作对应关系

8.4.2　降挡时机识别

前面在制动器踩下时，车辆加速度和发动机转速下降到一定数值作为判定条件，分析了降挡动作需要判断的两个条件，即踩离合器的时机和最终换挡挡位。直接以制动器位置和车辆减速度作为判定条件，筛选出制动换挡过程中符合踩离合器的时间点，同样进行提示，标识在图 8-29 中。其中放大第 1 组制动动作的制动器、离合器和换挡提示点之间对应关系，如图 8-30 所示。从图

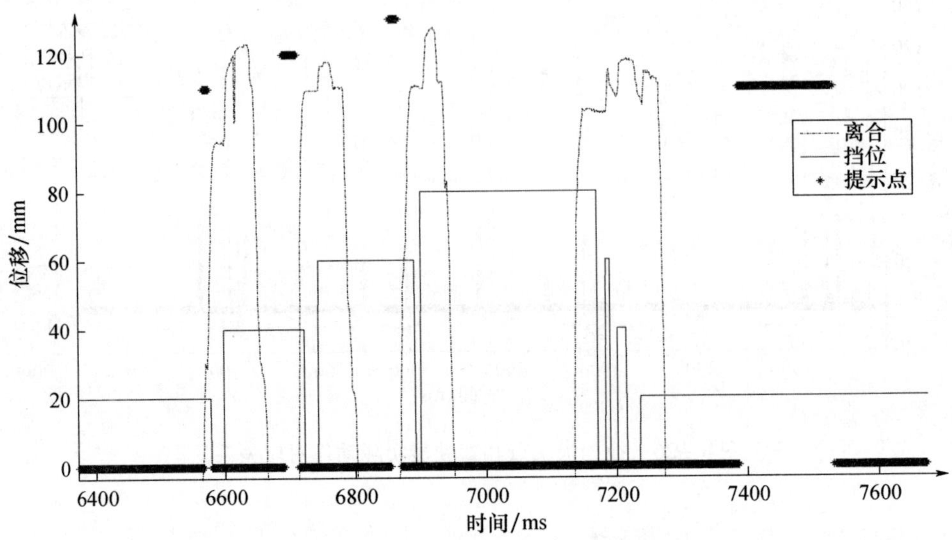

图 8－28　第 4 组换挡动作提示点和实际动作对应关系

8－29 中可以看出:对应驾驶员实际操作的 4 次制动换挡动作,踩离合器之前均有对应的提示信号。从图 8－30 中可以看到,离合器动作提示时机均出现在制动器踩下之后、离合器动作之前,与驾驶的实际情况基本相符。对于前面分析的第 2、3 组制动动作,实际上离合器已经在制动器之前踩下,但是后续也有车辆减速度符合踩离合器的时机,即驾驶员可能会出现早于提示的动作,此时可以忽略提示信号。

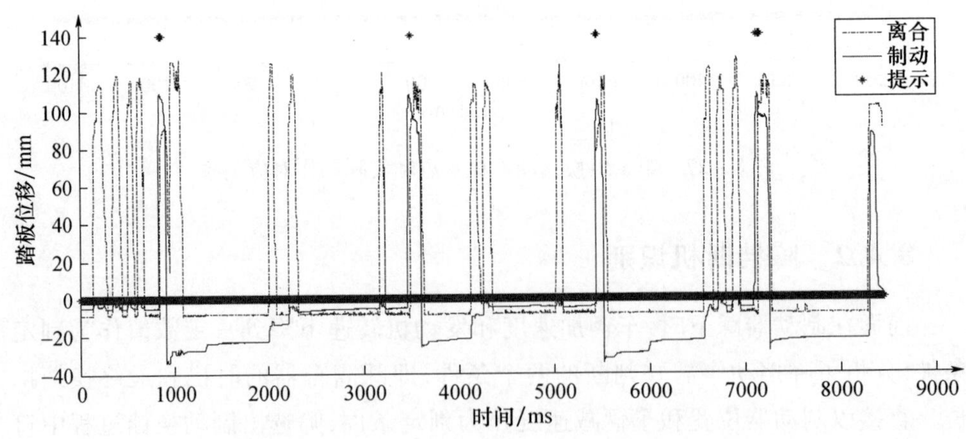

图 8－29　减速换挡动作提示点和实际动作对应关系

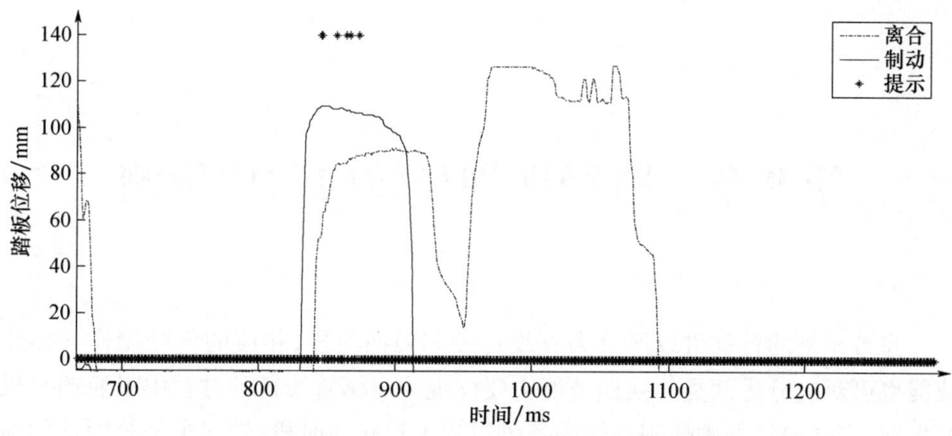

图 8－30　放大后减速换挡动作提示点和实际动作对应关系

8.5　小结

换挡时机的识别与判断是车辆驾驶技能的重要组成部分之一。在车辆自动驾驶领域,换挡规律和对应控制参数的研究已经相对比较成熟。存在的主要问题是训练数据不够。本章基于履带车辆高等级驾驶员实际换挡操作数据,分析了车速和油门参数对于升挡规律的适用性,运用 SVM 模型进行了换挡时机训练,绘制了升挡曲线;分析了车辆速度和车辆减速度对于制动降挡规律的使用性,用于推算制动降挡过程中分离离合器时机和最终降挡挡位,并对实车驾驶训练结果进行了计算验证。

SVM 算法是机器学习中十分实用和稳定的分类算法,其具有严格的数学结构,是全局意义上的精确解,不存在局部解问题,而且不需要大样本数据进行训练,在非线性分类、模式识别等领域具备极佳的学习性能。挡位决策问题属于典型的多分类问题,通过对问题特征空间的学习,可以得到理论上的最佳分类超平面,核函数的引入使得 SVM 在处理非线性问题时极大地提高了运算效率,转化后的问题以及参数获取相较于神经网络都更适合换挡决策问题的学习。通过对有经验的驾驶员进行换挡数据的机器学习,提炼得到的升挡规律 SVM 模型和降挡规律判定准则可直接嵌入车载系统中。在新训驾驶员实车驾驶过程中,及时提示驾驶员下一步动作,实现了驾驶员经验的模型化描述,有利于优秀驾驶技能的传承和训练水平的提高。

第 9 章　路径规划与转向动作预测

履带车辆的行驶可以区分为直线行驶和转向行驶,相应的驾驶动作和操作技能也可对应分为两类。换挡技能主要体现为车辆直线行驶过程中对换挡时机的把握,而转向技能则体现在转向行驶过程中对转向时机、转向半径等因素的综合把握。与换挡技能依托直线行驶时的油门开度、车速等车辆内部工况参数不同,转向技能主要依托与驾驶员对车辆当前位置姿态与周边环境路况关系,在车辆自动驾驶领域,主要通过路径规划和动作规划的方法实现。本章重点讨论履带车辆驾驶训练过程中,固定限制路中驾驶员对转向时机的把握,根据限制杆位置和当前车辆位置,适当提醒驾驶员开始转向,并给出可选择的转向半径、动态显示车辆下一步运动轨迹,帮助驾驶员更好地完成转向科目训练。

9.1　背景知识

9.1.1　限制路转向训练科目

限制路是履带车辆驾驶训练的重要科目,也是考核车辆机动性能的重要手段。常见的限制路包括 S 形限制路、弯道限制路、下坡桩间限制路、双直角转向限制路等,训练目的在于培养驾驶员对正方向、判断距离、正确掌握转向时机的能力。限制路设置要求与车辆的长、宽、高等外形尺寸有关,也与车辆的视野、转向半径有关,外形尺寸、转向半径不同的车辆,限制路设置要求和通过方法也不一样。以常见的 S 形限制路为例,该限制路共设置 6 个限制杆,从进口算起,按左①、右②、左③、右④……的顺序编号,布局如图 9－1 所示。为便于后文计算,图 9－1 中车宽设定为 3.5m,车长设定为 10m。训练时要求车辆按照图中(一)、(二)、(三)、(四)点的顺序绕行各限制杆,且不能碰触任何限制杆。

为便于后面路径规划,对图 9－1 的 S 形限制路做如下规定:

(1)以②号限制杆中心为坐标原点,以入口和出口连线方向为 x 方向,车宽

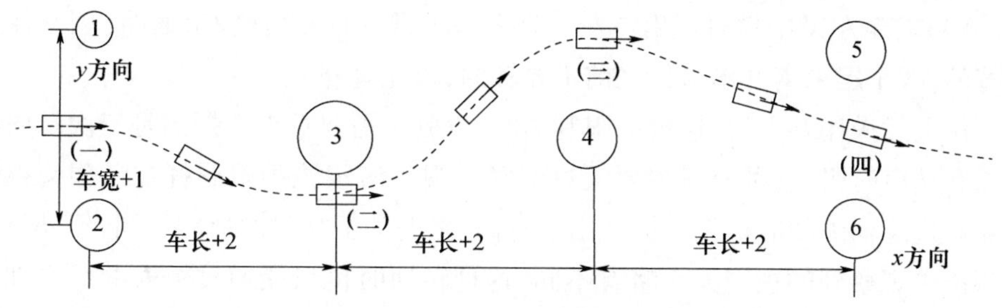

图 9-1　S形限制路设置要求

方向为 y 方向,建立平面直角坐标系,各限制杆坐标已知,如表 9-1 所列。

(2)为便于描述车辆运动方向,建立车辆航向角 h 的概念,h 以 x 方向为基准,顺时针为正,逆时针为负。

(3)为满足车辆行进中不能碰触任何限制杆的训练要求,为每个限制杆划定一个圆形区域,圆心为限制杆坐标点,半径为 1/2 车宽,称为限制圆,用该限制杆编号表示。只要车辆中心轨迹点进入到限制圆区域,无论其位置和航向如何,都可判定为与限制杆发生了碰撞。

(4)因为教范中规定 S 形限制路只适用履带车辆第一位置转向,因此行驶过程中,车辆转向半径 R 设为 9m,并把车辆绕行各限制杆时转向行驶的圆弧轨迹称为弧线圆。

表 9-1　S 形限制路限制杆坐标设置

坐标	编号					
	①	②	③	④	⑤	⑥
x/m	0	0	12	24	36	36
y/m	4.5	0	2.25	2.25	4.5	0

9.1.2　限制路通过要求

驾驶车辆通过该限制路时,操作要领如下:

(1)左镜中央对正进口杆左三分之一延长线高速驶入通路。

(2)进口①号杆从左镜左边沿闪过(或下死界距③号杆 1~2m)时,拉一边操纵杆至第一位置进行转向,转至③号杆到左镜左边沿时(向左转向时转至③号杆到右镜右边缘),松回一边操纵杆接着拉另一边操纵杆至第一位置。

(3)④号杆到右镜右边沿时(向左转向时转至④号杆到左镜左边缘),松开一边操纵杆,并接着拉另一边操纵杆到第一位置。

(4)转至左镜中央对正出口左三分之一时,松回操纵杆驶出通路(因车体是斜着的,故车尾未离开出口杆之前不要转向,以免碰杆)。

从上述操作要领看,通过该限制路时,驾驶员需要重点掌握的是三次转向的开始和结束时机,这种时机主要通过驾驶员观察潜望镜中限制杆在潜望镜视野的左右边缘消失的时机来掌握。由于身高、坐姿甚至观察习惯的不同,驾驶员从潜望镜中观察到的视野大小略有不同,这种转向时机只能通过个人的反复训练来领会和把握,而且只能得到一个大致的动作时机,对于此时车辆的位置、方向以及正确通过该限制路的最佳路径,都没有准确的定量描述,更没有办法对错误操作的后果进行评估。而在车辆自动驾驶技术中,类似这种绕固定限制杆旋转的行驶路径规划和动作规划技术已经十分成熟,可以借鉴相关技术来精确描述和预测车辆在固定障碍物中运动的位置和转向动作。

9.1.3 路径规划与 Dubins 曲线

路径规划是指在路段上有障碍物的情况下,按照一定的评价标准,寻找一条从起始状态到目标状态的无碰撞路径,是无人驾驶车辆核心智能技术之一。根据对环境信息的已知程度可分为全局规划与局部规划两类。全局规划指已知全局环境信息,在有障碍物的全局地图中按照某种算法寻找合适的从起始位置到目标位置的无障碍无碰撞路径。全局路径规划是根据预先设定的目标和整体任务来确定评价准则(如最短路径和最短时间等),以搜索出全局最优路径。Dijkstra 算法、遗传算法和 A * 算法都是常用且性能较突出的全局路径规划算法。局部路径规划是指在无法取得全局环境信息的情况下,只能利用多种传感器来获取移动机器人自身的状态信息及周围的局部环境信息,实时地规划理想的不碰撞局部路径,一般只在短时间内有效。常用的局部路径规划方法主要有虚拟力场法、神经网络和模糊逻辑等。

1957 年,Dubins 首次提出了寻找同一平面内带方向两点间最短光滑曲线的问题,证明了在最大曲率限制条件下,二维平面内两个有方向的位姿点(p_i、p_f)间存在一条最短可行路径,该路径由最小允许圆弧段(C)及其切线直线段(S)或其组合构成,其中圆弧段 C 根据其旋转方向,逆时针时表示为 L,顺时针时表示为 R,这样两个方向点间的 Dubins 曲线集合共包含 6 种情况或是它们的子集,即 LSL、RSR、RSL、LSR、RLR、LRL,如图 9-2 所示。Dubins 路径规划的目的是在满足起点终点位置、速度方向和转弯半径等约束条件下,从上述曲线集合中找到那条最短距离曲线。

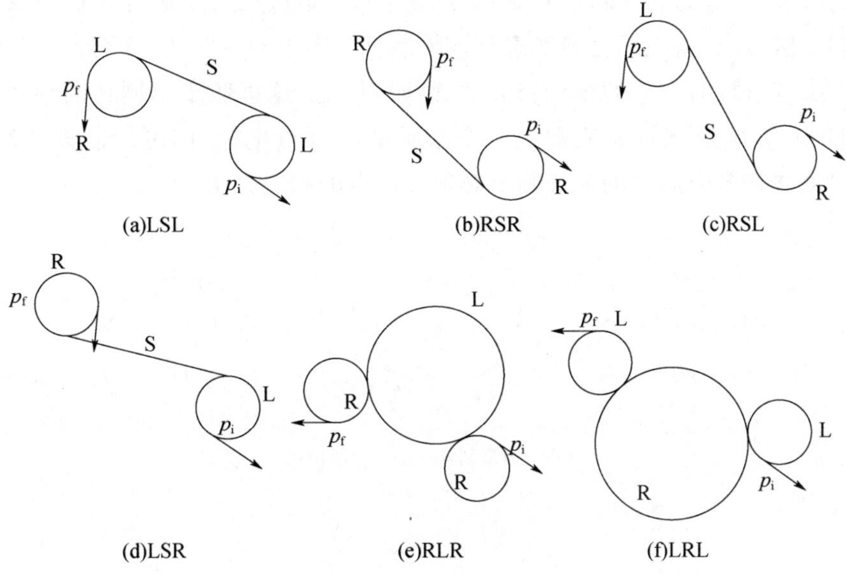

图 9 – 2　Dubins 曲线集合

目前有大量公开的程序算法来求解两点间的 Dubins 路径，也有大量文献来证明 Dubins 曲线的相关结论，与本书主题限制路绕行有关的结论包括：①规划路径的长度等于弧线段和直线段的和；②当通过两个方向点的弧线圆不相交时，两点间均存在有效最短路径；③若两个弧线圆相交，同向则存在有效路径，反向则不存在有效路径。

9.2　转向限制路轨迹规划

9.2.1　各限制杆绕行点确定

履带车辆绕行限制杆路径规划是在限制杆位置、车辆行驶方向和转向半径已知的前提下，在给定路面范围内寻找一条从入口点到出口点的适当路径，使车辆能够安全无碰撞地绕过所有限制杆，且行驶距离最短，是一种典型的、简单的全局路径规划问题，可以采用 Dubins 曲线来规划和描述该行驶路径。

根据 Dubins 曲线的研究结论，可知这条最短路径应该由绕行各限制杆的弧线圆及其相互之间的切线组合而成，因此应首先确定绕行各限制杆的弧线圆，如图 9 – 3 所示。图中②、③、⑤分别表示对应②、③、⑤号杆的限制圆，这些限制圆

半径为 $B/2$（车宽为3.5m时，限制圆半径为1.75m），只要车辆行驶轨迹线进入该限制圆区域内，就表示已经触碰到该限制杆。图中 O_1、O_2、O_3 分别表示车辆绕行②、③、⑤号杆时对应的车辆行驶的弧线圆圆心，这里假定车辆转向半径 $R = 9\mathrm{m}$，此时只要确定绕行弧线圆上一个必须的经过点坐标，即可绘制该弧线圆。下面讨论绕行各限制杆的弧线圆上必须经过点的确定方法。

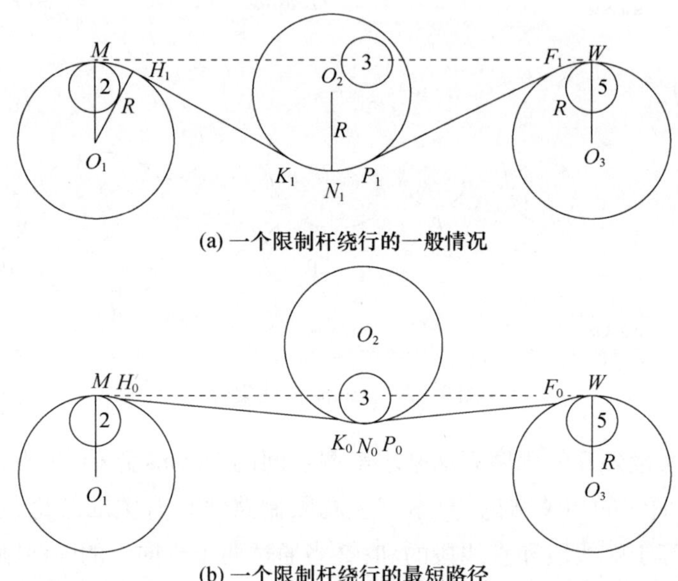

图9－3　一个限制杆绕行路径规划

首先，从限制路通过要求看，出口点和入口点是必须经过点，即图9－1中的（一）、（四）或者图9－3中的 M、W 点。理想的出口点、入口点位置应该在①、②两个限制杆正中间，且航向角为0，即与限制路设置的 X 方向一致。首先确定（一）、（四）点位置坐标和航向角，列入表9－2中。

表9－2　各限制杆绕行点坐标确定

坐标	编号			
	（一）	（二）	（三）	（四）
x	0	12	24	36
y	2.25	0	4.5	2.25
h	0	0	0	0

但是仅凭图9－1中的（一）、（四）两点仍旧无法规划出绕行整个限制路的行驶路径，还必须求出③、④号杆的两个绕行点。这两个点的特征是：一要在③、

④号杆的绕行弧线圆上；二是通过这两个点的弧线圆不能与任一限制圆发生交叉干涉，以满足 Dubins 曲线的存在条件。为了使③、④号杆绕行点求解具有一般性，按如下思路求解。

步骤1：首先仅考虑出入口点即图9-3中的 M、W 点之间路径规划，当两点的航向角均为0°时，两点间显然直线距离最短，对应图9-3中的直线 MW。但因为有③、④号杆存在，此条最短路径显然不可行，只能作为前提条件。

步骤2：在出入口两点间路径为直线的基础上，只考虑增加③号限制杆的情况。此时，车辆以给定的半径 R，绕转向中心 O_2 旋转，绕行弧线圆须满足三个条件：一是能够包含③号杆的限制圆，即能够绕行③号杆；二是轨迹点不能进入③号限制圆内，即不碰杆；三是绕行路线最短，或者说最接近直线 MW，作为路径规划的条件。

步骤3：从平面几何学角度，建立绕行②、③、⑤号杆的弧线圆和各自限制圆的平面坐标系，其中②、③、⑤号限制圆圆心坐标和半径（1/2 车宽）均已知，根据图9-1中（一）、（四）两点坐标和航向角，可求出绕行②、⑤号杆的弧线圆圆心 O_1、O_3。此时绕行③号杆的弧线圆圆心未知，一般情况如图9-3(a)所示，设置其圆心坐标为 (x,y)。可通过两个圆之间的切点、切线方程和求极值的方法得出③号杆的弧线圆圆心坐标，这里不讨论计算过程，仅从限制圆和行驶圆的相对关系定性确定最短路径。图9-3(a)是绕行③号杆一般的情况，从图中可以看出：圆心 O_2 的位置越向上，弧线 KNP 越靠近直线 MW，行驶的路径就会越短。显然，在包含限制圆③的前提下，弧线 KNP 只有与限制圆③相切，且切点位于圆心 O_2 的正下方时，整条路径才可行且距离最短。

步骤4：由于切点的位置既在绕行③号杆的行驶弧线圆上，又在限制圆③上，所以可根据限制圆的圆心坐标、半径及切点位置直接求得该切点 N 的坐标。同理可求得④号杆的绕行点坐标。这样可得到车辆在通过限制路时必须经过的4个坐标点，如表9-2所列。

9.2.2 限制杆绕行的 Dubins 曲线规划

Dubins 曲线是比较成熟的路径规划算法，有大量开源程序，只要输入两个带方向的坐标点，且满足转向圆的曲率要求，就能够绘制出两点间的最短路径，本书选用 python 语言编制了限制路绕行路径规划程序。把 Dubins 曲线作为一个基准模块，把表9-2中的4个带方向的坐标点作为输入，按照（一）（二）、（二）（三）、（三）（四）的顺序，依次调用基准模块，可得到通过该限制路的 Dubins 路径，如图 9－4 所示。图中，★号代表了 6 个限制杆位置。每个路径坐标点由 3 个元素构成，(x,y,h) 即横坐标、纵坐标和航向角。

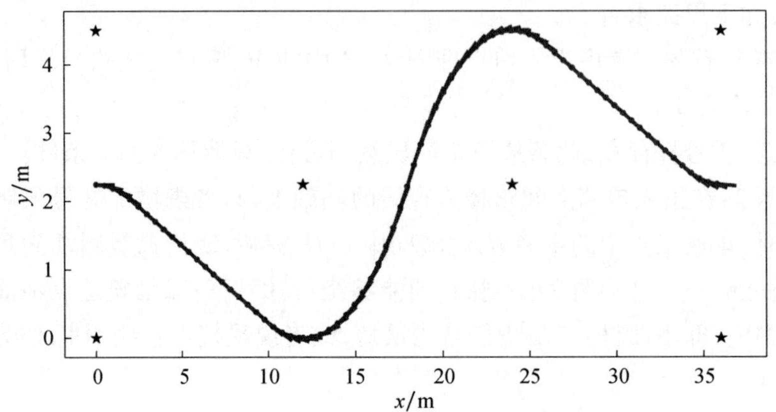

图 9－4　绕行 S 形限制路的 Dubins 曲线规划结果

9.3　履带车辆转向特点

在已知路径规划基础上，要想达到对预定轨迹跟踪的目的，必须对车辆的转向动作进行规划。以二级行星转向机作为转向机构的履带车辆只能靠两条履带的转速差实现车辆转向，且转向操纵杆只有两个固定位置——第一位置和制动位置，因此该车辆只对应两个规定转向半径。这样，转向动作规划时，只有第一位置、第二位置和直线行驶三种转向动作的状态选择。除此以外，车辆高速运动时，只要闭锁离合器分离，车辆也可实现更大半径的分离转向，但分离转向受发动机牵引力、车辆速度、地面阻力等多因素影响，是一种不稳定不可控的状态，新型装甲车辆采用了综合传动装置可以实现双流无级转向，但目前没有采集到足够的数据支撑，因此本书只针对安装有二级行星转向机构的履带车辆转向规律进行研究。

任意截取 5 组包含第一位置和第二位置转向动作的曲线，分别绘制转向过程中操纵杆位置、车速变化、油门开度和根据左右主动轮转速计算得到的转向半径变化情况，如图 9－5 ~ 图 9－9 所示。以下转向特点主要针对这些曲线中所反映的操纵杆动作状态、转向半径变化特点、制动转向和第一位置转向的响应时间进行分析，重点在于分析转向动作规划时的影响因素，给出合适的转向动作时机。

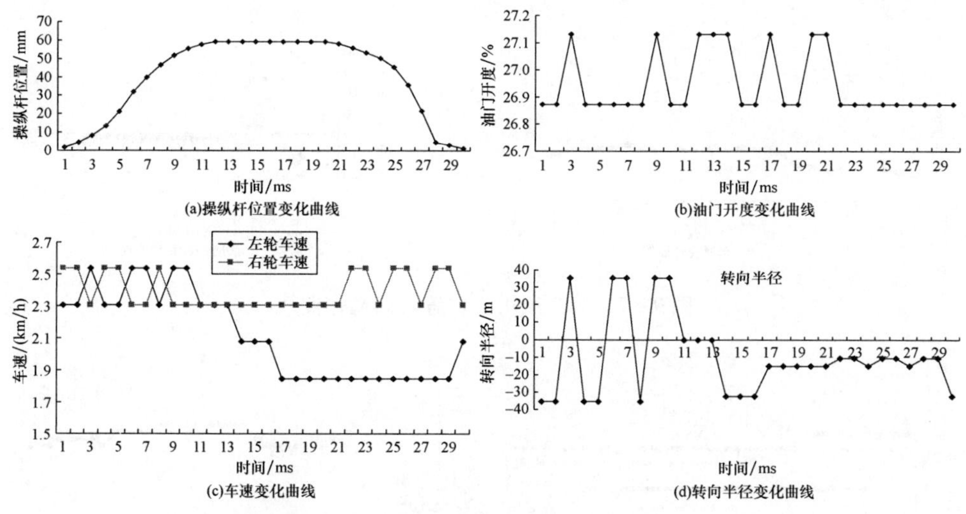

(a)操纵杆位置变化曲线 (b)油门开度变化曲线

(c)车速变化曲线 (d)转向半径变化曲线

图 9-5 第一组第一位置转向动作曲线

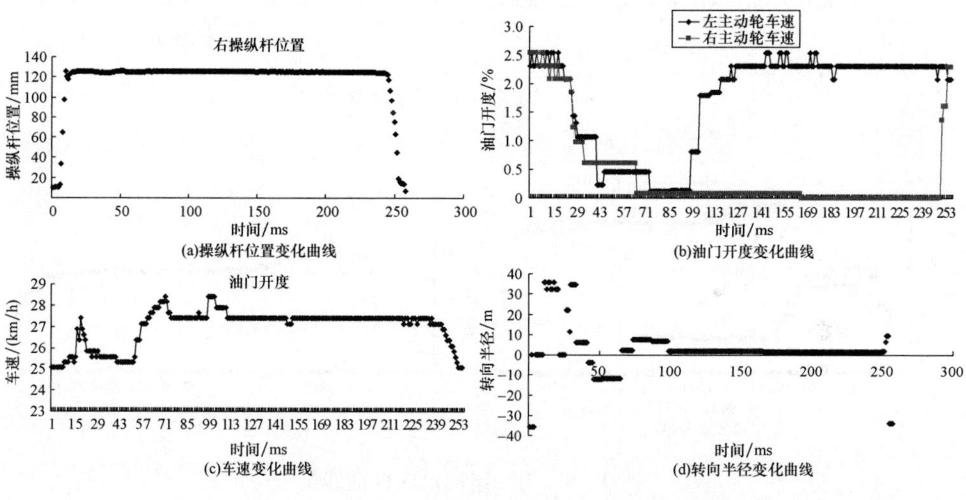

(a)操纵杆位置变化曲线 (b)油门开度变化曲线

(c)车速变化曲线 (d)转向半径变化曲线

图 9-6 第一组第二位置转向动作曲线

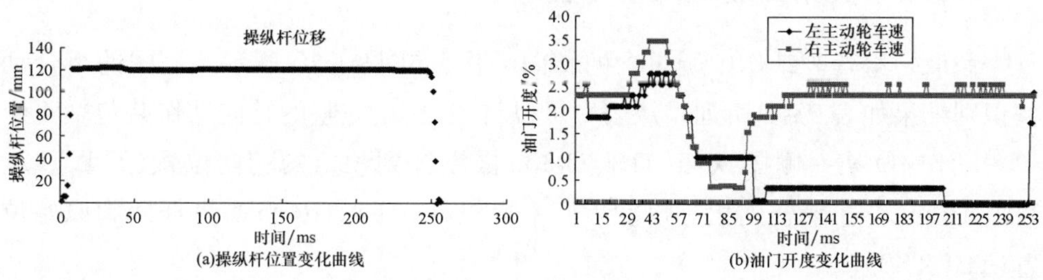

(a)操纵杆位置变化曲线 (b)油门开度变化曲线

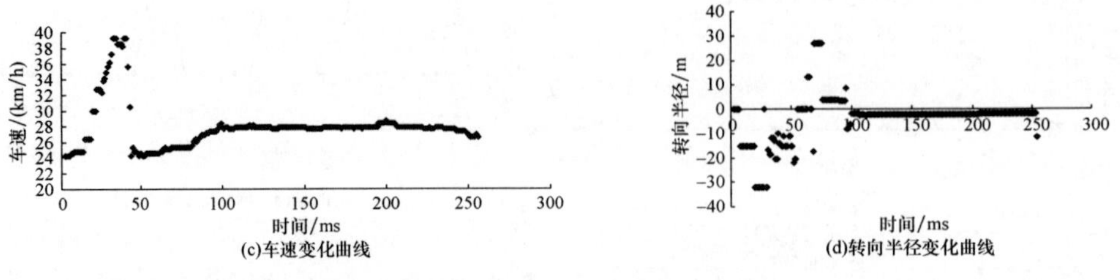

图 9－7　第二组第二位置转向动作曲线

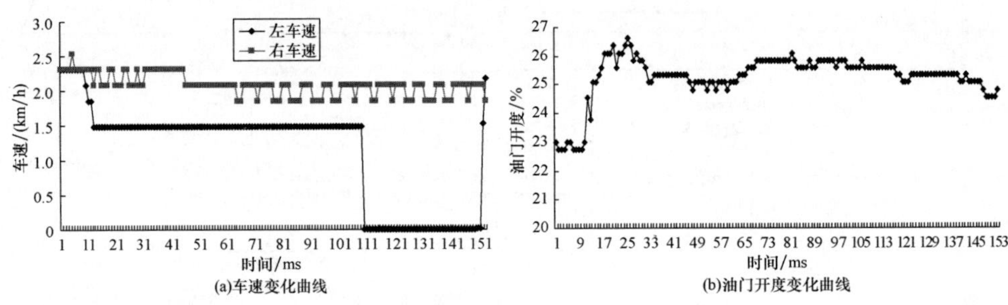

图 9－8　第三组制动转向曲线

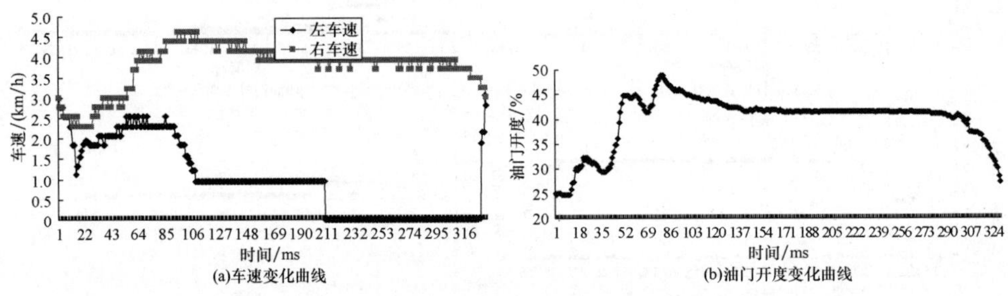

图 9－9　第四组制动转向曲线

9.3.1　实车驾驶转向动作状态

截取一组驾驶动作中所包含的转向动作，如图 9－10 所示。该图的组合动作识别结果如表 9－3 所列。从表中可以看出，一组完整的转向动作共包括 4 个单一动作：拉某一侧操纵杆（TL3、TR3）；操纵杆到预定的转向位置（TL1、TL2、TR1、TR2）；待车辆转到相应角度后回推操纵杆（TL4、TR4）；操纵杆回到原始位置（TL0、TR0）。

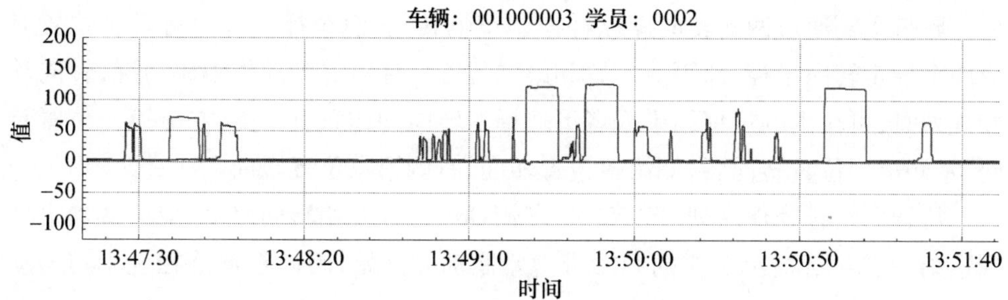

图 9－10　转向组合动作曲线

表 9－3　转向组合动作识别结果

动作编码	动作开始时间	动作编码	动作开始时间	动作编码	动作开始时间	动作编码	动作开始时间
TR3	295	TR1	300	TR4	352	TR0	359
TR3	364	TR1	366	TR4	408	TR0	420
TL3	628	TL1	639	TL4	849	TL0	860
TL3	876	TL1	889	TL4	896	TL0	906
TR3	1014	TR1	1020	TR4	1141	TR0	1150
TR3	2524	TR1	2530	TR4	2531	TR0	2550
TR3	2552	TR1	2556	TR4	2558	TR0	2583
TR3	2622	TR1	2628	TR4	2629	TR0	2645
TR3	2657	TR1	2674	TR4	2683	TR0	2694
TL3	2701	TL1	2709	TL4	2730	TL0	2738
TL3	2739	TL1	2747	TL4	2750	TL0	2757
TL3	2952	TL1	2975	TL4	2976	TL0	2983
TR3	3017	TR1	3024	TR4	3049	TR0	3059
TL3	3230	TL1	3240	TL4	3244	TL0	3254
TL3	3328	TL2	3335	TL4	3576	TL0	3584
TR3	3685	TR1	3691	TR4	3692	TR0	3701
TR3	3712	TR1	3720	TR4	3737	TR0	3748
TR3	3777	TR2	3786	TR4	4021	TR0	4035
TR3	4149	TR1	4155	TR4	4247	TR0	4253
TR3	4418	TR1	4424	TR4	4429	TR0	4442
TL3	4663	TL1	4670	TL4	4700	TL0	4707
TL3	4708	TL1	4722	TL4	4725	TL0	4735
TR3	4906	TR1	4920	TL4	4983	TL0	4992
TR3	5211	TR1	5217	TR4	5234	TR0	5246
TL3	5585	TL2	5593	TL4	5906	TL0	5917
TR3	6337	TR1	6345	TR4	6410	TR0	6421

履带车辆通过两侧转向操纵杆控制车辆转向，每个操纵杆只有两个位置对应两个规定转向半径，即第一位置和第二位置。针对驾驶动作编码情况，转向动作规划时，可输出的规划结果或者可选择的转向动作只有 4 类，左侧第一位置转向、左侧第二位置转向、右侧第一位置转向、右侧第二位置转向。

从转向组合动作序列可以看出：车辆理论上的开始转向时刻，应该从操纵杆到达第一、第二位置，对应的制动带抱紧制动鼓开始，因此根据路径规划转向动作时，应该首先考虑推拉操纵杆到指定位置的这一时间提前量。从表 9－3 可以看出：开始转向前拉操纵杆的动作时间（从拉操纵杆到操纵杆达到指定位置，表中第 4 列和第 2 列差值）分别为：5、2、11、13、6、6、4、6、17、8、8、23、7、10、7、6、8、9、6、6、7、14、14、6、8、8，分布情况如图 9－11 所示。时间均值为 8.65（1/25s），方差在 4.46 左右。因此转向动作规划时，如果考虑实际转向轨迹对转向动作的时间延迟，转向动作应该比真正的行驶轨迹开始转向时间提前 8.65（1/25s）左右。

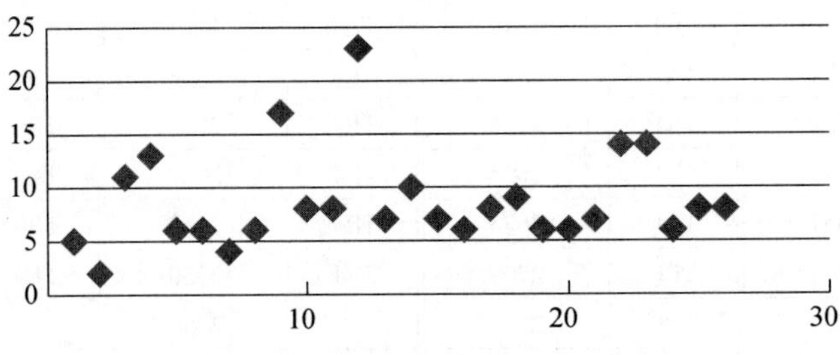

图 9－11　推拉操纵杆时间分布表

9.3.2　实车转向半径和曲率

履带车辆靠两侧履带的速度差转向，因此转向运动学中，转向半径的计算方法为

$$r_0 = \frac{v_{L0} + v_{R0}}{v_{L0} - v_{R0}} \cdot \frac{B}{2}$$

按照此理论，对所采集的 5 组实车转向样本数据计算其转向半径，如图 9－5～图 9－7 中所演示的转向半径曲线。从车辆转向半径的变化情况可以看出：履带车辆从直线行驶到固定半径转向的过程，也是转向半径从无穷大逐步过渡到固定转向半径的过程，图中的无穷大是指转向半径为 40m 或者更大的数值，规定的转向半径包括制动转向半径为 1.7～1.9m、第一位置转向半径为

11～15m。同时从上述图中可以看出:转向过程中,转向半径并不是均匀减小的,而是由制动侧主动轮的减速、牵引侧地面阻力和发动机牵引力的共同作用,导致转向半径变化有很大随机性,但总体趋势是由直线行驶不断向规定转向半径逼近,直至到达规定转向半径(左右侧车速均相对稳定,制动侧车速近似为 0,牵引侧车速稳定上升)。转向半径趋向稳定的时间为 80～100 个计数单位(3～4s),取决于制动侧履带的减速度和油门动作的稳定时间。

为了进一步验证车辆转向半径情况,通过 RTK 差分定位设备测量坦克在水泥路面通过第一位置限制路时的行驶轨迹,如图 9－12 所示。对于实测的行驶轨迹,可以通过曲率计算来反映道路的弯曲程度和曲率半径。曲率是针对曲线上某个点的切线方向对弧长的转动率,通过微分来定义,表明曲线偏离直线的程度。曲率越大,表示曲线的弯曲程度越大,曲率的倒数就是曲率半径。圆弧的曲率半径,就是以这段圆弧为圆的一部分时所成的圆的半径。

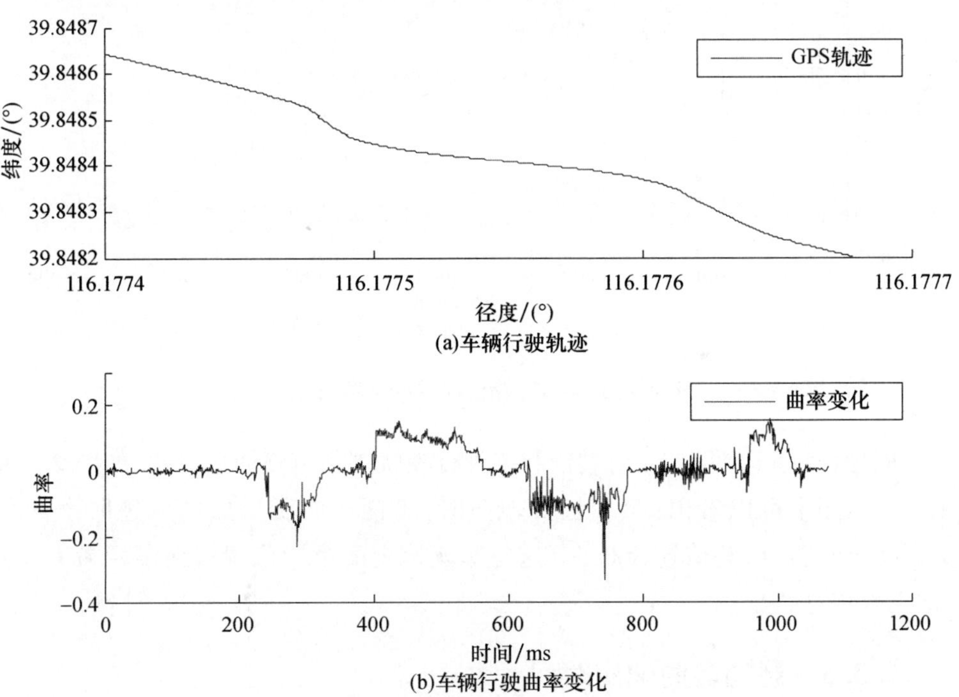

图 9－12　S 形限制路行驶轨迹和曲率计算

对于给定的车辆行驶轨迹,可以用两个轨迹点间航向角的偏差和相近两点间的距离的比值来计算。任意截取几组车辆通过 S 形限制路的行驶轨迹和航向角数据,求解其转向过程中形成的道路曲率,如图 9－12、图 9－13 所示。从图中可以看出：当车辆操纵杆处于第一位置时，车辆转向所形成的轨迹曲率都在0.1~0.15内波动，均值约为0.125。这与车辆设定的第一位置转向半径为7~11m大致相符。

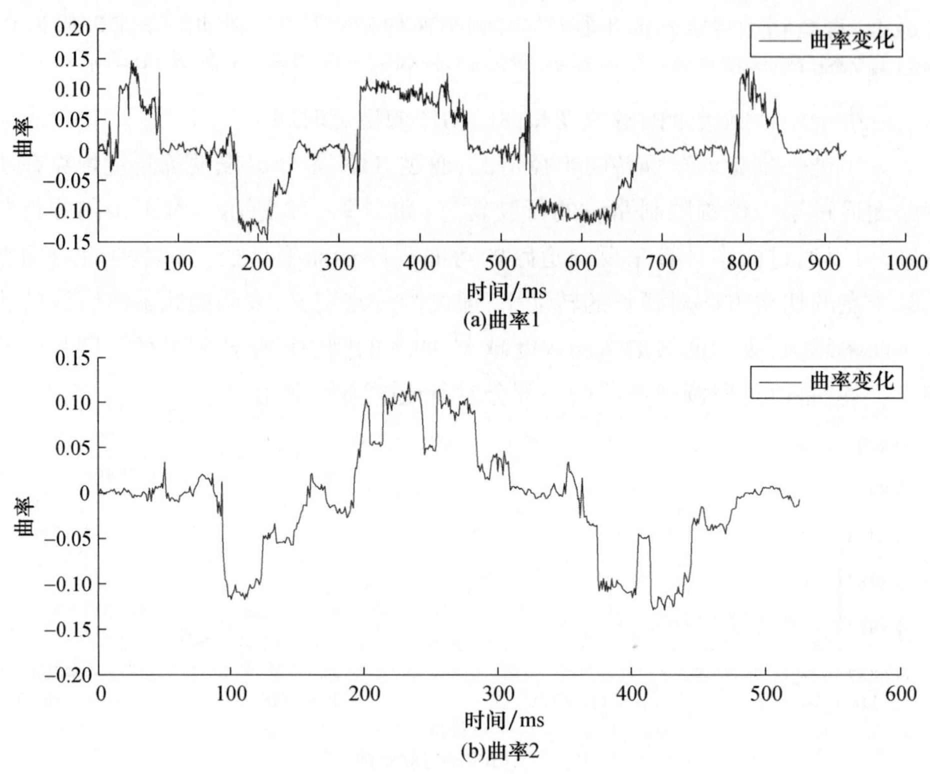

(a)曲率1

(b)曲率2

图9-13　另外两组S形限制路曲率计算

同理，计算车辆第二位置转向状态下行驶轨迹和道路曲率变化，如图9-14所示。从图中可以看出：第二位置转向时，车辆转向所形成的轨迹曲率都在0.4~0.6内波动，均值约为0.5。这与车辆设定的第一位置转向半径为1.7~2m大致相符。

9.3.3　制动转向响应时间

下面从实车驾驶动作数据中重点分析驾驶动作和行驶轨迹响应时间之间的关系。根据转向组合动作匹配结果，数据选取时间从拉转向杆TL3开始，到转向结束转向杆回归原位TL0为止。为了找到相对稳定的转向动作，共选取了转向杆位置、油门位置、左右主动轮车速和基于航迹推算的转向半径5组数据曲线来

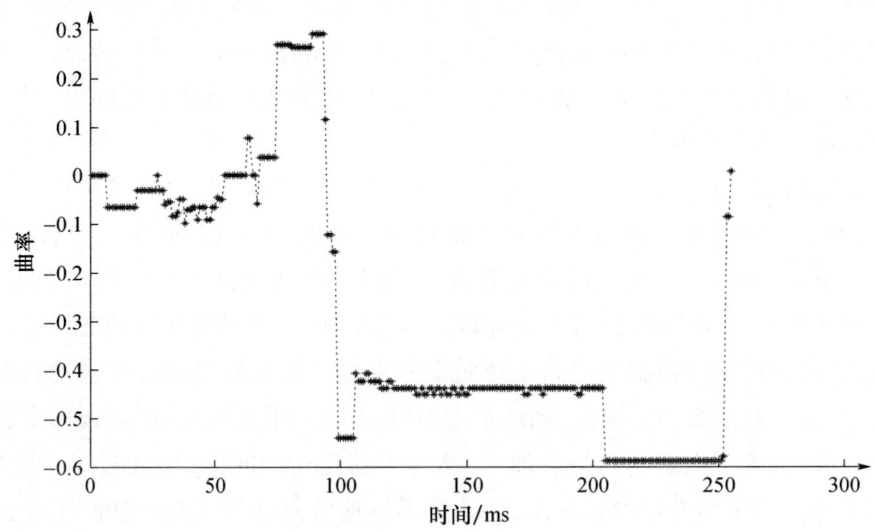

图9－14 制动转向曲率计算

进行分析,即图9－5～图9－9所示。按照固定转向半径不同,区分为制动转向和第一位置转向两种情况。

按照理论设定和动作要领,履带车辆制动转向时,操纵杆迅速拉至最后位置,该侧制动带应迅速抱死,对应车速为0,另一侧车速保持原来数值,车辆按照给定的理论转向半径($B/2$,此处为1.74m)转向。实车转向数据虽然基本符合这一规律,但转向半径以及对操纵杆动作的响应时间两个参数与理论计算并不一致。选取4组转向动作进行说明。

图9－9为筛选出的一组转向动作曲线。其中图9－9(a)为操纵杆位移曲线,从图中可以看出:拉操纵杆TR3、保持操纵杆在制动位置TR2、松操纵杆TR4和操纵杆回到原始位置TR0动作准确,其中操纵杆保持在制动位置TR2的开始时间为15,结束时间为255。

图9－9(b)为制动转向时左右主动轮速度变化曲线,图中速度迅速降低的曲线为制动侧速度变化曲线,可以看出:操纵杆拉到制动位置后,制动侧履带转速虽然迅速下降,但有一个减速制动过程,从初始车速降低到车速近似为0(0.07km/h)的大概有50个计数单位(2s)时间;降低到完全为0的时间约为150个计数单位(6s)。即车辆转向过程中,制动侧主动轮转速对操纵杆响应的滞后时间约为6s。图9－8(b)中迅速降低后又迅速升高的曲线为动力牵引侧的速度变化曲线,从该曲线形状看,牵引侧车速并不像理论分析的那样保持原来速

度不变,而是也有一个迅速下降又迅速回升的过程。车速迅速下降是因为制动侧履带制动后,整个车辆的行驶阻力都会增大,影响到本侧主动轮转速,车速回升过程则是因为制动后油门加大,牵引力增大,能够补偿地面增加的阻力损失,为转向过程提供牵引力。

最后看油门开度。动作要领要求制动转向时,首先减油,以降低坦克的运动速度,使后续能迅速制动;迅速平稳地将转向一边的操纵杆拉到第二位置(最后位置),开始制动;当车辆速度降低后,迅速加油,以增大高速履带的牵引力,提高高速履带的运动速度,缩短转向时间。无论从油门、主动轮转速的数据变化还是动作要领看,油门控制对于制动转向十分重要。常见的错误动作包括转向前不减油,此时制动鼓的转速高,制动带抱不紧制动鼓,低速履带继续转动,会影响转向时间;制动带抱紧制动鼓后加油,是为了缩短转向时间;加油过早(车速未明显下降),等于转向前没有减油,制动鼓不易抱紧制动带,加油过晚,不能保证高速履带有足够的牵引力,将造成发动机负荷过重,甚至会引起熄火或停车。

为了验证上面各驾驶动作和车速变化、转向半径之间的对应关系,再次选取三组制动转向动作曲线。从第二组制动转向曲线同样可以看出:操作杆转向动作比较准确,但油门加油时机略早,尚未等操纵杆制动起作用(操纵杆刚到制动位置、车速仅仅下降至 2km/h)就开始加油,导致的结果是制动侧履带转速同步上升,相对延长了转向时间(制动侧直到 100(4s)左右才近似制动(0.33km/h),到 200(8s)才完全制动)。

第三组和第四组转向制动曲线同样反映了加油时机问题,所有油门均在车速下降不明显时开始加油,导致加油后制动侧车速上升,制动侧履带长时间制动不住,转向时间延长,转向效果不理想。从以上几组转向曲线看,制动转向过程中,两个重要内容应该是了解制动侧履带转速的下降规律,准确掌握油门的加油时机。

从制动转向操作过程、两侧履带速度变化可以看出,制动转向时,影响车辆转向响应时间的主要因素是制动侧履带减速过程,尤其是减速至 0 的过程,即车辆的制动性能。第 10 章将对车辆制动性能进行详细统计分析,可知:当驾驶员把操纵杆拉至第二位置后,车辆制动侧履带速度降为 0 的时间均值为 128(5s),方差为 25(1s);符合正态分布。

9.3.4 第一位置转向响应时间

履带车辆固定转向半径除了制动转向半径($B/2$)外,还有第一位置转向半径。当操纵杆拉至第一位置后，制动侧履带按照固定的传动比降速行驶，牵引侧履带按照原速度行驶，假定该固定传动比为 n，则理论转向半径为

$$r_0 = \frac{v_{L0} + nv_{L0}}{v_{L0} - nv_{L0}} \cdot \frac{B}{2}$$

设 $n = 1.47$，$B = 1.74$，则对应的第一位置理论转向半径为 9.14m，考虑到离心力、磨滑等原因，实际转向半径为 8～11m。按照协同动作识别结果从样本数据中选取三组第一位置转向动作，分别显示其操纵杆动作、油门动作、车速和转向半径变化曲线，如图 9－5、图 9－6 所示。

从几组转向动作曲线中可以看出：

（1）操纵杆的第一位置应在操纵杆总位移的 60%～70%，且不太容易找到，操纵杆位移存在拉过头或者拉不到位的现象。三组动作曲线中，图 9－6～图 9－8 所示的第一、二组操作杆均是一次就拉到转向位置，对应车速变化也比较稳定；但图 9－8 的操纵杆位移经过了一次反复，体现了驾驶员找到第一位置的动作过程。

（2）对油门操作，当操纵杆拉到第一位置后，没有必须的加油门动作，图 9－5～图 9－7 中三组油门位移曲线，第一组油门基本没变，第二组油门几乎和操纵杆同步动作，并没有等到制动带抱死，第三组在尚未找到准确转向位置的前提下已经开始踩油门，即油门操作没有特殊要求，操作要领中要求是必要时加油，从曲线上看，即使不加油，对转向响应时间影响不大。

（3）从车速变化和转向半径变化看，整个转向过程中，牵引侧履带速度几乎不变，制动侧履带速度到达规定转向比的时间约为 16（1/25s），不到 1s，几乎与操纵杆动作同步，且与油门开度没有必然联系。

从三组曲线变化可以看出第一位置转向动作要领和注意事项：操纵杆迅速拉到第一位置后，牵引侧履带转速不会明显降低，必要时可适当加油，到达规定转向半径的相应时间几乎与操纵杆拉到位同步，不大于 1s，可以认为是同步响应。

9.3.5　S 形转向限制路转向操作特点

车辆通过 S 形限制路时，除了记录车辆行驶轨迹外，把操纵杆转向动作曲线截取如图 9－15 所示，求解这些动作时间的间隔，即转向动作的持续时间或者不同转向动作间的时间间隔，如表 9－4 所列。

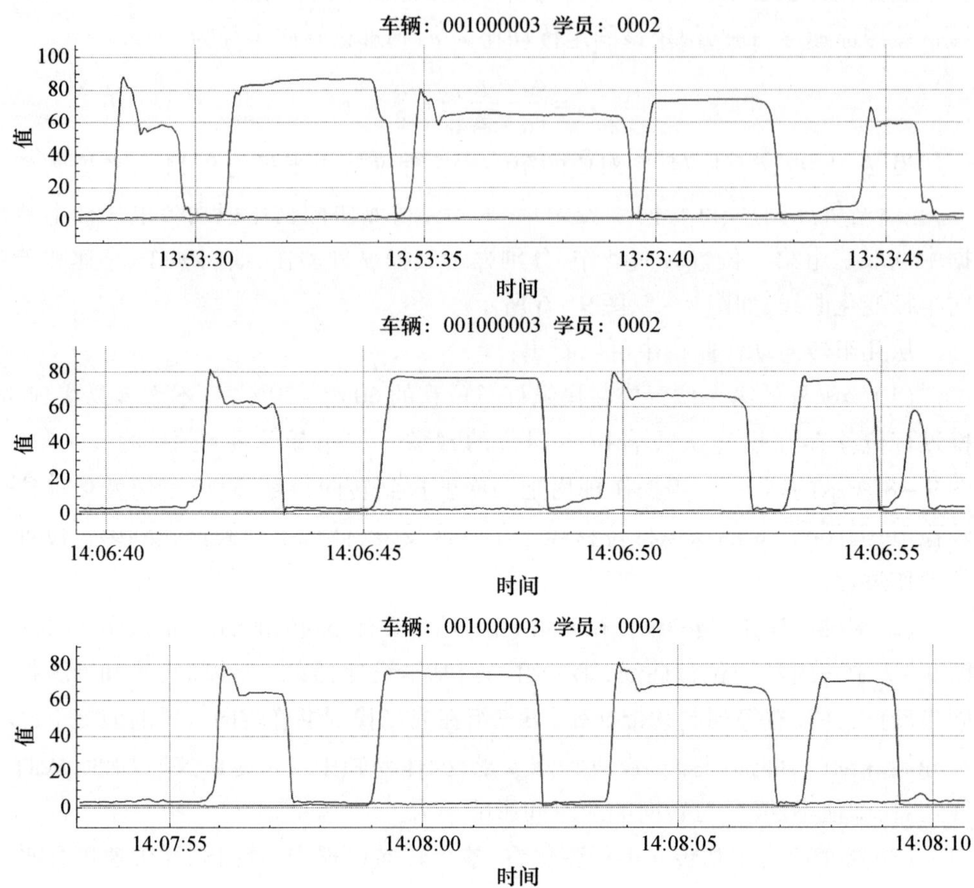

图 9－15 S形限制路第一位置转向动作曲线

表 9－4 车辆通过S形限制路时转向动作及其时间间隔

	TR3	TR4	TL3	TL4	TR3	TR4	TL3	TL4	TR3	TR4	总时间
第一组动作	704	737	766	848	867	981	992	1059	1109	1141	437
动作间隔		33	29	82	19	114	11	67	50	32	
第二组动作	2794	2832	2880	2960	2989	3056	3078	3119	3133	3142	348
动作间隔		38	48	80	29	67	22	41	14	9	
第三组动作	4647	4682	4725	4803	4841	4918	4935	4978			331
动作间隔		35	43	78	38	77	17	43			

从表中可以看出：

(1)通过 S 形限制路时,所有驾驶员都需要采取右转向、左转向、右转向、左转向、右转向等 5 组转向动作。个别驾驶员也可以省略最后一组转向动作。

(2)尽管驾驶员技能水平不同,但在给定车速(3 挡 1500r 左右)条件下,第一、二、三、四次转向的持续时间、不同组别转向动作的间隔时间都大致相似,尤其是前两组转向动作持续时间(表中第 3 列的 33、38、35 和第 5 列的 82、80、78),几乎完全相同;后续随着转向次数的增多,时间累积误差差别越来越大。

9.3.6　双直角限制路转向操作特点

同样记录车辆第二位置制动转向通过双直角限制路的行驶轨迹操纵杆转向动作曲线,如图 9 - 16 所示,其中动作时间间隔,即转向动作的持续时间或者不同转向动作间的时间间隔,如表 9 - 5 所列。从表中可以看出:双直角限制路中,由于转向阻力大,车辆速度不好控制,导致两次制动转向的持续时间和间隔时间差别很大。但是各转向动作间的时间比例划分相对稳定,两次转向间的时间间隔约为转向时间的 2 倍。对同一名驾驶员而言,两次制动转向持续时间大致相等。

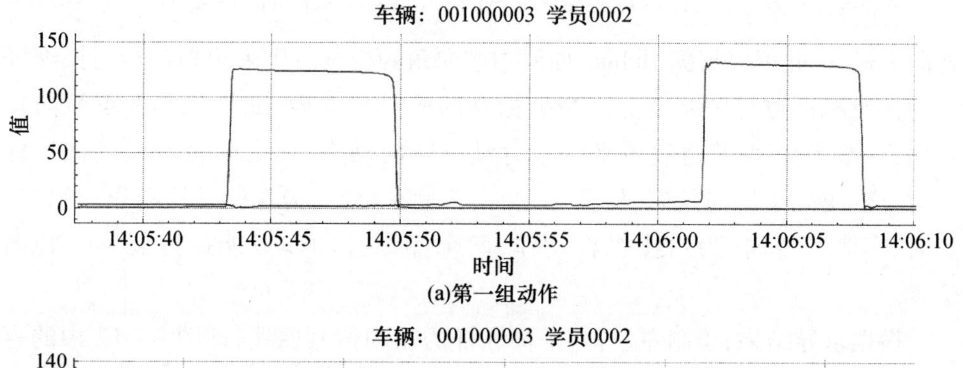

(a)第一组动作

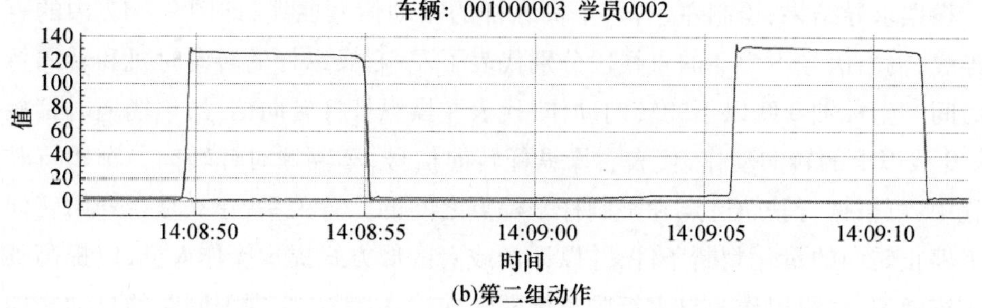

(b)第二组动作

图 9 - 16　双直角限制路制动转向动作曲线

表 9-5　车辆通过双直角限制路时转向动作及其时间间隔

	TL3	TL4	TR3	TR4	总时间
第一组动作	1332	1485	1793	1944	
动作间隔		153	308	151	612
第二组动作	5990	6122	6394	6534	
动作间隔		132	272	140	544

9.4　转向动作理论规划

转向动作理论规划的思路是:首先根据轨迹规划结果求解出理论的转向动作开始时间,然后减去需要提前的动作时间。以车辆经过出入口中间点和③、④号杆限制圆切线点为约束条件,求解出车辆绕行限制路的 Dubins 路径后,每一个坐标点都带有航向角信息,因此可以根据航向角变化信息,规划坦克行驶时开始转向和结束转向的时机。

9.4.1　限制杆绕行标准驾驶动作规划

航向角的改变只能通过履带车辆操纵杆的转向动作,且只考虑 $R=9$ 这一个转向半径,因此可以根据 Dubins 曲线中航向角的变化时机来规划各转向操纵杆的动作时机。对行驶路径上每个坐标点的航向角求导,如果相邻两点航向角相同,导数为 0,表示通过该坐标点时没有转向动作;反之则表示通过该坐标点时车辆正处于转向状态,导数为正时,车辆左转向,为左操纵杆动作;导数为负时,车辆右转向,为右操纵杆动作,两个操纵杆动作只能是拉到第一转向位置。

根据求导结果,绘制左、右两个操纵杆的驱动信号曲线,即图 9-17 中的直线连线,输出信号不为 0 的直线段分别代表了左、右操纵杆的转向时机和转向持续时间。坐标轴 0 线以下的转向动作,代表左操纵杆杆转向信号,车辆逆时针旋转。0 线以上的转向动作,代表右操纵杆转向信号,车辆顺时针转向。车辆行驶过程中,可根据行驶轨迹点和限制杆坐标点之间的位置关系,建立是否开始转向或者停止转向的量化判断条件,并以话音或者图像方式提示操作人员,以提高驾驶训练效率,也可以作为自主行驶车辆的转向输入信号,实现限制路的自动转向控制。

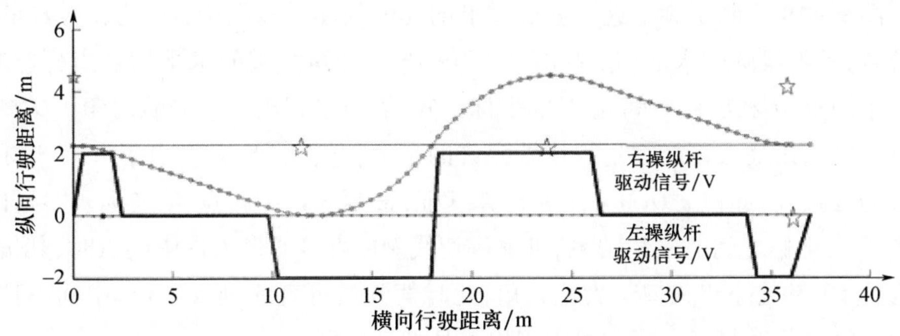

图 9－17　S 形限制路转向动作规划结果

9.4.2　限制路出入口角度影响

四个绕行点是车辆驾驶训练中隐含的标准化要求，但在实际驾驶训练中，不可能每个人都能准确无误地对正每一个经过点，分秒不差地把握好每一次转向时机，因此有必要探讨一些非标准化的驾驶动作可行性，以使 Dubins 路径规划方法更适用于履带车辆驾驶训练实际。

多数限制路，两个入口杆间距离均设定为车宽 +1m。这样，即使驾驶员没有完全按照教范要求对正进入两杆中间点，行驶中在车辆横向方向上，仍会有 1m 左右的偏差调整范围而不会碰触两边限制杆。图 9－18 绘制了车辆斜向进入限制路时，多余的 1m 偏差范围所允许的最大偏转角度，以车宽 3.5m 计算，该偏转角为 38.9°。即当车辆斜向进入限制路时，入口航向角可最大偏差至 38.9°均不会触碰入口限制杆。近几年驾驶训练中，很多高等级驾驶员充分利用这一允许偏差，减少入口处和出口处的转向动作，直接以绕行③号杆弧线圆的切线方向进入限制路，以绕行④号杆弧线圆的切线方向驶出限制路，以提高车辆通过限制路的机动速度。当前教范中，多数限制路也都允许驾驶员斜向驶入或者驶出。

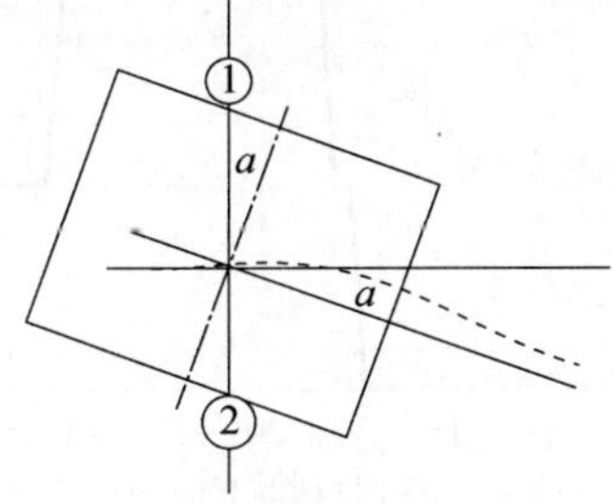

图 9－18　车辆倾斜进入限制路的最大偏角

图9－19绘制了满足这一训练需求的几何简图。该图中，O_3 为③号杆的圆心位置，其弧线圆的水平切点坐标 N 已知，③号杆弧线圆的水平切点坐标已知，入口中间点 M 和出口中间点 W 的坐标已知，需要求解出入口的航向角 $\angle O_3MK$，且这一航向角最大不能超过入口处允许的最大偏转角 38.9°。由于 K 点坐标计算较为复杂，因此以 $\angle O_3MN$ 作为计算基准，根据入口中间点 M 坐标、③号杆坐标和 N 点坐标之间的三角关系，可求得切线 MK 直接通过入口中间点时，其偏转角度为 10.39°，小于入口最大偏转角，此时驾驶员可直线驶入入口，中间不拉转向而直接绕行③号杆。同理可求得出口处偏转角度。

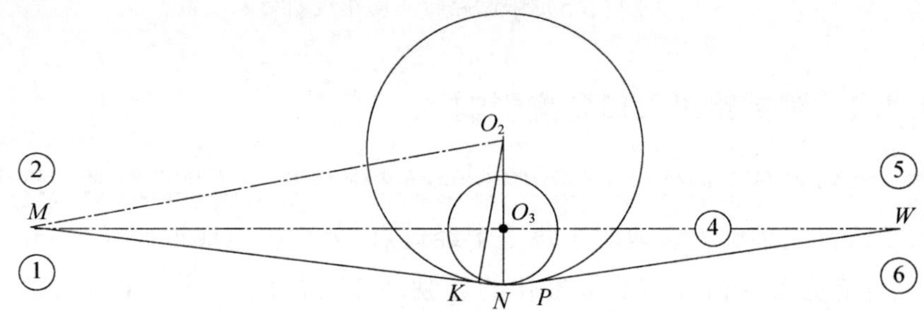

图9－19　斜向驶入限制路时入口航向角计算

同图9－17所示的规划结果相比，图9－20所示的斜向驶进和驶出限制路的方案，减少了出、入口处的两次转向，降低了限制路内操作强度，避免了出、入口处因转向而降低车速，提高了通行速度，是一种更加贴近实战化和更加优化的限制路通过方案。

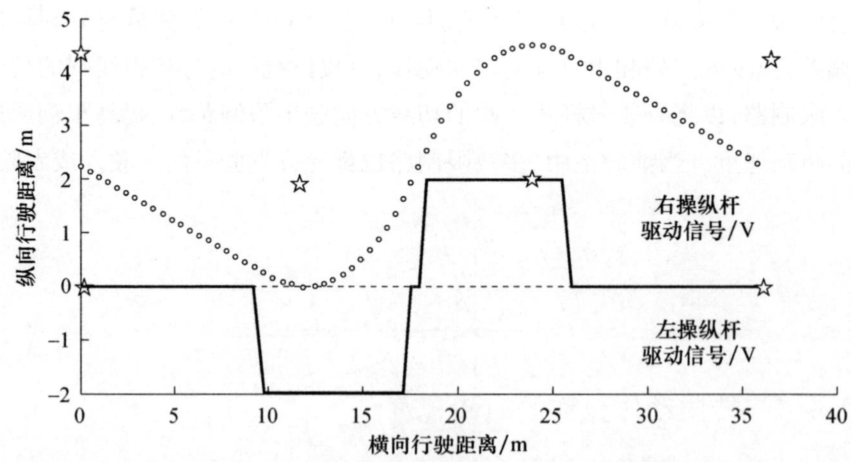

图9－20　斜向驶入限制路路径和转向动作规划

9.4.3　油门控制时机动作规划

制动转向过程中，操纵杆拉到制动位置后，油门状态将决定车辆的转向速度，如前所述，加油过早(车速未明显下降或者制动带没有完全抱紧制动鼓)，等于转向前没有减油，制动带不易抱紧制动鼓；加油过晚，不能保证高速履带有足够的牵引力，甚至会熄火或停车。那么什么时机加油最合适呢？理想情况下，应该是制动带完全抱死制动鼓、制动侧履带车速完全为0后加油，此时由于该侧动力传输切断，制动鼓被制动，加油后的发动机动力不能输出到该侧，只能输入到另一侧即牵引侧，非常有利于转向。但实际情况是，在制动带抱死制动鼓、制动侧减速过程中，行驶阻力会逐渐加大，影响到另一侧，从而影响到发动机转速，如果完全等到制动侧履带转速为0，发动机极有可能已经熄火。因此加油的最佳时机应该为发动机熄火前的最低转速时。

图9－21截取了制动侧车速下降过程中发动机转速的变化情况，理论设计上，对应发动机最低转速600r/min对应的车速为2.25m/s，从图中可以看出：当车速低于2km/s趋向于0的过程中，发动机转速基本都在600～700r/min之间，即使偶尔有低于600r/min且趋向于400r/min时，也只是瞬间。在这个瞬间若不及时加油，发动机只能熄火或者踩离合切断动力，前面的样本数据说明车速最低为0.5m/s以下时，实际已经踩下离合器。因此可以判断：制动转向过程中加油门的时机为不踩离合器的前提下，发动机转速低于600r/min时；此时应迅速加油，虽然这种情况下，制动侧车速不太容易制动，会存在一段近似为0的减速过程，但能保证发动机平稳运行，不熄火；当然，也可以踩下离合器，等待制动带完全抱死、制动侧车速为0后加油；但总体看，两种动作导致的制动侧车速降至0，车辆按规定半径转向的时间基本相同，无显著差异。也就是说，目前还没有办法找到一个既能缩短制动转向时间还能够保证发动机不熄火的完美方案，只能按照经验，提前1m(制动距离)或者4s松油门、拉操纵杆至制动转向位置，或者从发动机转速数据变化判断，等待发动机转速将至600r/min时平稳加油，从而保证所要求的转向效果。当然也可以以车速变化作为判断加油门的依据，但车速从2km/h到1km/h的过程中，均已经很低，车速表已没有明确指示，驾驶员感觉变化不太明显，远没有发动机转速变化敏感及时，所以建议以发动机转速下降作为判断加油的依据。

9.4.4　转向动作允许的时间范围

基于Dubins曲线的限制路绕行路径规划成立的前提是车辆自始至终均是

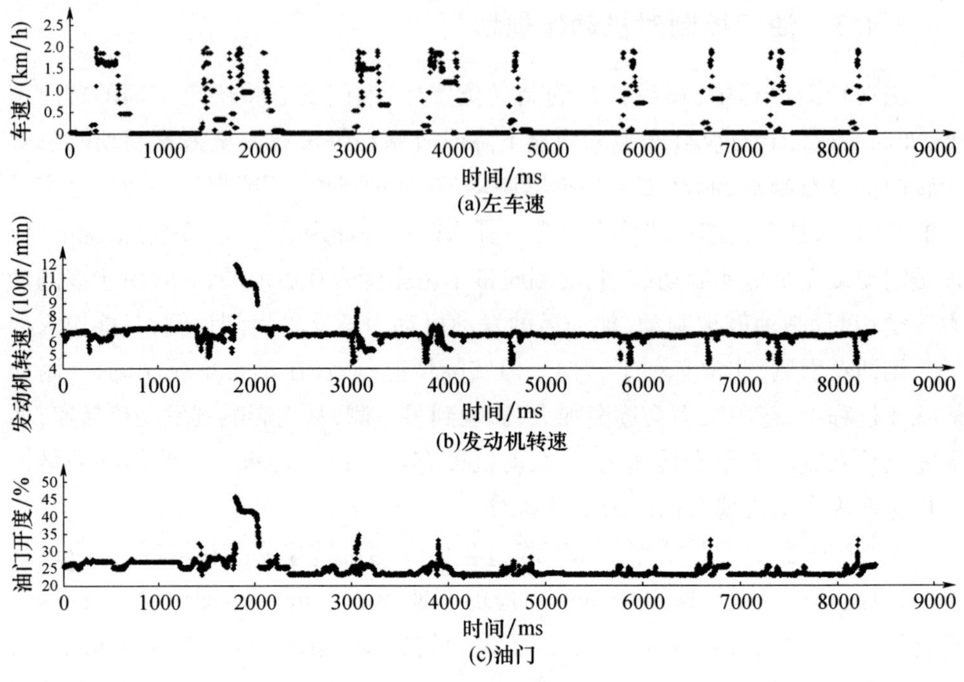

图 9-21　车速、油门和发动机转速对应关系

固定转向半径，驾驶动作规划成立的前提是转向杆动作与车辆转向轨迹变化是瞬时响应，无延迟时间。但在车辆实际驾驶中，车辆实际转向轨迹受转向半径、动作相应响应时间等多种因素的影响，应考虑转向动作的提前量。通过前面对履带车辆的转向特点分析，可知该事件提前量主要包括操纵杆的推拉时间和车辆从直线运动到规定转向半径的减速时间。其中推拉时间约为(8～10)×(1/25)s，车辆转向过程的减速时间对于制动转向而言约为4～6s，对于第一位置约为0.5s。

当前的限制路驾驶训练中，驾驶员主要根据驾驶经验积累形成动作要领，依靠从潜望镜中观察到的各限制杆位置来判定转向时机。目前驾驶训练中，对转向时机的描述不精确，受驾驶员的观察方式、视野角度甚至驾驶员坐姿、眼睛与潜望镜的距离等因素影响，新训驾驶员转向时机过早或过晚的情况时有发生。

图9-3也反映了转向时机对行驶路径的影响，其中图9-3(b)表示各限制杆绕行的最佳转向时机，从图中看，入口处从 M 点开始转向，H_0 点结束转向；③号杆处，K_0 点开始转向，P_0 点结束转向。以入口处结束转向时机点为例，如果在 H_0 点之前结束转向，即驾驶员松回操纵杆时机过早，则整个切线 H_0K_0 的位置

都会上移，如果驾驶员后续没有补救动作，车辆就会直线驶入③号杆限制圆范围内，发生碰杆或者压杆现象；如果在 H_0 点之后结束转向，即驾驶员松回操纵杆时机晚一点，则整个切线 H_0K_0 的位置都会下移，形成类似图 9－3(a)H_1K_1 的切线轨迹，此时，不会发生碰杆或者压杆现象，但是整个行驶路径会变长，呈现出一种次优化的规划方案。

由于当前考核规则中对路径长度没有约束，只是根据是否碰压限制杆扣分，因此多数驾驶员都会选择尽可能稍晚一点松回操纵杆，并通过早一点开始下一次转向来弥补上一次的过晚结束，限制路入口、出口处两次转向之间，都有一定的直行距离，可用来调整转向时机。但从图 9－4 标准动作规划结果看，③、④号杆之间的转向动作几乎没有调整空间，只能按照规划动作连续推拉左右两侧操纵杆。

9.5　转向动作预测规则

在转向路径已经合理规划已知的前提下，需要对转向动作进行规划，以用于明确转向的开始时机、转向类型（转向半径）、持续转向时间（转向角度）等。根据轨迹规划结果和航向角变化情况给出了初步规划结果，增加一定的提前时间量后可用于指导驾驶训练。但在履带车辆实际转向过程中，除了转向操纵杆推拉时间和车辆转向过程中的减速时间外，履带与地面之间的滑移滑磨、地面受挤压变形，以及制动带间隙调整等多种因素都会影响转向效果。另外，对于以行星转向机为转向机构的履带车辆而言，转向半径不能连续变化，而是只有两个规定转向半径，转向动作规划时也只能选择这两个半径所对应的动作类型。由于上述多因素影响，目前很难建立较为精确的履带车辆转向模型。此时，可以根据优秀驾驶员的转向操作经验，建立起转向需求（由运动轨迹决定）和转向动作（转向时机、转向半径）之间的“黑箱”对应模型，如神经网络模型，经过大量数据训练，可以用于指导新训驾驶员的转向科目训练。转向动作规划的本质是车辆行驶过程中纯粹的轨迹跟踪（忽略速度影响）问题。车辆自动驾驶过程中的轨迹跟踪通常是根据已经规划好的轨迹点和当前位置的偏差，决定下一步是否采取转向动作或者采取什么样的转向动作。

9.5.1　转向动作决策影响因素

在转向路径已知的前提下，转向动作进行规划，既可以根据道路曲率变化和转向动作响应时间进行理论计算，也可以根据驾驶经验进行机器学习。车辆驾

驶过程中,转向决策的影响因素主要包括:

(1)前方道路曲率。因为前方道路有弯曲,才需要进行转向动作;并且道路曲率将决定驾驶员所选择的转向动作类型。假定车辆两个规定转向半径分别为 R_1(第一位置半径)和 R_2(制动转向半径),则对应可通过的最大道路曲率为 $1/R_1$ 和 $1/R_2$。即当前方道路曲率小于 $1/R_2$ 时,才可以用第二位置制动转向;而当曲率大于 $1/R_2$ 时,车辆则无法通过该道路。同理,当前方道路曲率小于 $1/R_1$ 时,可以用第一位置转向;而当曲率大于 $1/R_1$ 小于 $1/R_2$ 时,只能用第二位置转向。如果能够精确区分第一位置转向和分离转向,还可以按此道理引入分离转向动作。

(2)转向动作的提前时间。由于履带车辆靠差速或者靠一侧履带降速转向,从转向操纵杆开始动作到车身开始按规定半径转向都需要一定的降速时间,因此需要考虑转向动作的提前量。这个提前量对应着第一条因素“前方道路曲率”中的“前方”。前面正对两个规定转向半径的响应时间进行了分析,第二位置转向半径需要提前 5s 左右,第一位置转向半径需要提前 1s 左右。由于第二位置只能以 1 挡使用,对应车速大概为 1m/s。第一位置则可以任意挡位使用,对应速度约在 5m/s 左右。因此前方道路曲率中的前方应该为 5m。

9.5.2 转向动作表现形式

从转向动作特点分析可知,每一组转向动作组合共有 4 个单一动作:包括推拉某一侧操纵杆(TL3、TR3、TL4、TR4);操纵杆到预定的转向位置(TL1、TL2、TR1、TR2、TL0、TR0)。上述 4 个单一动作中,推拉操纵杆只是过渡动作,操纵杆到达预定位置(原始位置、第一位置、制动位置)才是真正的转向动作。因此转向动作学习时,或者说,针对道路前方 5m 的曲率和当前车速,应该输出的转向动作应该是转向位置代码,TL1、TL2、TR1、TR2、TL0、TR0,分别对应着车辆的第一位置转向、第二位置制动转向和车辆直线行驶。

为了建立道路前方曲率和转向动作之间的关系,首先要把转向动作对应到 3 种规定转向半径中,并忽略推拉操纵杆的动作。因为人工驾驶车辆过程中,所有的操纵杆推拉动作都是为了实现某一规定半径转向。为此,完成单一转向动作识别后,需要对识别出的单一动作编码进行预处理,把操纵杆的推拉动作转换成最终的转向动作状态。例如,对于一组(TR3,295;TR1,300;TR4,352;TR0,359)的组合转向动作,预处理时,可以把 TR3 替换为 TR1,把 TR4 替换为 TR0,这样,用于转向动作机器学习时,输出结果所包含的信息量更丰富,不仅包含了推拉操纵杆的动作需求，而且给出了推拉动作的最终状态，更加符合驾驶员转向动作的决策过程和操作习惯。

9.5.3 转向动作映射规则

上述分析，可建立一条假设结论：道路前方5m的曲率决定了驾驶员下一步的转向动作选择，为了验证上述结论，选择两组驾驶动作曲线，建立其行驶轨迹曲率变化和操纵杆动作之间的对应关系曲线，如图9-22、图9-23所示。

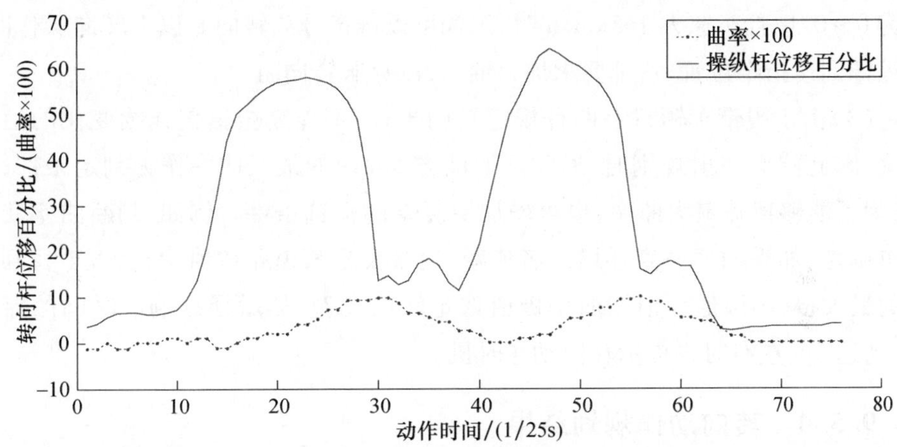

图9-22 第一位置转向时的道路曲率变化

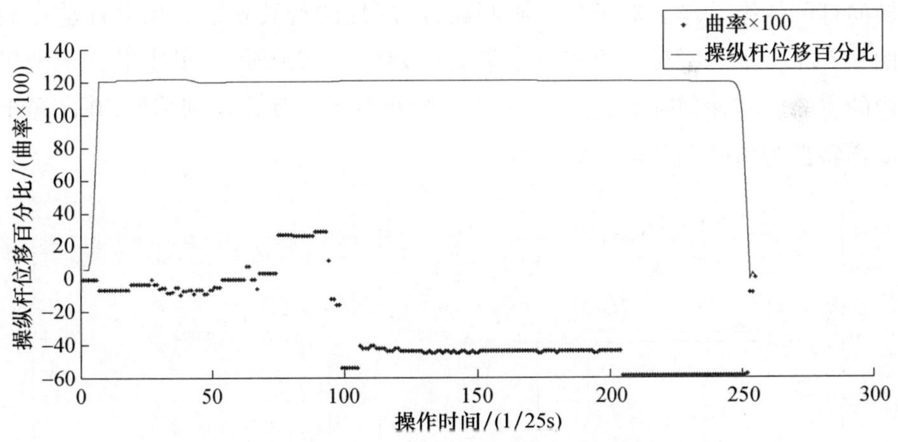

图9-23 第二位置转向时的道路曲率变化

从图中可以看出：

(1)无论第一位置还是第二位置转向，操纵杆拉到指定位置后，车辆所行驶轨迹的曲率变化都有一定的滞后性。滞后的时间与前面所分析的响应时间大致相同,大致对应车前方 5m 的行驶距离。这个距离与车辆转向时驾驶员观察限制杆的下死界大致相当。

(2)两个转向位置所对应的转向半径和曲率变化基本稳定。基本的变化规则是:当曲率大于 0.6 时,车辆无法通过该限制路;当曲率为 0.6 ~ 0.15 时,车辆只能选择第二位置转向;当曲率为 0.15 ~ 0.1、且车速大于 5km/h 时,车辆可以选择第一位置转向,在对速度无要求的前提下,也可以选择第二位置转向;当曲率为 0 ~ 0.1、且车速大于 5km/h 时,车辆可以选择分离转向。以上转向操作时,操纵杆到达指定位置后,都要求加大油门,以克服转向阻力。

(3)由于履带车辆只有两种规定转向半径,不能完全覆盖连续变化的道路曲率,因此建立映射规则时,通常选取前方 5m 内的最大曲率作为判定条件;当然,为了能够覆盖最大曲率,也可增加更复杂的筛选条件。例如,判断曲率变化的单调性,如果曲率一直递增或者递减,通常要延长道路取值距离,直至找到曲率的最大、最小极值。根据曲率极值选定转向类型,然后根据响应时间的滞后量,到达 5m 左右时再提示转向动作时机。

9.5.4 转向动作规划结果

根据车辆行驶轨迹和车速变化,计算出道路曲率变化后,可根据上述规则规划转向杆的操纵动作。对于 S 形限制路,所规划的行驶轨迹和操纵杆动作曲线如图 9 - 24 所示。所对应的实车采集动作如图 9 - 25 所示,车速来自于采集终端内的主动轮转速,转向动作类型来自于操纵杆单一动作识别结果,并已经把推拉动作转换为最终的转向位置动作。

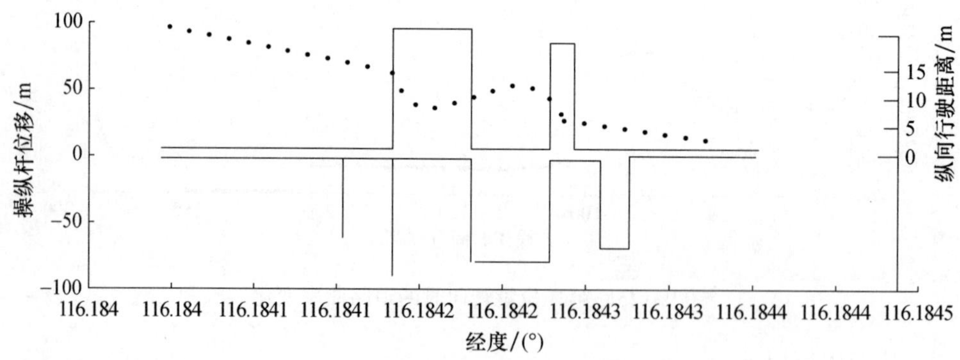

图 9 - 24　实车驾驶轨迹和操纵杆动作

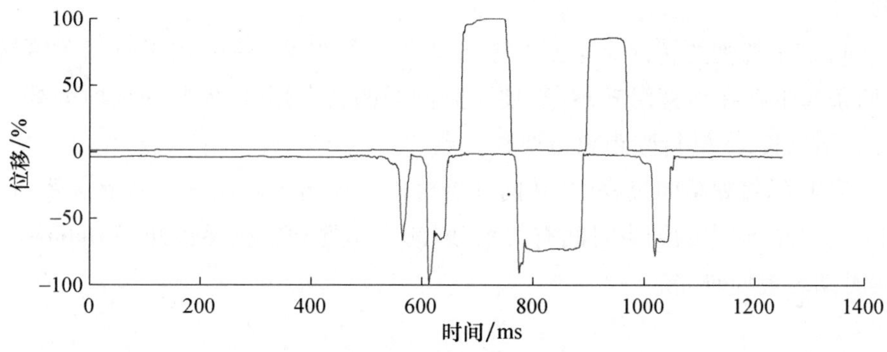

图9-25　实车驾驶操纵杆动作曲线

以实车行驶轨迹横坐标为基准,分析实车驾驶中操纵杆转向时机和理论规划操纵杆转向时机之间的时序关系,对比结果如表9-6所列。从表中可以看出:

表9-6　转向动作规划结果与实车驾驶要领对比

转向时机	动作要求		动作规划结果(横坐标)		实车测试结果(横坐标)	
	开始转向	结束转向	开始转向	终止转向	开始转向	终止转向
第一次	①号杆从左镜左边缘消失	③号杆接近右镜右边缘	0	2.96	0	3.61
第二次	③号杆接近右镜右边缘	④号杆接近左镜左边缘	10.27	17.96	6.77	18.98
第三次	④号杆接近左镜左边缘	左镜中央对正出口杆中间1/3处	17.96	26.47	21.72	33.97
第四次	左镜中央对正出口杆中间1/3处	—	34.27	36	33.97	44.80

(1)实车驾驶和理论规划之间转向次数、转向开始点坐标、转向结束点坐标均相差不大,表明行驶路径和操作动作的理论规划结果总体符合实车训练实际,且比经验说法更准确。

(2)实车驾驶中,均要求转向连续进行,即推拉左操纵杆的同时,右操纵杆要有相反动作。但从理论规划结果看,出入口处左右转向操作均可以有一定的时间间隔,更符合限制杆设置距离的实际情况。

(3)实车驾驶中,第二、第三次转向均以对应限制杆位置为对称点,表明本书所提出的绕行③、④号杆的行驶路径必经点在其限制圆最低切线点处是正确的。

(4)实车驾驶的转向结束点均晚于理论规划结果,原因在于履带车辆转向时,两条履带存在滑移滑转现象,要达到同样的转向角度,实际转向时间要比理论计算结果长,车辆行驶距离也要长一点。

(5)实际驾驶转向过程中,转向开始时机不仅与各限制杆位置有关系,而且与上一次转向动作的结束时间有关系,因此实车驾驶中应逐步开展 Dubins 曲线的实时动态规划研究。

9.6 小结

驾驶是发挥车辆机动性能的重要手段,尽管履带车辆驾驶训练的科目内容、方法条件和考核标准均已规范化,但在训练手段和考核方法上,仍旧以经验为主、靠多练提高技能,缺少科学的数学方法和量化分析手段。

Dubins 曲线作为智能化车辆绕行障碍物路径规划的一种基础方法,对指导履带车辆以规定转向半径绕行限制路有较好的适用性。本书借鉴车辆智能化行驶技术中 Dubins 路径规划方法,数字化地描述了履带车辆 S 形限制路的绕行路径,精确计算了车辆在限制路内的转向时机,量化分析了实车训练中不同转向时机和出入口航向角度等驾驶习惯对车辆绕行路径的影响,并进行了实车验证,实现了履带车辆驾驶训练从人工经验向数学描述的理论提升,相关成果对提高限制路驾驶训练水平、指导履带车辆限制路自主行驶具有重要意义。但由于履带车辆转向动作的复杂性以及车辆定位信息精度不足,计算结果与实车数据仍旧存在一定差距,后续可通过优化路径规划模型和车辆转向模型、提高车辆定位精度等手段不断改进。

第 10 章　数据挖掘成果应用

数据挖掘是一门从大量数据或者数据库中提取有用信息的科学,海量驾驶训练数据中蕴含着大量的驾驶知识和经验,从数据出发,利用机器学习机制,可以发现大量驾驶技能和动作规律。本书基于驾驶训练专业知识和海量训练数据,建立了驾驶动作词典,实现了单一动作识别、协同动作模板匹配、协同动作新模式发现、动作词典动态更新、长时间训练数据自动分割、驾驶技能相似性评估、换挡技能机器学习和转向时机规划提示,为驾驶训练考核和成绩分析、智能化训练指导提供了技术基础。本章重点从训练参数统计、训练科目考核、智能化训练指导三个方面来探讨本书所涉及的各种数据挖掘技术的应用。

10.1　驾驶动作参数统计

通过各种动作模式识别匹配技术,可以在驾驶动作数据中找到任何指定组合的动作编码,统计与这些编码有关的时间、速度以及其他一些状态变化规律,从而为动作考评、技能分类或者各种仿真计算提供数据标准。

10.1.1　组合动作时间统计

驾驶训练中,各操作件都有一些固定的动作组合是驾驶员必须完成的,也永远是在一起成组出现的,这些动作的持续时间,将影响车辆状态变化的响应特性,对于车辆性能仿真或者评估十分重要。以下所说的时间单位,均是指数据采样间隔,为 1/25s。

1. 离合器动作时间

驾驶过程中,离合器踏板比较固定的动作组合包括踩下踏板 C3C2、保持分离位置 C2C4 和松开踏板 C4C0,动作曲线如图 10－1 所示。其中保持分离位置的时间受换挡动作、车速变化等多种因素的影响,没有稳定的规律;而踩下踏板和松开踏板则只受驾驶员动作习惯和踏板行程、阻力等方面影响,应该符合一定的统计规律。

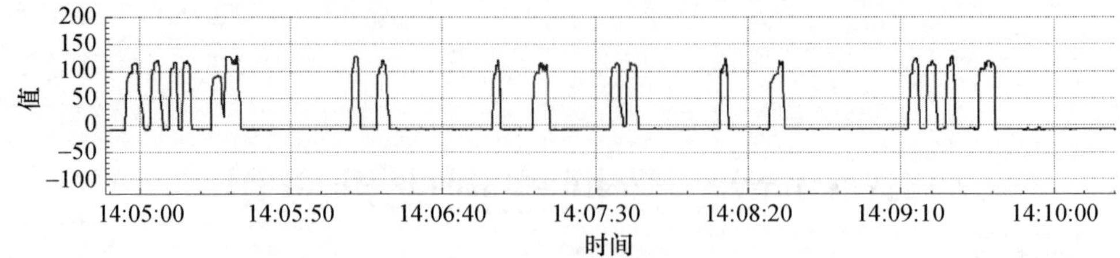

图 10-1　离合器动作曲线

收集给定的样本数据中所有踩离合（C3C2）的动作时间，共有 44 组，数据如下：11、19、16、18、23、17、4、30、14、17、9、18、31、6、10、9、12、12、11、36、12、9、20、19、21、12、14、8、10、14、8、11、12、13、25、9、9、7、6、6、13、12、12、20；绘制其分布柱状图，见图 10-2(a)，并进行正态分布检验，均符合正太分布，均值为 14.21（约为 0.57s），方差为 6.95。

44 组松离合时间数值如下：41、39、106、60、28、18、11、9、19、17、12、12、34、41、21、17、15、5、43、25、18、17、13、15、22、64、50、36、16、29、33、55、22、30、25、39、22、5、21、14、10、33、26、52，柱状分布图见图 10-2(b)，统计均值为 28.182，（约为 1.127s），方差为 18.97。

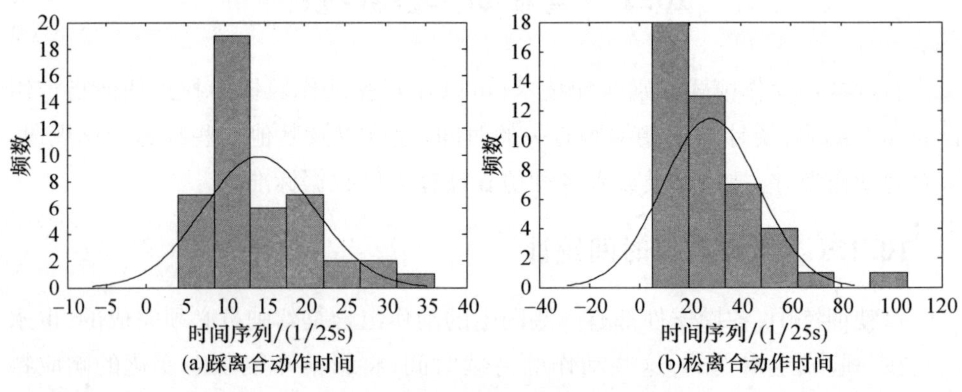

图 10-2　踩松离合器动作时间分布

2. 挡位动作时间

统计 28 组挡位动作时间如图 10-3 所示，指换挡手柄从 1 挡扳动至 2 挡位置的持续时间，25 组数值为 1，2 组为 2，1 组为 0。由于该车型采用了电液式换挡手柄，因此该时间仅相当于手柄开关的状态转换时间，不能反映与变速箱相关联的执行机构动作时间。

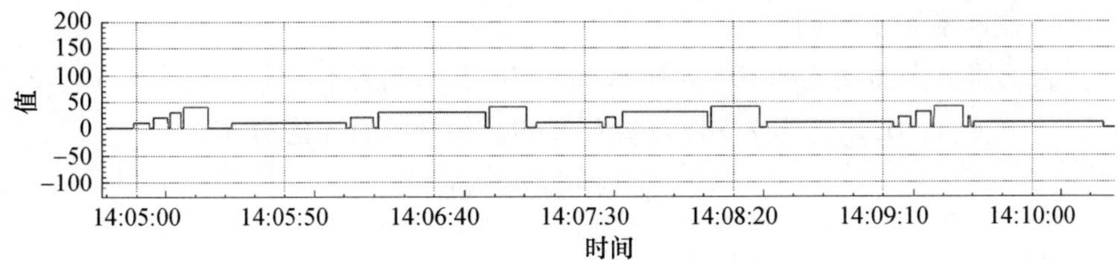

图10－3　换挡手柄动作曲线

3. 操纵杆推拉时间

拉操纵杆指把操纵杆从原始位置拉至第一位置或者第二位置的时间，对应的动作编码为TL3TL1；推操纵杆则是指从第一、二位置推回至原始位置的时间，对应的动作编码为TL4TL0。

一组操纵杆动作曲线如图10－4所示。统计图中拉操纵杆的24组时间数值为5、7、12、11、10、9、19、25、16、11、8、7、7、10、10、9、11、16、7、15、7、12、10、10，均值为11，方差为4.5；把操纵杆从第一位置推回至原始位置的时间分布为2、3、4、5、5、6、6、6、6、6、6、7、8、8、8、8、9、10、11、12、13、16、17、23，均值为8.28，方差为4.91；推拉时间分布图形如图10－5所示，均符合正态分布。四组由第二位置推回的数据，持续时间分别为7、9、4、5，均值是6.25，与第一位置没有明显区别。

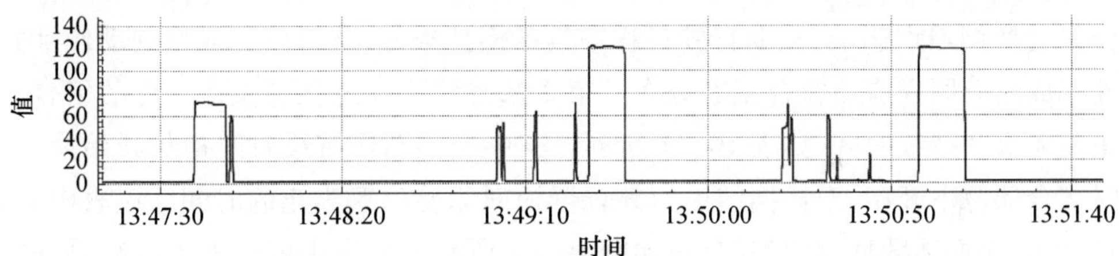

图10－4　操纵杆动作曲线

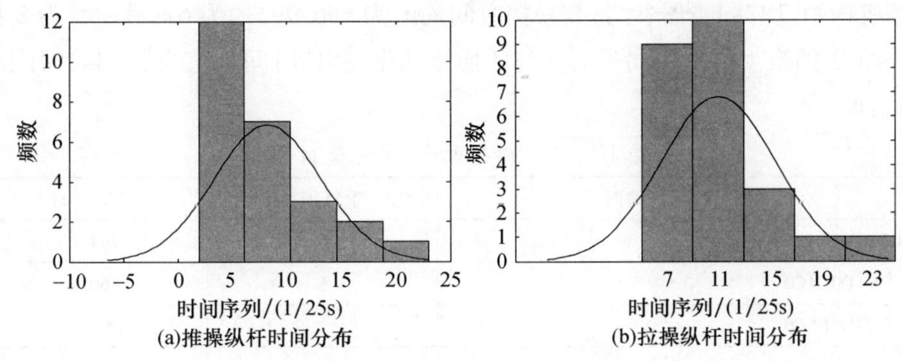

(a)推操纵杆时间分布　(b)拉操纵杆时间分布

图10－5　推拉操纵杆的时间分布

4. 制动器踏下时间

制动器动作曲线如图 10－6 所示，统计 9 组制动器踏下时间，分别为 14、13、5、5、4、10、5、4、10，均值为 7.78，方差为 3.99。同样符合正态分布。

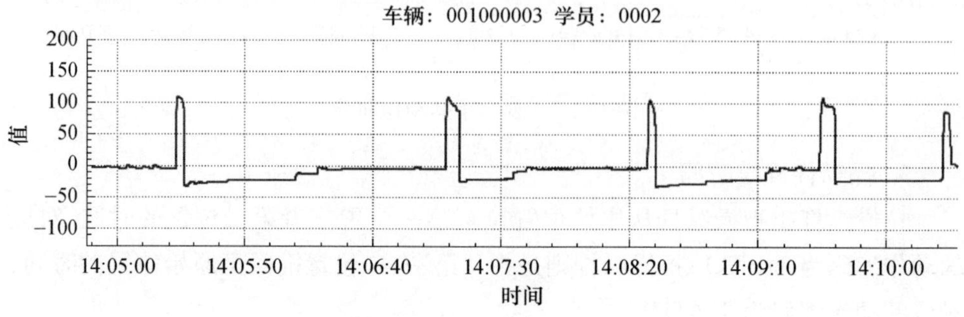

图 10－6 制动器动作曲线

10.1.2 协同动作时间统计

根据驾驶动作识别结果，不仅可以统计固定的组合动作持续时间，也可以统计固定的协同动作完成时间。前面把协同动作分为换挡动作和转向动作，其中转向动作受地形和行驶路径影响，不太容易发现其时间规律。但是，换挡协同动作只受换挡习惯影响，只要行驶过程中具备换挡条件，就可以完成系列动作，因此完成时间同样应该符合正态分布。第 2 章曾经统计过各种换挡动作的组合、重复频次和持续时间，如表 10－1 所列。其中换挡动作持续时间指从开始换挡时离合器踩下开始，至换挡结束后离合器松回原始位置为止的时间。该表中共包括 40 次换挡数据，其时间分布如图 10－7 所示。从图中可以看出：换挡协同时间符合两类正态分布：一类是以挂 1 挡、挂倒挡以及 1 挡换 2 挡等低速挡位，换挡机构中没有同步器参与，其换挡时间均值为 156.99，约为 6s；另一类为 2 挡换 3 挡、3 挡换 4 挡等由同步器参与的换挡动作，换挡时间均值为 85.44，时间约为 3～4s。

表 10－1 换挡动作时间统计表

协同动作字符编码	重复频次	持续时间
C3C2D0D1C4C0	6	164.8
C3C2D1D0C4C0	5	160.6
C3C2D3D0C4C0	2	55.5
C3C2D0D4C4C0	1	87

续表

协同动作字符编码	重复频次	持续时间
C3D4D0C2C4C0	1	105
C3C2D0D6C4C0	1	169
C3C2D6D0C4C0	2	152.5
C3C2D2D0D0D3C4C0	1	77
C3C2D1D0D0D2C4C0	5	92.2
C3D2D0C2D0D3C4C0	1	77
C3C2D3D0D0D1C4C0	2	106
C3D2C2D0D0D3C4C0	1	82
C3C2D2D0D0D3C4C0	4	77.6
C3D3D0C2D0D1C4C0	1	101
C3C2D0D6C4C1C4C0	2	155
C3C2D4D0D0D1C4C0	1	143
C3C2B2D6D0B3B0C4C0	1	163
C3C2D1D0D0D2D2D0D0D2C4C0	1	143
C3C2D0D4D4D0D0D4D4D0D0D4C4C0	1	131
C3C2D3D0D0D4D4D0D0D4D4D0D0D4C4C0	1	141

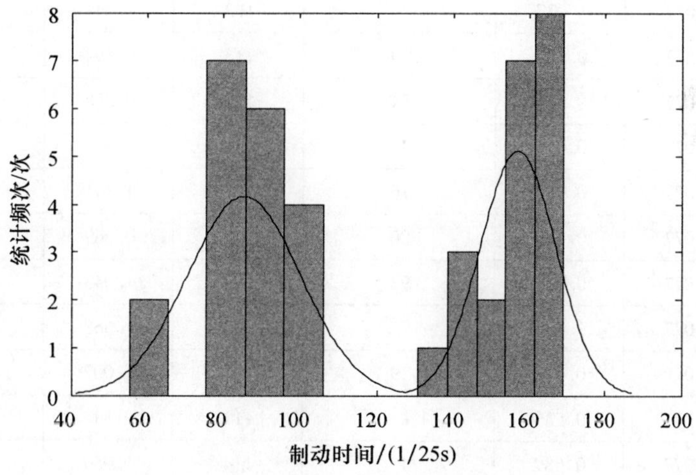

图 10－7 换挡时间分布图形

10.1.3 车辆制动性能分析

数据挖掘的结果不仅可以完成各类动作时间统计,还可以计算驾驶动作和车辆响应之间的对应关系,统计车辆一些机动性能。例如统计车辆的制动性能,如制动时间、制动距离等。这里的制动时间指从驾驶员把制动踏板踩到底或者把操纵杆拉至制动位置开始,至车辆速度为 0 的时间。从给定的样本数据中搜集了 28 组减速制动数据列入表 10-2,表中制动时的初始速度统一截取为 2.07km/h;中间长时间保持速度指车辆制动过程中,速度下降并不是理想的匀减速下降,而是制动器作用后突然下降一个台阶,然后再突然下降至 0,如图 10-8 所示,中间速度指速度下降过程中未到 0 却长时间保持的台阶速度,左侧制动后,制动侧车速很长一段时间内保持在 1.5km/h 的平均速度上。表中单(双)侧制动用于说明数据是来源于单侧制动还是停车制动。

表 10-2 制动性能统计表

组别	起点速度	中间速度	至中间速度时间	制动时间	制动距离	单(双)侧制动
1	2.077	0.458	30	128	0.888	双
2	2.077	0.536	28	127	0.979	双
3	2.077	1.723	3	100	1.904	单
4	2.380	0.869	5	101	1.014	单
5	2.077	1.077	5	102	1.248	单
6	2.077	0.583	19	113	0.894	双
7	2.077	0.534	84	137	0.698	双
8	2.077	0.079	44	140	0.475	单
9	2.077	0.953	16	117	1.341	单
10	2.077	0.165	80	192	0.969	双
11	2.077	0.061	93	192	1.043	双
12	2.077	1.487	5	100	1.668	单
13	2.077	0.659	19	111	1.007	双
14	2.077	0.536	21	117	0.544	双
15	2.077	0.689	17	114	1.059	双
16	2.077	0.093	58	160	0.485	双
17	2.077	0.798	10	112	1.007	双

续表

组别	起点速度	中间速度	至中间速度时间	制动时间	制动距离	单(双)侧制动
18	2.077	0.107	39	136	0.544	双
19	2.077	0.689	18	115	1.034	双
20	2.077	0.798	11	112	0.485	双
21	2.077	0.107	39	136	0.567	双
22	2.077	0.172	56	155	0.620	单
23	2.077	1.654	7	100	1.911	单
24	2.077	0.837	17	117	1.166	单
25	2.077	1.397	3	97	1.506	单
26	2.077	0.076	45	146	0.569	双
27	2.077	0.079	44	142	0.575	双
28	2.077	0.337	47	145	0.863	单

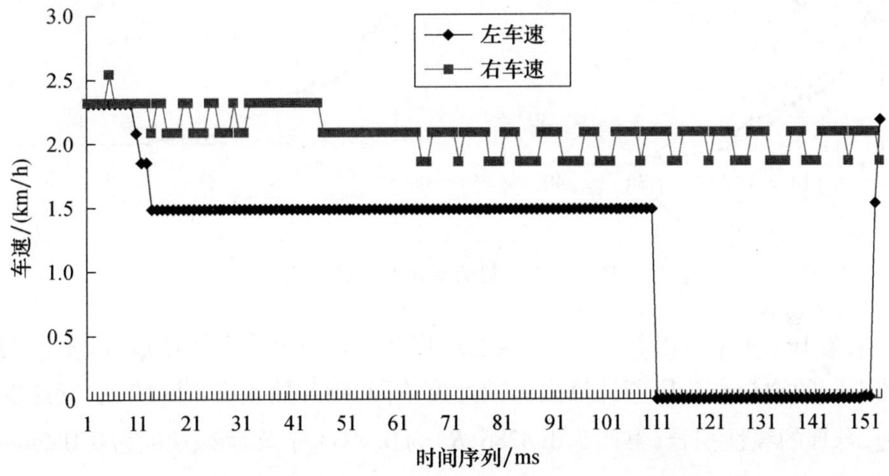

图 10 - 8　车辆单侧制动过程中的速度变化

1. 制动减速度

从表 10 - 2 可以看出：多数车辆制动过程中均不是匀减速至 0，而是中间均有一段较长时间(1/3 制动时间)保持在一个接近零速的状态，并且这个近似零速状态的数值不唯一。从前面制动侧履带车速变化也能看出这一点。但是到达近似零速的时间却与速度降低的减速度呈线性关系，并且根据这种线性关系，可以大致估测车辆的减速度。

采用拟合回归的方法求取车辆减速度,如图 10 - 9 所示。采用 R^2 来评估拟合的合理性,用最小二乘法进行参数估计时,R 平方为回归平方和与总离差平方和的比值,表示总离差平方和中可以由回归平方和解释的比例,这一比例越大越好,模型越精确,回归效果越显著。R^2 为 0 ~ 1,越接近 1,回归拟合效果越好,一般认为超过 0.8 的模型拟合优度比较高。

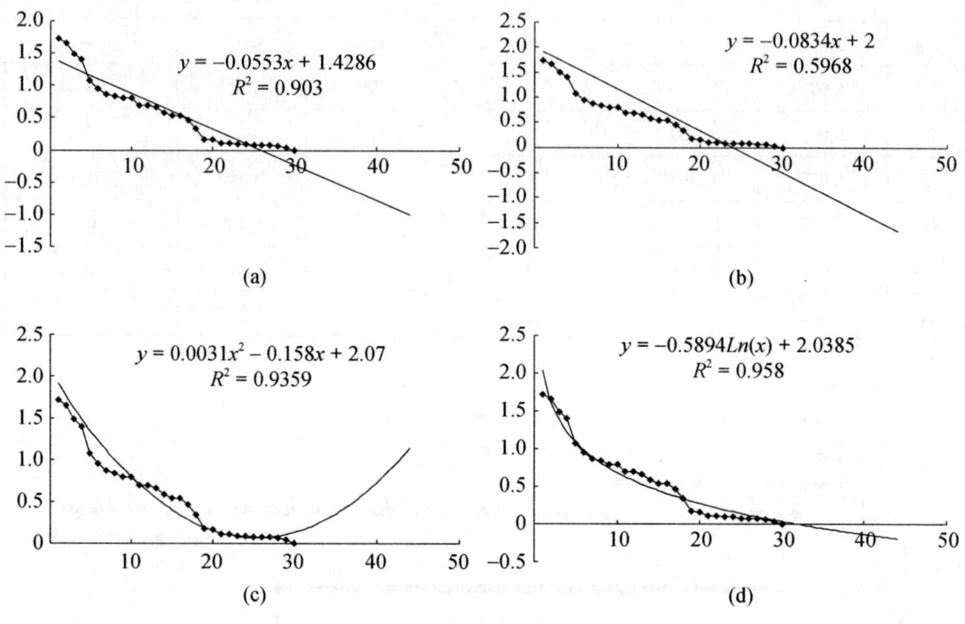

图 10 - 9　制动减速度拟合曲线

从图 10 - 9 中可以看出,车辆减速过程并不是一个完全线性过程,不同的截距和不同的拟合点阶段所计算出的减速度不同,刚开始速度下降快,后续速度下降慢,合理的线性拟合(截距为 1.4286,R^2 为 0.903)时,车辆减速度为 0.055m/s^2;整个的速度下降过程更接近于二次多项式或者对数线性方程。其中对数线性方程的 R^2 最大。

2. 制动时间和制动距离

尽管制动过程受一些因素影响,但对于一台技术状态确定、行驶地面不变(本书中所有数据均是水泥地面数据)的车辆而言,车辆的制动时间和制动距离均应符合正态分布,如图 10 - 10 所示。对上述 28 组制动数据按正态分布进行计算,制动时间的均值为 128,方差为 25。其中停车制动时间均值为 136,方差为 25;转向制动时间均值为 115,方差为 21;两者没有显著差异。制动距离同样符合状态分布,均值为 0.9663m,方差为 0.4121m。在置信度为 95% 的前提下,通过 Kolmogorov – Smirnov 检验,符合正态分布。

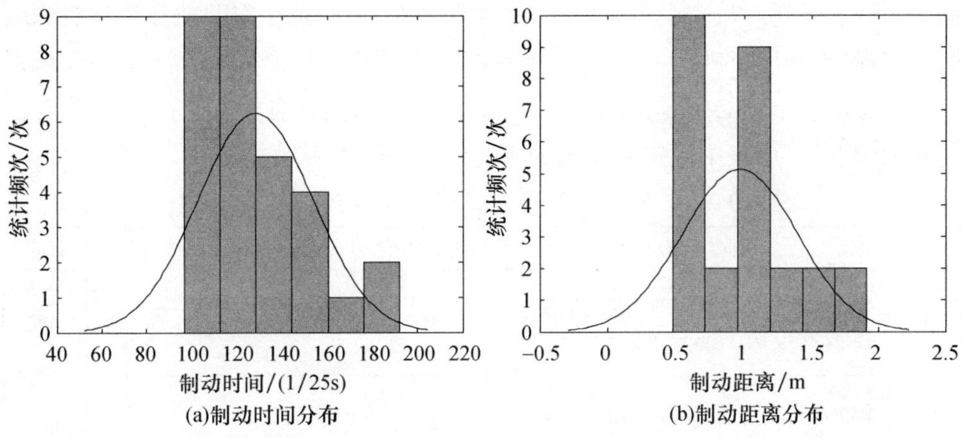

图 10 – 10 制动时间的正态分布检验

需要说明的是:这里的减速时间、减速距离与车辆的制动时间、制动距离概念有所不同。车辆制动距离指的是从初速到完全停止,是相对地面的运动;而这里截取的是主动轮转速,是转速从初速到转速为 0 的时间或者距离,转速为 0 后,车辆可能还会在地面上滑行一段时间,本书的计算并未考虑这一时间。

10.2 驾驶动作训练考核

考核是检验驾驶训练水平的重要手段,也是发现训练缺陷、促进训练改进的一种反馈手段。考核必须依赖驾驶训练过程数据。传统的训练考核科目,其成绩主要基于考官目视观察和秒表计时等原始技术手段,需要在各个训练场地布置大量专业监考人员,不仅浪费人力物力,而且存在监视死角,导致训练过程数据不能记录复现、错误动作不能及时发现、盲区内成绩依靠主观判断等问题。尽管近几年在场地建设中,有些训练场地布置了部分监控摄像头,但视频数据也主要依靠人工检索判定,工作量大,容易遗漏错误动作。

10.2.1 考核标准

驾驶专业技术等级共包括初级、三级、二级、一级和特级 5 个技术等级,晋升每一个技术等级必须进行相应考评。考评内容包括专业理论、实习、基础训练、应用训练和训练法等。基础训练阶段一般在模拟器和驾驶椅上进行,考核标准如表 10-3 所列。从表中可以看出,基础驾驶训练,驾驶动作的准确度和熟练度两个指标,准确度反映为一组驾驶动作不能有错误,用该表中的错误次数来评价。熟练度表示为必须牢记动作顺序和动作要领,实现各个动作之间的节奏控制和无缝连接,用表中规定时间内的规定动作个数来表示。

表 10-3　驾驶模拟器基础驾驶动作练习评定标准

序号	内容及要求	规定动作/个	规定时间/s	错误次数	评定
1	发动,1 挡起车;制动转向,换 2 挡,换 1 挡,反复 10 次;停车,熄火	34	100	7 次以内	合格
2	依次换至 3 挡,第一位置转向,换 4 挡,依次换至 1 挡,反复 5 次;停车,熄火	39	120	8 次以内	合格
3	发动,1 挡起车;依次换至 3 挡,分离转向,隔挡增 1 挡,反复 10 次;停车,熄火	44	140	8 次以内	合格

10.2.2　考核流程

当前基础驾驶动作考核,主要通过教练员目视检查进行,由于参训人数多,每个人动作快,即使有经验的教练员,也很难观察记录到参训人员的每一个动作细节,因此动作考核基本上流于形式,多数单位组织考核时,通过率和成绩优秀率都是 100%。而在本书介绍的单一动作识别、协同动作模板匹配基础上,可以实现该考核科目成绩的精确评估。

以表 10-3 中第 1 组训练科目为例,动作要求:发动,1 挡起车;制动转向,换 2 挡,换 1 挡,反复 10 次;停车,熄火。考核标准为 100s 内,制动转向,换 2 挡,换 1 挡,依次反复 10 次;发动、起车、停车、熄火各完成 1 次;错误在 7 次以内为合格。为了完成该科目考核,需要完成的工作如下:

(1)建立考核动作标准编码模板。由于发动时启动和熄火时车辆供电不稳定,有可能数据采集不完整,我们忽略发动和最后的熄火动作,从 1 挡起车开始,建立各个动作的协同动作标准编码,如表 10-4 所列。需要说明的是,换挡动作应该包括油门动作,为了使后续图表和处理过程更为简洁,这里只考虑挡位和离合器的协同动作。

表 10-4　考核科目一标准协同动作编码

动作名称	动作所包含单一动作码
1 挡起车	C3C2D0D1C4C0
制动转向	TR3TR2TR4TR0
1 挡换 2 挡	C3C2D1D0D0D2C4C0
2 挡换 1 挡	C3C2D2D0D0D1C4C0
停车摘挡	B1B2C3C2D1D0C4C0B3B0

(2)导入驾驶员实际数据。教练员按下数据记录仪按钮后,要求驾驶员上车,开始上述动作训练,记录上述训练过程数据,只采集操纵杆、制动器、离合和挡位的动作曲线,为例便于看清楚动作顺序,统一以挡位动作为基准,绘制如图 10-11 所示。

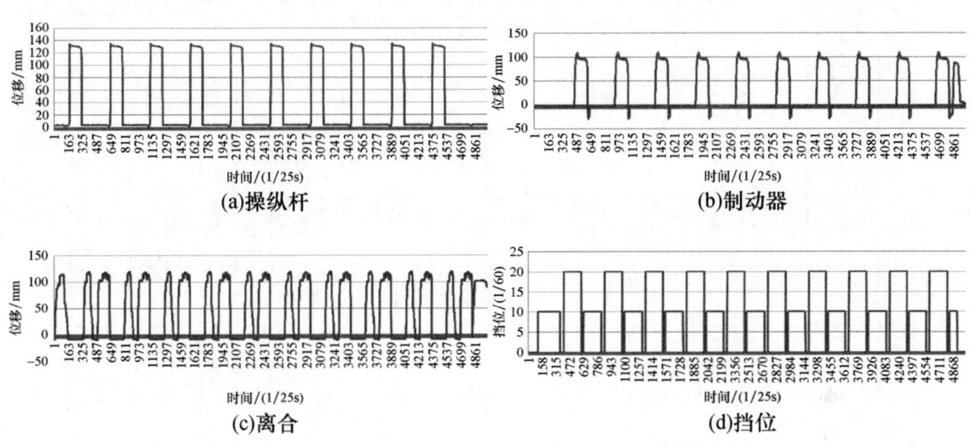

图 10-11　考核科目一驾驶动作曲线

(3)完成单一动作识别。按单一动作模式识别提供的方法,完成对挡位、离合、制动器和操纵杆的动作识别,分别表示为各个操纵件的单一动作名称和动作时间。图 10-2 对应的各单一动作编码及对应的时间如图 10-12 所示。图中对各操作件的动作进行了简单排序。软件处理时,还可以表示为文档形式。

TR3		175		647		1113		1579		2045		2511		2977		3443		3909		4372		
TR2		185		651		1117		1583		2050		2518		2982		3450		3915		4380		
TR4		320		786		12504		1718		2183		2650		3115		3580		4045		4514		
TR0		325		791		1257		1723		2189		2655		3121		3587		4053		4519		
B1			425		933		1399		1865		2331		2798		3263		3729		4195		4661	4856
B2			487		950		1413		1883		2348		2813		3279		3745		4209		4679	4871
B3			567		1024		1497		2001		2411		2931		3363		3820		4293		4744	4872
B4			622		1088		1554		2020		2486		2952		3418		3884		4350		4816	5001
C3	7	303	473	768	969	1248	1413	1708	1876	2179	2344	2646	2814	3110	3281	3576	3741	4067	4201	4533	4678	4835
C2	67	361	518	827	1001	1293	1450	1759	1916	2223	2382	2690	2848	3157	3314	3622	3780	4089	4246	4555	4710	4862
D0	74																					
D1	108																					
D1		335		799		1270		1733		2203		2678		3149		3607		4065		4523		4885
D0		368		834		1300		1766		2232		2698		3169		3627		4085		4543		4913
D0		370		845		1306		1779		2270		2703		3174		3632		4090		4548		
D2		406		872		1338		1804		2271		2736		3207		3665		4123		4581		
C4	91	420	604	845	1076	1345	1537	1818	2008	2284	2475	2750	2938	3216	3432	3682	3989	4148	4336	4614	4805	5001
C0	162	448	641	914	1107	1380	1573	1846	2039	2312	2505	2778	2971	3244	3437	3710	3903	4176	4369	4642	4835	5040
D2			577		1038		1508		2001		2453		2911		3380		3838		4310		4773	
D0			606		1072		1538		2004		2470		2928		3386		3868		4335		4800	
D0			630		1073		1562		2028		2471		2929		3387		3890		4356		4817	
D1			631		1096		1563		2029		2494		2952		3426		3892		4359		4824	

图10–12 基础驾驶动作单一动作识别结果

(4)完成协同动作模板匹配。对照考试科目标准动作模板的要求,在单一动作识别结果中进行模板匹配,输出每组动作的时间和次数。单一动作模板匹配后的输出结果如表 10－5 所列。

表 10－5　协同动作标准模板匹配结果

动作名称	动作编码	开始	结束	开始	结束	开始	结束	开始	结束	开始	结束
1 挡起车	C3C2D0D1C4C0	7	162	—	—	—	—	—	—	—	—
制动转向	TR3TR2TR4TR0	175	325	647	791	1113	1257	1579	1723	2045	2189
1 挡换 2 挡	C3C2D1D0D0D2C4C0	303	448	768	914	1248	1380	1708	1846	2179	2312
2 挡换 1 挡	C3C2D2D0D0D1C4C0	473	641	969	1107	1413	1573	1876	2039	2344	2505
制动转向	TR3TR2TR4TR0	2511	2655	2977	3121	3443	3587	3909	4053	4372	4519
1 挡换 2 挡	C3C2D1D0D0D2C4C0	2646	2778	3110	3244	3576	3710	4067	4176	4553	4642
2 挡换 1 挡	C3C2D2D0D0D1C4C0	2814	2971	3281	3437	3741	3903	4201	4369	4678	4835
停车摘挡	B1B2C3C2D1D0C4C0B3B0	—	—	—	—	—	—	—	—	4836	5040

(5)完成正确动作次数统计。从匹配结果看,除开始的 1 挡起车和最后的停车摘挡动作只做了一次外,中间制动转向和 1、2 挡互换各做了 10 次,累计完成 32 次动作,且动作顺序与设定的标准动作编码完全一致,即 32 个驾驶动作完全正确。

(6)完成时间统计。考核科目要求 100s 之内完成,本次所采集的驾驶员动作,按照 25Hz 采样,累计采样 5040 点,共需要 201. 6s,显然时间长度超出了规定时间,主要原因在于本次采集为实车驾驶数据,需要考虑发动机转速、车速、制动转向时的车辆行驶阻力等因素,不能完全等同于驾驶椅或者模拟器练习,所以暂不考虑时间因素。

(7)给出考评成绩。针对匹配结果和时间统计,可知该驾驶员在 201s 内完成了 32 次动作,如果忽略时间因素和发动、熄火两个动作,则该驾驶员训练成绩已经完全满足考核要求,考试成绩为合格。

10. 2. 3　动作匹配补充说明

关于考核过程的几点说明。训练过程中,相关操作件的状态一直在同步采集,因此显示单一动作识别结果时,所有操作件动作都会按周期出现动作识别结果,如制动转向时,不仅要显示挡位和操纵杆动作,转向过程中还要有加油门动作,如图 10－13(a)所示;1 挡换 2 挡的升挡时,不仅要考虑离合器和挡位配合,还要考虑加油门动作,如图 10－13(b)所示;2 挡换 1 挡降挡时,还需要配合制动器的减速动作，如图 10 - 13(c)所示。但在给出标准动作模板时，往往只会关注主要操作件，而会遗漏一些辅助操作件的动作变化。这种情况下，往往通过对实际驾驶动作单一动作识别结果的过滤来实现与模板匹配，也就是从实际识别结果中，筛选出与模板对应的操作件动作，过滤点模板中不包含操作件，以实现对主要动作的匹配和考核。当然，我们也可以通过不断完善动作模板，增加辅助件的动作编码，来提高模板库对驾驶员动作的覆盖率，但实际情况是驾驶员对辅助件操作很随机，过多增加匹配条件可能会大大降低匹配的准确率。前面也提及可以通过编辑距离来近似实际动作和模板动作的匹配性，对每一个动作实现按照编辑距离计算成绩，只要方法设计合理，也能够给出最终考核成绩。

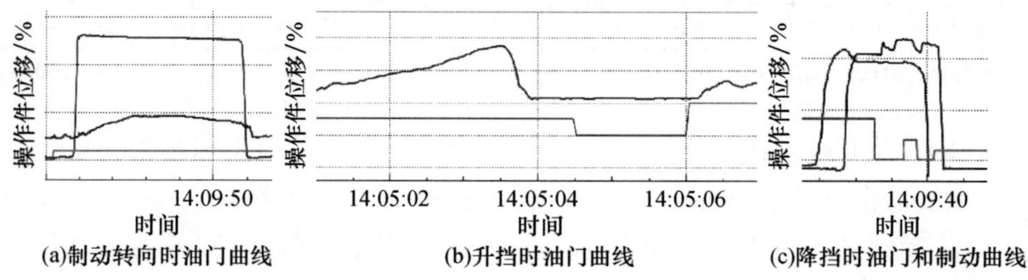

图 10 - 13　关键动作分析时其他相关操作件的协同变化情况

模板匹配时，如果出现实际动作与标准动作不匹配的情况，软件系统将自动筛选出这些不匹配的动作，显示给教练员进行人工评断和标注，并把可以把评判标注的结果录入考评模板，在此出现类似动作组合时，将按照上次的人工评判结果给出考核结论。

10.3　实车驾驶训练考核

驾驶动作考核的目的是为了检验学员驾驶动作的准确度和熟练度，只有驾驶动作考核合格的学员才可以实车驾驶。实车驾驶考核的重点则是在给定的训练环境(道路、限制杆、障碍等)中，通过具体的训练科目，考核学员对车辆位置、姿态(方位)和速度的感知能力，对具体环境中各种情况的应急处置和正确决策能力，以及对决策的快速反应和对车辆精确控制的能力。以达到“使驾驶员在各种条件下熟练操控车辆，正确利用地形，迅速平稳地通过各种限制路和障碍物，充分发挥车辆的快速机动性能”的训练目的。

10.3.1 考核要求和参数获取

实车驾驶训练考核时，通过限制路是考核重点。表 10－6 给出了限制路和障碍物考核的评分标准。对扣分要点进行简要分析，可知在场地环境(障碍物限制路坐标点、理想行驶路径)已知的前提下，可通过车载设备获取车辆的驾驶动作数据、车速、发动机转速、车载轨迹定位数据自动计算考核成绩。

表 10－6 单个限制路和障碍物评分标准

序号	扣分要点	扣分	对应量化指标
1	未高速接近(车头距限制路或障碍物 10m 外未达到相当于 3 挡 1500r/min 以上的速度；下坡桩间限制路不要求高速接近)	1	运行速度
2	未迅速离开(车尾离限制路或障碍物 4m 以内未能至少增高一级排挡)	1	运行速度
3	① 方向不正，两侧履带未同时接触障碍物或一侧履带 1/3 以内超出障碍物规定宽度的边沿； ② 碰(压)两端(边)杆和 S 形限制路中间杆 1 根； ③ 在限制路内或障碍物上停车； ④ 在弯道限制路上每使用 1 次第一位置转向或制动转向； ⑤ 一般颠震； ⑥ 在车辙桥任何部位上偏离 1/3 ~ 1/2 履带宽	1	运行轨迹 运行速度 运行轨迹 动作编码 振动加速度 运行轨迹
4	① 严重颠震(严重撞击)； ② 碰(压)弯道、直线桩间、下坡桩间限制路中间杆 1 根； ③ 骑两端(边)杆 1 根或 S 形限制路中间杆 1 根； ④ 一侧履带 1/2 以内超出障碍物规定宽度的边沿； ⑤ 在车辙桥任何部位上偏离 1/2 以上履带宽	2	振动加速度 运行轨迹 运行轨迹 运行轨迹 运行轨迹
5	① 一侧履带 1/2 以上超出障碍物规定宽度的边沿； ② 骑弯道、直线桩间、下坡桩间限制路中间杆或连续骑杆 2 根； ③ 在车辙桥上换挡或高速通过； ④ 掉桥； ⑤ 弯道限制路、S 形限制路未高速通过； ⑥ 绕过 1 个限制路或障碍物； ⑦ 发动机倒爆	5	运行轨迹 运行轨迹 运行速度 动作编码 运行轨迹 运行轨迹 运行轨迹 运行速度

注：1. 障碍物规定宽度为车宽 +0.8m。

2. 各限制路和障碍物最高得分为 5 分，扣分不得超过 5 分。

3. 若 1 个错误动作造成两项扣分时，只扣高分的一项。

以规划的 S 形限制路为例，已知场地环境的含义是已知该障碍物或者限制杆位置和理想的通过路径，6 个限制杆的坐标位置如表 10－7 所列，基于 6 个限制杆位置所规划的理想路径如图 10－14 所示。当限制路和障碍物增多时,可以通过坐标变换的方式或者直接采用 GPS 坐标来描述限制杆位置和理想轨迹。

表 10－7　S 形限制路限制杆坐标设置　　单位:m

坐标	编号					
	①	②	③	④	⑤	⑥
x	0	0	12	24	36	36
y	4.5	0	2.25	2.25	4.5	0

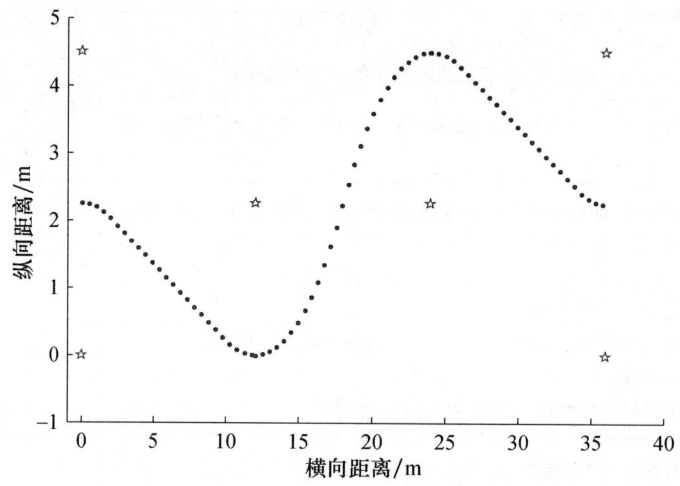

图 10－14　通过限制路理想轨迹

在道路环境已知的前提下,需要获取的实车驾驶数据包括定位数据(坐标)、定位数据(速度)、车内驾驶动作数据、发动机转速数据等。这些数据可按照车辆行驶轨迹截取,最远从入口前 30m 开始,到出口 4m 外结束。

10.3.2　通过限制路成绩评定

限制路评价标准中,用碰杆、骑杆和压杆等词语来描述各限制杆和车辆的相对位置关系,并且有不同的评分标准,尽管不同编号的杆、不同的触碰方式扣分标准不一样,但核心都是判断车辆和每一个限制杆的相对位置关系。因此根据轨迹点和限制杆的坐标值计算各轨迹点到各限制杆点之间的距离,基本计算方法如下。

(1)根据限制杆位置截取实车行驶轨迹数据。获取车辆轨迹点后,根据已知的入口杆和出口杆位置,截取车辆行驶轨迹。如 9.1.2 节分别已知入口处 1、2

号杆的坐标分别为(0,4.5)、(0,0),则车辆距离入口处 10m 左右大致对正方向后入口点坐标应该为(-10,2.25)左右。可以分别计算车辆行驶轨迹中各点针对入口处 1、2 号杆的距离,截取其 10m 处的轨迹点;考虑到行驶轨迹中进入限制路前和进入限制路后两个方向都可能有距离 1 号杆 10m 的点,因此可以从限制路中再选取一根杆,作为方向判断。进入限制路前的轨迹点距离 1 号杆 10m,距离 3 号杆 22m,这样的点在行驶轨迹中是唯一的。本书分别计算了车辆实际轨迹到限制路 1 号杆、3 号杆和 5 号杆的距离,根据入口 10m、出口 5m 的范围截取的首尾行驶轨迹点如表 10-8 所列。截取的车辆行驶轨迹如图 10-16 所示。

表 10-8　通过限制路轨迹数据截取范围

入口 10m 处			出口 4m 处		
1 号杆距离	3 号杆距离	5 号杆距离	1 号杆距离	3 号杆距离	5 号杆距离
11.47552	23.2583	47.31051	39.62354	27.56375	4.17639
10.62698	22.39545	46.44784	39.7064	27.64676	4.247148
10.61158	22.37685	46.42992	39.77289	27.71357	4.302735
9.698162	21.44416	45.49759	40.20653	28.14794	4.682023
9.518022	21.25225	45.30733	40.70424	28.64652	5.127795

(2)根据车辆轨迹数据,计算限制杆到车辆中心线的距离。判断车辆是否碰杆时,需要计算车辆在该位置时限制杆到车体中心线的距离是否小于 1/2 车宽。这样做的原因在于:有时虽然限制杆到车体中心点的距离大于 1/2 车宽,但车头或者车尾位置已经碰杆(小于 1/2 车宽),如图 10-15(a)所示,因此需要计算限制杆到车体中心线的最短(垂直)距;还有一种情况是当车辆距离限制杆很远时,垂直距离的投影点(垂足)会落在相邻轨迹点延长线上,虽然此时垂直距离小于 1/2 车宽,但车辆也不在限制杆的碰撞范围之内,如图 10-15(b)所示。因此只有当限制杆到车体中心线的距离小于 $B/2$ 且在车体中心线上的投影点(垂足)落在车体范围内时,才能判断车辆运动时已经碰杆,如图 10-15(c)所示。

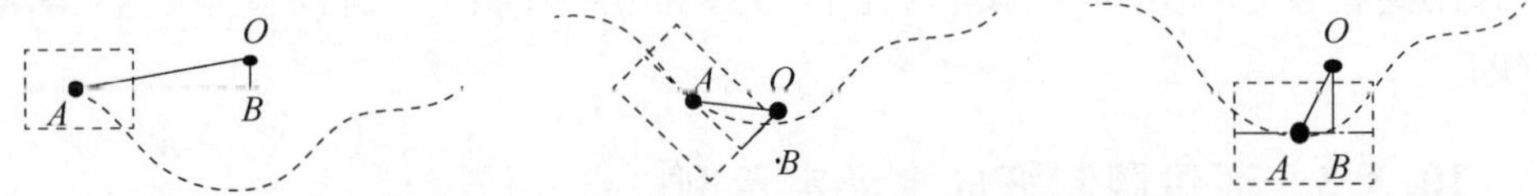

(a)车辆远离限制杆时的垂直距离　(b)车辆靠近限制杆时的垂直距离　(c)车辆通过限制杆时的垂直距离

图 10-15　限制杆到车辆中心线的距离示意图

(3)计算各限制杆到各轨迹点的垂直距离和垂足点坐标。分别计算各限制杆到相邻两个轨迹点的垂直距离和垂足点坐标。已知相邻两轨迹点为(x_1,y_1),(x_2,y_2),则两点斜率为$k=(y_2-y_1)/(x_2-x_1)$;则两轨迹点的直线方程可表示为$y-y_1=k(x-x_1)$;设$A=k,B=-1,C=y_1-kx_1$,则点(x_0,y_0)到(x_1,y_1)、(x_2,y_2)两点所构成的直线距离为

$$d=\mathrm{abs}(Ax_0+By_0+C)/\mathrm{sqrt}(A\times A+B\times B)$$

垂足点p的坐标为

$$p(x)=(B\times B\times x_0-A\times B\times y_0-A\times C)/(A\times A+B\times B);$$
$$p(y)=(A\times A\times y_0-A\times B\times x_0-B\times C)/(A\times A+B\times B)$$

(4)建立与各轨迹点对应的车体前部中心点和后部中心点坐标轨迹。为了判断垂足点是否落在车体范围内,在已知斜率k的基础上,需要建立与各中心轨迹点对应的车头和车尾中心坐标:

$$X_1(\text{前})=X_1+\mathrm{SQRT}(25/1+k^2);\quad X_1(\text{后})=X_1-\mathrm{SQRT}(25/1+k^2)$$
$$Y_1(\text{前})=Y_1+k\times(X_1(\text{前})-X_1);\quad Y_1(\text{后})=Y_1+k\times(X_1(\text{后})-X_1)$$

得到车体中心线前后坐标后,比较计算出的垂足点坐标$p(x,y)$是否落在这一范围内,即$X_1(\text{后})<p(x)<X_1(\text{前})$;$Y_1(\text{后})<p(y)<Y_1(\text{前})$。如果落在这一范围,则发生了碰杆或者压杆现象。

(5)根据限制杆到中心线的距离判断碰杆、压杆还是骑杆,给出对应的评分。一般情况下,当距离d刚好等于1/2车宽±10cm,即1.6~1.7m时,判断为碰杆;当距离d小于1/2车宽大于(1/2车宽-履带宽(0.6)),即距离为1.1~1.6m时,判断为压杆;当距离d小于(1/2车宽-履带宽(0.6))时,即距离小于1.1m,判断为骑杆,然后按规则给出评分。

(6)需要说明的是,依据轨迹计算车辆与限制杆的相对位置,结果的可用性取决于定位设备的精度。厘米级定位精度可以计算所有扣分条款。而米级定位精度只能计算是否绕过限制路等对精度要求不高的扣分条款。采用数据融合的方法,可以把米级定位精度提高到分米级或者厘米级。实际应用中,可以采用高精度的差分定位设备,也可以增加必要的视频辅助设备进行综合判断。

10.3.3 通过限制杆成绩评定示例

以图10-16获取的车辆行驶轨迹数据为例,各限制杆坐标点已知,用★表示。求解1号限制杆车体中心线的距离,距离分布如图10-17所示。假定车宽

为 1.7m,按照给定的碰杆判断条件,当限制杆到某轨迹点位置车体延长线距离小于 1.7m 且垂足落在车体延长线范围内时,判断为该位置碰杆。通俗理解这一判定条件为只有车辆运动到限制杆周围一个车长范围内时,垂直距离小于 1/2 车宽才能判定为碰杆。当远离限制杆超过一个车长时,垂直距离大小均与是否碰杆无关。

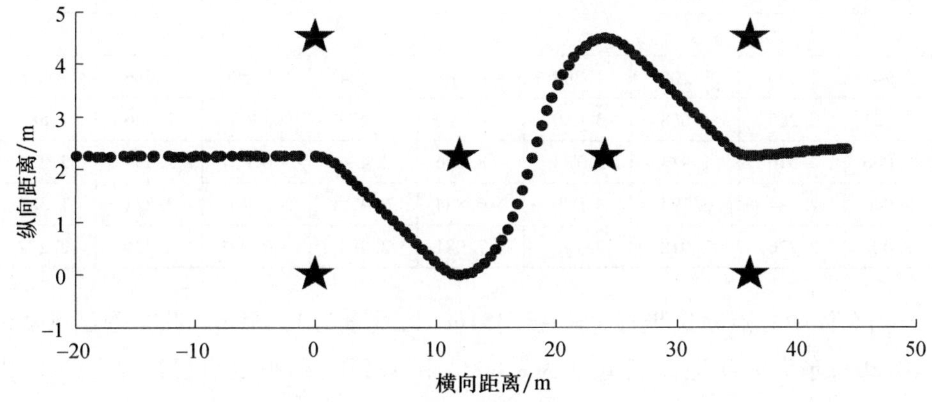

图 10－16　车体轨迹数据

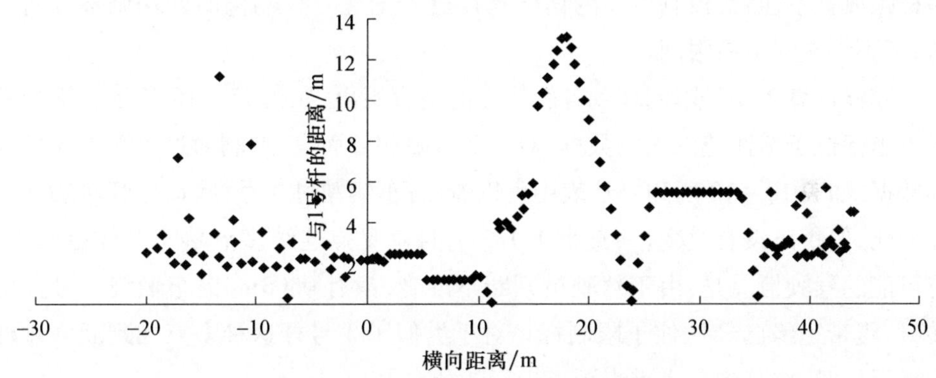

图 10－17　各轨迹点到 1 号杆垂直距离

截取图 10－17 中垂直距离小于 1.7m 的轨迹点坐标,包括中心点坐标、车头和车尾部坐标,以及垂足坐标,如表 10－9 所列。从表中可以看出:当车体中心点轨迹坐标 $x = -7.163$m 时,距离最小为 0.32m。但是垂足点横坐标为 −0.108,显然不在车头尾部坐标点 −2.312 和 −12.015 之间。因此在该点位置,虽然垂直距离小于 1.7m,并没有碰杆。

表 10－9　1 号限制杆垂直距离以及垂足点和车体位置关系数据表

车体中心点轨迹		车头部中心点		车尾部中心点		垂足		1 号杆距离
x	y	x	y	x	y	x	y	
-8.214	2.319	-3.215	2.496	-13.212	2.142	0.067	2.612	1.889
-7.930	2.329	-2.936	1.984	-12.925	2.674	-0.187	1.794	2.713
-7.163	2.276	-2.312	4.013	-12.015	0.539	-0.108	4.802	0.320
…								
-3.741	2.346	1.205	1.309	-8.688	3.384	-0.590	1.686	2.876
-3.351	2.265	1.618	3.050	-8.320	1.479	0.263	2.836	1.685
-3.066	2.310	1.933	2.183	-8.066	2.436	-0.057	2.234	2.267
-2.045	2.284	2.795	4.089	-6.884	0.479	0.476	3.224	1.362
-2.082	2.270	2.918	2.156	-7.081	2.384	-0.052	2.224	2.277

当车体中心点轨迹坐标 $x = -3.351$m 时，垂直为 1.685m。此时垂足点坐标 $x = 0.263$，车头尾部坐标点分别为 -8.32 和 1.618，即垂足点已经落于车体内部，此时车辆已经碰杆。同样可以判定当车辆位于 $x = -2.045$ 时，车辆也已经碰杆。从图 10－17 可以看出：在 1 号杆附近行驶时，也只有这 3 个点小于给定碰杆距离且不连续，极有可能的情况是在进入场地时车辆仍旧处在调整方向状态，不小心碰到了该限制杆。

同样计算 2、3 号限制杆到各轨迹点的垂直距离，如图 10－18 所示。筛选垂足点坐标位于车体范围内的数据，对于 2 号限制杆而言，顺利通过。筛选 3 号点的数据，如表 10－10 所列。从表中可以看出：车辆驶过 3 号杆时，尽管轨迹一直在变化，但距离没有改变，一直小于 1.7m，且垂足点连续多点落于车体范围内。有可能的驾驶情况是：由于驾驶员判断不准确，只有 0.03m，但车辆绕 3 号杆旋转时，履带边缘已经压住了限制杆。对于类似于 3 号杆这种多点均判断为碰杆或者压杆时，按其中最小垂直距离进行扣分。

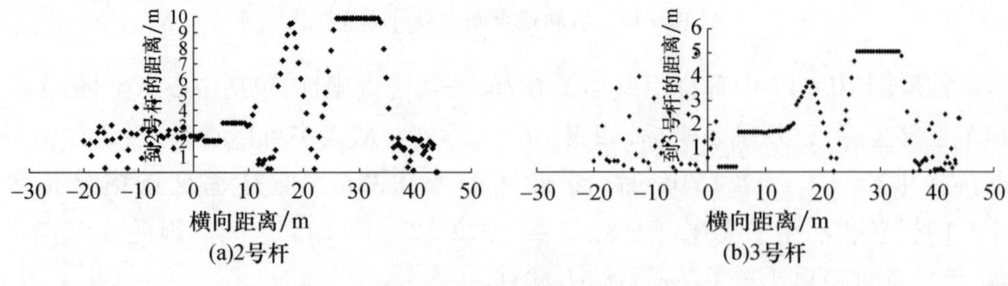

(a)2号杆　(b)3号杆

图 10－18　各轨迹点到 2、3 号杆垂直距离

表10－10　3号限制杆垂直距离以及垂足点和车体位置关系数据表

车体中心点轨迹		车头部中心点		车尾部中心点		垂足		3号杆距离
x	*y*	*x*	*y*	*x*	*y*	*x*	*y*	
7.35	1.59	12.29	0.48	2.41	2.71	11.63	0.62	1.67
7.84	1.48	12.78	0.37	2.90	2.60	11.63	0.62	1.67
8.32	1.37	13.26	0.26	3.39	2.49	11.63	0.62	1.67
8.81	1.26	13.75	0.15	3.87	2.38	11.63	0.62	1.67
9.30	1.15	14.24	0.04	4.36	2.26	11.63	0.62	1.67
9.79	1.04	14.74	0.03	4.84	2.05	11.67	0.65	1.63
10.28	0.94	15.22	−0.11	5.33	2.00	11.66	0.65	1.64
10.77	0.84	15.68	−0.54	5.86	2.21	11.54	0.62	1.69
11.27	0.70	16.14	−0.92	6.40	2.31	11.46	0.63	1.71
11.77	0.53	16.77	0.53	6.77	0.53	12.00	0.53	1.72
12.00	0.53	17.00	0.43	7.00	0.63	11.97	0.53	1.72
12.50	0.52	17.50	0.52	7.50	0.52	12.00	0.52	1.73
13.00	0.52	18.00	0.42	8.00	0.62	11.97	0.54	1.71
13.49	0.51	18.49	0.61	8.49	0.41	12.04	0.48	1.77
7.35	1.59	12.29	0.48	2.41	2.71	11.63	0.62	1.67

按照同样的方法，计算4、5、6号杆距离各轨迹点中心线的距离和垂足点坐标，判定限制杆和车辆行驶轨迹的位置关系，4号杆距离分布如图10－19所示，可知在4号杆附近，根本没有垂直距离小于1.7m的轨迹点，因此4号杆顺利通过。5、6号杆同样顺利通过。

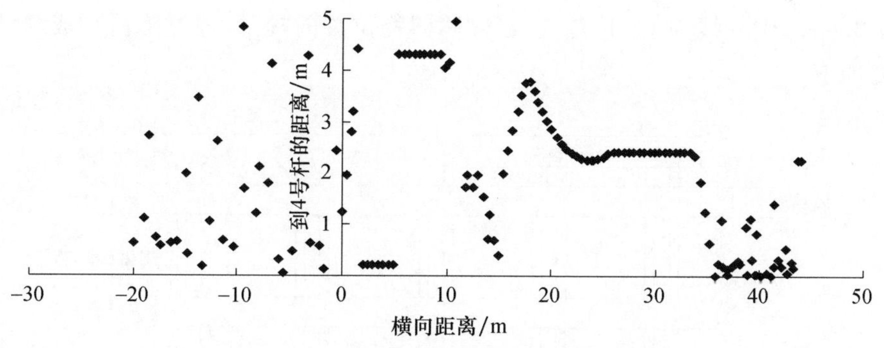

图10－19　各轨迹点到4号杆垂直距离

求得各碰杆位置及距离后，可以根据规则进行计分。图10－16所示的行车轨迹通过S形限制路的情况可以判定为:压2号边杆,碰3号中间杆;根据评分规则中"碰(压)两端(边)杆和S形限制路中间杆1根扣1分"的规则,该限制路共计5分,此次通过成绩扣2分,最终得3分。

10.3.4 通过障碍物成绩评定

通过障碍物评分要求主要包括:两侧履带未同时接触障碍物、一侧履带1/3或者1/2超出障碍物规定宽度边沿、掉桥或者绕过障碍物。假定履带宽度为0.6m,从车辆正前方观察履带边沿相对于障碍物边沿的距离,由于车体和障碍物的刚性特点,履带偏移距离等于车体前方中心点相对于障碍物中心线的距离,如图10-20所示。这样上述三条评分规则分别对应车辆前中心与障碍物中心线距离小于1/3履带宽,即$d<0.2$m,扣1分;大于1/3小于1/2履带宽,$d<0.3$m,扣1分;车辙桥任何部位上偏离1/2以上履带宽,$d>0.3$m,扣2分;当车头中心偏移量超过障碍物边沿时有可能掉桥,$d>1.7$m,扣5分。车头与障碍物中心线距离计算方法与限制杆计算相似。

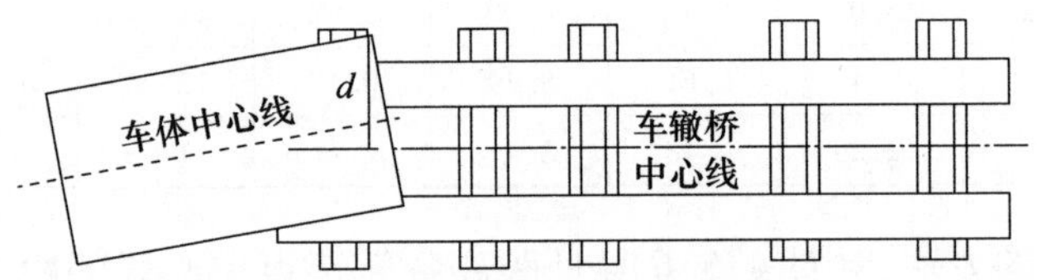

图10-20 车辙桥指标模型判断图

以车辙桥障碍物为例,车辙桥的设置要求如图10-21所示。通过该障碍物时,设定车辙桥左下角为坐标原点,则4个端点的坐标为(0,3.4)(0,0)(20,0)(20,3.4)。中心线为$y=1.7$。在已知障碍物位置前提下,通过障碍物成绩计算步骤如下。

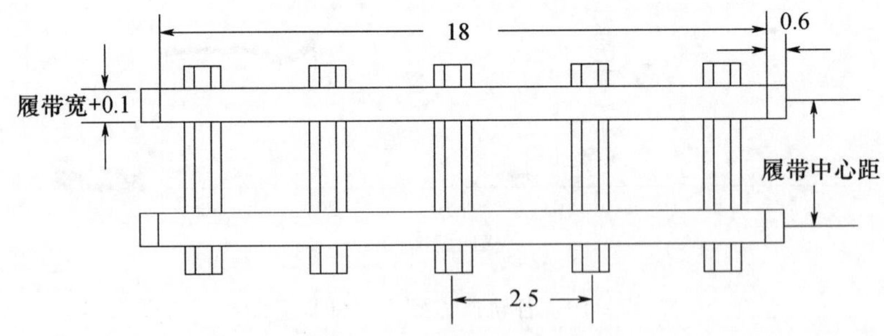

图10-21 车辙桥设置要求

(1)截取车辆轨迹数据。按照坐标点从障碍物前端 10m、后端 4m 的要求截取车辆行驶轨迹数据,形成的车辆中心点行驶轨迹及相对于障碍物的位置关系如图 10－22 所示。

(2)计算车头中心点行驶轨迹。设定相邻两坐标点连线为行驶中心线,斜率 $k=(y_2-y_1)/(x_2-x_1)$;车体长为 10m 时,x_1(前)$=x_1+\mathrm{SQRT}(25/1+k^2)$;$y_1$(前)$=y_1+k(x_1$(前)$-x_1)$;行驶轨迹同样标入图 10－22 中。

(3)计算车头位置相对于障碍物中心线的距离。求出该段行驶路径内,或者从车头进入限制路到车头离开限制路的范围内的最大绝对值距离,即为车辆前部履带与障碍物边沿的偏移量,计算所得最大偏移量为 1.48m。

(4)给出通过障碍物评分。对照评分规则,可知通过该障碍物的得分扣 2 分,最终得 3 分。

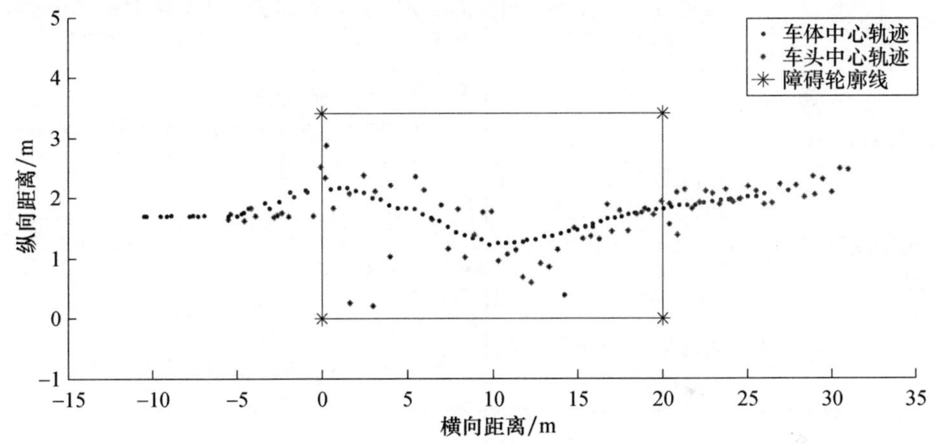

图 10－22　通过车辙桥时车体中心和车头中心轨迹

10.3.5　其他考核内容成绩评定

应用驾驶中,除去判定车辆与限制路障碍物距离外,还有其他一些考核指标,例如未高速接近、未迅速离开、严重颠振、发动机熄火以及障碍物内有未规定的动作等。在根据限制路障碍物位置截取数据后,可以通过主动轮车速、挡位和发动机转速等数据进行判定。例如,通过科目驾驶过程中的动作编码识别,可以看驾驶员在限制路和障碍物内是否有不允许的错误动作。例如,针对表 10－6 中"在弯道限制路上每使用 1 次第一位置转向或制动转向扣 1 分"这一条款,可用前文协同动作模式匹配方法中看是否有这一动作。通过车速,可以完成

表 10－6 中"未高速接近、未迅速离开以及高速或者未高速通过某一限制路、障碍物或者限制路内停车"等扣分条款的识别，其中未高速接近某限制路可在各限制路和障碍物坐标点已知的前提下，截取指定区域内的车速数据，筛选其中满足考核条件的速度来衡量，只有在指定区域内达到指定运动速度才能得分。通过发动机转速数据分析，落实考核全过程中发动机是否熄火的考核条款。具体数据截取范围和处理方法以及评分准则见表 10－11。

表 10－11　应用驾驶数据截取和处理方法

扣分条款	数据类型及截取范围	数据处理方法	评价准则
车辙桥换挡	车辙桥内挡位数据	挡位保持不变	不符合要求扣 1 分
未快速离开	从限制路出口至外延 4m 之间挡位数据	与限制路内挡位对比，升高一级排挡	增高不扣分，否则扣 1 分
未高速接近	限制路入口前 30m 到 10m 之间车速数据	此段数据对应的最高速度	大于或者等于 15km/h，不扣分，否则扣 1 分
(未)高速通过	限制路(障碍物)入口到出口之间车速数据	要求高速通过时，最低速度不低于标准；不允许高速通过时，最高速度不高于标准	高速标准定为 15km/h，未按要求扣 1 分
限制路或障碍物内停车		期间最低速度	大于 0 不扣分，否则扣 1 分
限制路内或障碍物中熄火	限制路入口到出口间发动机转速数据	期间发动机最低转速	不符合要求扣 1 分
在弯道限制路上使用第一位置转向或制动转向	弯道限制路内操纵杆位移数据	操纵杆动作识别结果	每识别一次不允许的动作，扣 1 分
行驶速度	考核起点至终点数据	计算平均速度	未达到规定的平均速度，总评不合格

10.3.6　考核流程

在驾驶动作识别、行驶轨迹融合以及神经网络、支持向量机等机器学习技术的支持下，依赖驾驶动作数据和足够精度的车辆定位数据，几乎可以获得所有教范规定考评科目的成绩。针对应用驾驶考核，教练员需要完成的数据处理步骤包括如下几步：

(1)设置考核科目和限制路、障碍物坐标。建立障碍物和限制路位置坐标是考核评价的设置要求,也是后续判断车辆与限制路之间的距离、截取相关数据和针对限制路障碍物打分的基础。考核开始前,教练员要结合场地情况,完成障碍物限制路布设,用便携式差分定位系统给出各限制路、障碍物、考核起点、终点坐标。

(2)导入各项考核标准。针对驾驶动作,导入通过限制路和障碍物的动作顺序、常见换挡顺序等;针对全局路径设置,可导入事先规划的理论行驶路径或者依据上次训练形成的经验性路径;导入各项限制路障碍物的评分细则。

(3)截取车辆考核数据。按照考核路径标定的起点和终点,截取与考核相关驾驶动作数据和行驶轨迹数据。按照限制路布局,分别截取通过各限制路数据段的起点和终点,形成面向限制路的数据子集。

(4)对每个障碍物和限制路分别按照评分规则进行识别计算,给出该限制路得分。

(5)计算全程的速度和时间,累加各限制路障碍物得分,给出总体考核成绩。最终考核表成绩单应包括如下数据:开始时间,结束时间,平均速度;行驶轨迹截图;各限制路得分;累计得分;扣分点列举;扣分点轨迹或者动作截图等。

10.4　驾驶智能教练

10.4.1　SAE 自动驾驶分级标准

驾驶行为层次模型描述了车辆驾驶活动数据处理流程和功能层次,适用于描述所有车辆驾驶行为,只不过不同类型的驾驶行为中,各参与者所承担的功能有所不同。SAE J3016 自动驾驶分级标准中认为:驾驶中有 3 个主要的参与者,用户、驾驶自动化系统以及其他车辆系统和组件。人工驾驶和自主驾驶的区别在于各种自动化系统不同程度地参与驾驶行为,自动化系统对驾驶行为的不同参与程度是车辆自动驾驶等级划分的重要标准。将自动驾驶技术分为 L0 ~ L5 共 6 个等级。如表 10 - 12 所列,L0 代表没有自动驾驶加入的传统人工驾驶,L1 ~ L5 则随自动驾驶的技术配置和成熟程度进行了分级。L1 ~ L5 分别为辅助驾驶、部分自动驾驶、条件自动驾驶、高度自动驾驶、完全自动驾驶。有驾驶员参与的辅助驾驶和部分自动驾驶技能是属于较低层次的自动驾驶。

表 10 - 12 SAE J3016 自动驾驶分级标准

<table>
<tr><td>分级</td><td>称呼</td><td rowspan="2">定义</td><td colspan="4">主体</td></tr>
<tr><td>SAE、level</td><td>SAE</td><td>驾驶操作</td><td>周边监控</td><td>支援</td><td>系统作用域</td></tr>
<tr><td>L0</td><td>无自动化</td><td>由人类驾驶员全权操控起车,可以得到警告或者干预系统的辅助</td><td>人类驾驶者</td><td rowspan="3">人类驾驶者</td><td rowspan="4">人类驾驶者</td><td>无</td></tr>
<tr><td>L1</td><td>驾驶支援</td><td>通过驾驶环境对方向盘和加减速中的一项操作提供驾驶支持,其他的驾驶动作都由人类进行操作</td><td>人类驾驶者 + 系统</td><td rowspan="4">部分</td></tr>
<tr><td>L2</td><td>部分自动化</td><td>通过驾驶环境对方向盘和加减速中的多项操作提供驾驶支持,其他的驾驶动作都由人类进行操作</td><td rowspan="4">系统</td></tr>
<tr><td>L3</td><td>有条件自动化</td><td>有条件自动化,由自动驾驶系统完成所有的驾驶操作;根据系统要求,人类驾驶者需要在适当的时候提供应答</td><td rowspan="3">系统</td></tr>
<tr><td>L4</td><td>高度自动化</td><td>由自动驾驶系统完成所有的驾驶操作,人类驾驶者不一定需要对所有的系统请求做出应答,包括限定道路和环境条件等</td><td rowspan="2">系统</td></tr>
<tr><td>L5</td><td>完全自动化</td><td>在人类驾驶者可以应付的道路和环境条件下,均可以由自动驾驶系统自主完成所有的驾驶操作</td><td>全域</td></tr>
</table>

驾驶支援(L1)定义为通过驾驶环境信息对方向盘和加减速中的一项操作提供驾驶支援,其他的驾驶操作由人类驾驶者完成。汽车领域,典型的辅助驾驶技术包括车道保持、定速巡航、ACC 自适应巡航和 ESP 等。

部分自动化(L2)定义为通过驾驶环境信息对方向盘和加减速中的多项操作提供驾驶支援,其他的驾驶操作由人类驾驶者完成。L2 系统仅能处理少数高频通用驾驶场景,超出能力自动驾驶系统将控制权交给人类驾驶员,人类驾驶员需要实时监控并做好接管车辆的准备。L2 和 L1 最明显的区别是系统能否同时在车辆横向和纵向上进行控制。在 L2 级别上,自动系统能够完成某些驾驶任务,但驾驶员需要监控驾驶环境,完成剩余部分,同时保证出现问题,随时进行接管。在这个层级,自动系统的错误感知和判断有驾驶员随时纠正,大多数车企都能提供这个系统。L2 可以通过速度和环境分割成不同的使用场景,如环路低速堵车、高速路上的快速行车和驾驶员在车内的自动泊车。

有条件自动化(L3)定义为自动系统既能完成某些驾驶任务,也能在某些情况下监控驾驶环境,但驾驶员必须准备好重新取得驾驶控制权(自动系统发出请求时)。所以在该层级下,驾驶员仍无法进行睡觉或者深度的休息。在 L2 完成以后,车企的研究领域是从这里延伸的。由于 L3 的特殊性,目前看到比较有意义的部署是在高速 L2 上面做升级。

10.4.2　坦克训练与车辆自主驾驶

车辆自主驾驶技术的发展历程,是一个逐步向人类优秀驾驶员学习,把驾驶行为层次模型中各功能模块逐步让渡给车辆多传感器、智能化决策软件和自动化执行系统的过程,同时也是车载智能化系统驾驶技能逐步提高的过程,各种智能化自主驾驶功能模型训练成熟后,可以完全代替人类优秀驾驶员,操控车辆达到相同的驾驶效果。

参照车辆自主驾驶技术发展和技能成熟历程,各类新兵学员的驾驶训练过程,实际上也是一个逐步从优秀驾驶员(教练员)手中,逐步学习争夺各层次驾驶功能,从而达到对车辆自主控制的过程。当自主驾驶系统技能成熟到足以替代优秀驾驶员(教练员)时,其中所包含的各个智能化驾驶功能模块,也可以用来指导新学员的驾驶训练,成为智能化的坦克驾驶教练系统。

相对于复杂的车辆自主驾驶系统,适用于坦克驾驶员训练的智能教练系统工作环境、工作内容和智能决策内容更为单一,因而更容易开发并且复用。坦克驾驶员都是从招募的新兵中产生,按照先训后补原则,依托训练机构进行技能训练。对训练机构而言,每年的训练都是从零基础的新学员开始,训练科目、训练场地甚至训练内容安排顺序都差不多完全一致,因此依据这些学员训练过程所采集的训练数据、所挖掘的技能成长规律、所提出的智能化辅导建议都具备很好的收敛性,重用性很高。根据坦克驾驶训练这一特点,借鉴自主驾驶行为层次模型的体系框架,可以对当前的坦克驾驶训练装备进行改装,开发相应坦克智能教练系统,实现坦克驾驶训练的智能化辅导。

在驾驶训练场地方面,以近年热点的俄罗斯坦克两项比赛场地为例,每年新学员集训时,都是在同一场地进行,按照相同的训练顺序和行驶路径、通过各种永久性的固定障碍物，如各种杆式限制路、水障碍、反坦克壕、土岭、起伏路、雷场、车辙桥、崖壁等，如图 10－23 所示。训练过程中，通过各个障碍的速度要求、轨迹要求、动作要领、基本技能等都完全一样，甚至每个年度驾驶员常犯的错误动作都会有规律的呈现，因此通过挖掘高水平驾驶员通过这些障碍物的训练数据，适合于各种坦克自主驾驶模型训练，尤其适用于决策规划和操作控制层次的模型训练。前面所提及的换挡技能机器学习，是基于车辆内部工况（车速、发动机转速、油门开度等）和换挡动作（离合、挡位）之间的对应关系，通过统计分类等机器学习手段完成换挡决策的模型训练。而对限制路转向时机的机器学习，则是通过建立车辆与限制路相对位置和驾驶员转向动作之间的关系，完成转向时机决策模型的数据训练。

图 10－23　俄罗斯坦克两项训练场地布局示意图

10.4.3　智能教练系统功能设计

搭建一个车载的电子智能教练系统，首先需要随车搭载一个车辆环境感知系统，在车辆自身和周围环境中布置各类传感器，能够感受车辆位置以及和环境对象（道路、障碍等）的相对关系；同时需要提前将全局规划所需要的信息，如场地大小、行驶路径以及训练项目要求等信息精确写入计算机程序，通过虚拟现实的三维电子地图和高精度差分技术，计算出车辆航向、航位，从而判别车辆状态。

基于自主驾驶车辆的环境感知系统，可以协助驾驶员完成感知能力训练。传统训练模式中，驾驶员通常通过潜望镜观察判断道路前方标志物的距离和方位，如通过车辆前方限制杆在潜望镜中的高度、方位以及地面的上下死界等来判断车辆和标志物的距离。如果车辆和行驶环境中都有足够的定位感知系统，则可以通过轨迹或者车辆定位数据定量化给出这种距离，并和驾驶员人工判断的结果进行对比，给出驾驶员感知能力训练成绩，并通过提示和反复训练来提高驾驶员人工感知能力准确度。对于同样需要人工感知的车辆行驶速度、发动机转速、车辆转角等,都可以按照此类方法来进行训练,并利用话音、显示屏等给出训练成绩和要领提示。

基于自主驾驶车辆的规划决策系统,可以协助驾驶员完成规划决策能力训练。驾驶员可以通过地图、展板、跟车等方式获取全局路径,其局部决策规划能力主要体现车速控制和轨迹跟踪等方面。当前驾驶训练中,教练员主要利用手势和指挥杆来提示驾驶员的动作时机。在车载规划决策系统模型成熟、车辆感知信息充分和全局路径规划准确的基础上,自主驾驶系统则可以自动输出所规划的各种驾驶动作时机,并与驾驶员实际动作时机相比较,从而起到对驾驶员决策规划能力提示、评判的作用。而换挡时机、转向时机机器学习的过程,就是把对高水平驾驶员动作数据模型化的过程,模型训练结果反过来用于指导新学员训练,并可定量化描述车辆人工驾驶过程中换挡和转向时机把握不准确的错误情况,统计错误成绩,再现错误动作过程。

基于自主驾驶系统中存储的各类驾驶动作编码序列,可以协助驾驶员完成各类基础驾驶动作的准确度、熟练度训练。驾驶训练中虽然由驾驶员人工完成车辆操作控制,但所有的控制动作必须按照要领操作,必须遵循已经建立的标准化动作序列,常见的转向、换挡类基础动作,百米加减挡、S 形限制路等应用驾驶训练科目动作,都已经形成标准化的动作序列模式。驾驶动作词典中存储的这些标准化动作序列模式可以用来考核驾驶员操作准确度和熟练度,并给出评判成绩。

综上所述,一个安装有基本完备的自主驾驶软件系统的教练车辆,在新学员初学驾驶过程中,几乎完全可以替代教练员,辅助学员完成各种训练科目,并记录学员操作技能逐渐成熟的训练过程。初学驾驶的学员,环境感知能力、规划决策能力和车辆操控能力都较弱,车辆驾驶过程中主要体现为障碍物距离方位判断不准确、驾驶动作不熟练、协同驾驶动作间隔时间长、动作顺序不正确、对于车辆行驶环境变化反应不及时、动作时机难以掌握等。但是,经过一段时间的反复训练后,上述技能指标都会变得越来越好,越来越接近优秀驾驶员的动作水平,教练员在这一过程中,可以借助存储的训练过程数据,针对性,个性化的训练改进建议,提高训练效益。学员技能逐渐熟练的过程表明:驾驶技能的获得既来自于教练员的辅导和提示,更主要的是来自于自身经验积累(技能自主学习)。高度的自主性和自学习能力是驾驶员这一自主驾驶控制系统的重要特征。在大量数据、模型、算法支持下,可以通过各种驾驶模型来建立和挖掘驾驶员的这种自主学习特性,描述驾驶技能及其提高过程,反映自主驾驶系统机器学习的能力。

智能教练系统除去具备记录学员训练数据、提示学员动作时机、评判学员训练成绩等功能外,还应具备一定的安全控制能力。学员驾驶过程中如果出现紧急状况,教练系统可以紧急自动刹车,确保车辆和学员安全。车辆自主驾驶中常见的安全辅助功能模型,如自动紧急制动、车道偏离预警、车辆防撞预警,都可以引入坦克驾驶训练中,辅助驾驶员处理各种危险情况,起到智能化驾驶教练的作用。

10.5 小结

本章结合驾驶教范中所规定的训练考核科目,详细分析了动作识别、轨迹融合和驾驶(换挡、转向)技能机器学习等数据挖掘技术在驾驶训练中的具体应用,如各类驾驶动作时间参数统计、基础驾驶动作速度和准确度考核、限制路轨迹控制准确度考核以及坦克驾驶智能教练技术支持等,为本书各类技术推广提供了更实用的环境和更广泛的应用范围。

参考文献

[1] 中国人民解放军总参谋部军训和兵种部. 中国人民解放军院校招生军事科目考核成绩评定细则[M]. 北京:长征出版社,2010:73 - 76.

[2] 中国人民解放军总参谋部军训和兵种部. 各型坦克驾驶员教材[M]. 北京:解放军出版社,2004:30 - 32.

[3] 中国人民解放军总参谋部. 坦克驾驶教范[M]. 北京:解放军出版社,1995:125 - 127.

[4] 刘义乐,张进秋. 基于模式识别的离合器动作数据分割方法[J]. 装甲兵工程学院学报,2019,33(1).

[5] 刘义乐,刘峻岩. 坦克驾驶协同动作模式表示与匹配方法研究[J]. 装甲兵工程学院学报,2019,33(3).

[6] 刘义乐,郑长伟,郑毅. 基于主动轮转速的履带车辆运动轨迹计算方法[J]. 装甲兵工程学院学报,2015,29(1).

[7] 刘基余,孙红星. 导航卫星在海洋测绘中的应用及其展望[J]. 海洋测绘,2011,31(4):70 - 74.

[8] 杨杰,张凡. 高精度 GPS 差分定位技术比较研究[J]. 移动通信,2014(2):54 - 58.

[9] 赵汗青,徐伟. 基于自监督学习的越野道路检测算法[J]. 装甲兵工程学院学报,2014,28(3):73 - 75.

[10] 吕艳玲. 基于光电图像目标空间位置及轨迹确定方法的研究[D],西安:西安电子科技大学,2006.

[11] 汪明德,赵毓芹,祝嘉光. 坦克行驶原理[M]. 北京:国防工业出版社,1983.

[12] 宋海军,高连华,李军,等. 履带车辆转向性能指标修正与实验[J]. 装甲兵工程学院学报,2008,22,(6):65 - 70.

[13] 彭虎,张雨,岳杰,等. 坦克驾驶换挡中离合器操纵数据处理[J]. 微机与应用,2014,33(16):81 - 83.

[14] 肖辉. 时间序列的相似性查询与异常检测[D]. 上海:复旦大学,2005.

[15] 李俊奎. 时间序列相似性问题研究[D]. 武汉:华中科技大学,2008.

[16] 方加果. 基于相似性分析的时间序列数据挖掘算法研究[D]. 杭州:浙江大学,2011.

[17] 邹蕾,高学东. 基于导数序列的时间序列同构关系发现[J]. 计算机应用,2016,36(9):

2472 – 2474.

[18] 廖俊,周中良,寇英信,等. 一种基于重要点的时间序列分割方法[J]. 计算机工程与应用,2011,47(24):166 – 170.

[19] 李桂玲. 时间序列的分割及不一致发现研究[D]. 武汉:华中科技大学,2012.

[20] 李斌,谭立湘,章劲松,等. 面向数据挖掘的时间序列符号化方法研究[J]. 电路与系统学报,2000,5(2):10 – 14.

[21] 李萍,赵润林. 模式匹配算法的研究与实现[J]. 电脑知识与技术,2017,13(18):25 – 27.

[22] 陈小茵. 多模式匹配算法研究[J]. 南京广播电视大学学报,2011,65(4):53 – 55.

[23] 汤亚玲. KMP 算法中 next 数组的计算方法研究[J]. 计算机技术与发展,2009,19(6):99 – 103.

[24] 巫喜红,曾锋. AC 多模式匹配算法研究[J]. 计算机工程,2012,38(6):279 – 281.

[25] 曾依灵,许洪波,白硕. 改进的 OPTICS 算法及其在文本聚类中的应用[J]. 中文信息学报,2008,22(1).

[26] 何晓旭. 时间序列数据挖掘若干关键问题研究[D]. 合肥:中国科学技术大学,2014.

[27] 张泽旭. 神经网络控制与 Matlab 仿真[M]. 哈尔滨:哈尔滨工业大学出版社,2011.

[28] 陈勇. 无人直升机最优轨迹规划设计与实现[D]. 广州:华南理工大学,2010.

[29] 黄丹丹. 农用航拍无人机地面站轨迹规划算法的研究[D]. 哈尔滨:东北农业大学,2016.

[30] 关震宇,杨东晓,李杰. 基于 Dubins 路径的无人机避障规划算法[J]. 北京理工大学学报,2014,34(6):571 – 575.

[31] 宋国浩,黄晋英,兰艳亭. 基于 Dubins 路径的智能车辆路径规划算法[J]. 火力与指挥控制,2016,41(6):41 – 45.

[32] 吴克风,曹晓文,周其忠. 任意距离下 Dubins 最短路径研究[J]. 战术导弹技术,2017,32(1):76 – 84.

[33] 塞巴斯蒂安·拉什卡. python 机器学习[M]. 高明,徐莹,周虎城,译. 北京:机械工业出版社,2017:21 – 25.

[34] 李善乐,王红岩,芮强. 履带车辆转向过程载荷的统计分析[J]. 装甲兵工程学院学报,2015,29(4):39 – 42.

[35] 张元侠. 基于 SVM 学习模型的换挡决策研究[D]. 长春:吉林大学,2019.

[36] 李哲. 基于动态规划的汽车自动变速器换挡规律优化设计[D]. 长春:长春工业大学,2015.

[37] 冯先泽. 基于驾驶员特性的自动变速车辆自适应换挡规律研究[D]. 北京:北京理工大学,2017.

[38] 张永明. 轻型商用车 AMT 综合智能型换挡规律研究[D]. 镇江:江苏大学,2017.

[39] 丛晓妍．重卡 AMT 自动换挡策略及关键参数研究[D]．济南:山东大学,2017.

[40] 罗剑．装甲车辆驾驶技能评判研究[D]．北京:装甲兵工程学院,2011.

[41] 石志涛．装甲车辆基础驾驶动作识别与技能评价研究[D]．北京:装甲兵工程学院,2012.

[42] 杨洁,李岩,过秀成,等．基于动态弯曲距离的城市干道交通流量信息分析方法[J]．长安大学学报,2015,1(35):49-53.

[43] 邓胡滨,张磊,吴颖,等．基于卡尔曼滤波算法的轨迹估计研究[J]．传感器与微系统,2012,31(5).

[44] 孙文鹏．高动态 GPS 信号跟踪算法研究及实现[D]．西安:西安理工大学,2017.

[45] 贾全．拖拉机自动导航系统自适应控制方法研究[D]．北京:中国农业机械化科学研究院,2015.

[46] 李超．基于 GPS_SINS 的智能电动车定位关键技术研究[D]．淄博:山东理工大学,2019.

[47] 邓传远．BDS_INS 组合导航精确定位关键技术研究[D]．合肥:合肥工业大学,2019.

[48] 王晋晶．雷达目标跟踪算法研究与实现[D]．西安:西安电子科技大学,2019.

[49] StevenLuke. 基于统计的分词技术[EB/OL]:(2015. 11. 30) https://www. cnblogs. com/StevenL/p/6818513. html.

[50] weixin_30437337. 中文分词基本算法主要分类[EB/OL].(2017. 11. 12) https://www. cnblogs. com/ysherlock/p/7822304. html.

[51] x00c. 自然语言处理中的 N-Gram 模型详解[EB/OL].(2017. 08. 20) https://www. jianshu. com/p/4452cf120bd7.

[52] hiyoung . NLP 系列 - 中文分词(基于统计)[EB/OL].(2018. 9. 20) https://www. jianshu. com/u/8504d40b263e.

[53] 李向宏,王丁,黄成哲,等．自然语言句法分析研究现状和发展趋势[J]．微处理机,2003,2.

[54] 顾森．互联网时代的社会语言学:基于 SNS 的文本数据挖掘[J]．程序员,2012,7.